子の監護評価
の実践

Evaluation for Child Custody

離婚と子どもの司法心理アセスメント

著 ジェリ・S・W・フールマン
　 ロバート・A・ジーベル

訳 田高　誠
　 渡部信吾

金剛出版

本書執筆中の，クリスとイーナの変わらぬ愛，忍耐，
そして支援に感謝する。

G. F. and R. A. Z

Evaluation for Child Custody First Edition

by Geri S. W. Fuhrmann & Robert A. Zibbell

Copyright © 2012 by Oxford University Press, Inc.

All rights reserved. No part of this publication may be reproduced, stored in a retrieval system, or transmitted, in any form or by any means, electronic, mechanical, photocopying, recording or otherwise, without the prior permission of Oxford University Press.

Japanese translation rights arranged with Oxford University Press.

訳者まえがき────本書について

はじめに

　この本を手に取っていただいたのは，どのような方でしょうか。離婚家庭に関わる法律，心理，社会福祉等の実務家や研究者だけでなく，実際にこの問題に直面したことのある方もいらっしゃるかもしれません。さまざまな方にお読みいただければという願いを込めつつ，本書を読み進めていただくための一助として，①私たちが本書を訳出した理由，②本書の概要および意義，③本書を読み進める上での留意点について，簡単に触れることといたします。なお，以下のうち意見にわたる部分については，訳者の私見であることをあらかじめお断りしておきます。

①本書を訳出した理由

　訳者である私たちは，家庭裁判所に配置された行動科学系の専門職である家庭裁判所調査官として，家事・人事訴訟事件，少年事件に関与しています。家事・人事訴訟事件の中に，離婚や，それに関連する親権者，監護者，面会交流といった子の監護をめぐる紛争があります。そのような事件で，家庭裁判所調査官は，裁判官の命令を受け，両親との面接，子との面接，親子交流の観察や援助，家庭訪問，関係機関からの情報収集などを行います。調査の結果は裁判官に報告するとともに，当事者に対しても説明や開示がなされ，子の福祉にかなう解決が目指されます。

　現在，日本では，離婚全体の8割以上が当事者の協議によるもので，何らかの理由で協議による解決ができなかった場合に家庭裁判所の手続が利用されています。そのため，家庭裁判所調査官が関与する可能性があるケースには，親権や面会交流などでの主張の対立だけではなく，当事者間の葛藤の高さ，ドメスティックバイオレンスや親子交流が不当に妨げられているといった主張など，子の福祉に関わる重要な問題をはらんでいるものが少なくありません。離婚後に，親権や面会交流などをめぐる問題が再燃し，改めて家庭裁判所に申立てがなされる場合もあります。家庭裁判所で取り扱う事件には，離婚と子どもをめぐる問題が凝縮された形で表れているように感じられます。

日本でも離婚に伴う子の福祉への社会的関心は高まってきており，平成24年4月に施行された改正民法では，離婚時に子の監護をすべき者，面会交流，養育費などを取り決める必要があること，その協議においては子の利益を最も優先して考慮しなければならないことが明記されました。また，平成26年4月には，国境を越えた子の連れ去りへの対応を定めた国際的な子の奪取の民事上の側面に関する条約（ハーグ条約）が発効されました。離婚と子どもをめぐる問題は，国際的な動向も含めて，さらなる関心が払われる領域となっています。このような中，渡部は，アメリカの司法手続で心理学等の行動科学の知見やそれらの学問領域の専門職がどのような役割を果たしているかを見聞する機会を得ました。一方，田高は，実務でさまざまな課題に直面する中，海外の知見を学ぶことの必要性や有益さを感じ，複数のテキストを検討する中で本書に出会いました。同年に採用され，同じ職場で働く機会も持った同僚として意見交換をする中で，離婚に伴う子どもの監護に関する問題をどのように捉え，心理学的な観点からどのように評価することが司法手続に貢献するかを海外の知見も踏まえて検討することが今後さらに重要になると考え，共同して本書の訳出に取り組むこととなりました。

②本書の概要および意義

（1）本書の概要

　本書は，全20巻からなる「司法精神保健アセスメントの最善の実践（"BEST PRACTICES IN FORENSIC MENTAL HEALTH ASSESSMENT"）」シリーズの1冊です。このシリーズでは，ほかに，責任能力，目撃証言，少年の暴力リスク，児童保護など，幅広い領域が取り上げられています。ここでいう司法精神保健アセスメントについては，シリーズ第1巻で「法的判断において，個人の精神状態，能力，行動を考慮することが必要な場合に，その決定者の判断を支援する目的で，個人をアセスメントする」[註1]領域であり，①人間の能力や状況等に関する法的な定義を，心理学的・精神医学的に扱える概念に翻訳する，②主として法的手続や法的意思決定者を支援するために行うもので，一般的な臨床家－クライアント関係とは異なる構造を持つ，③法的意思決定者に情報を提供するという目的に沿った方法で結果を伝える必要があるといった特徴を持つも

[註1] Heilbrun, K., Grisso, T., & Goldstein, A. M., (2009) Foundations of Forensic Mental Health Assessment. New York: Oxford University Press. pp.11-15.

のとして定義されています（本書 p.47（表 2.5）参照）。

本書は，司法精神保健アセスメントのうち子の監護をめぐる紛争を対象とする「子の監護評価（child custody evaluation）」を実施するために必要な知識を概観し，その「最善の実践」を示そうと試みるものです。内容的には，「基礎」をなす第 1 章から第 3 章で法的背景，心理学と法の橋渡しをする諸概念，実証的エビデンスなどを紹介した上で，「適用」に関する第 4 章から第 7 章で，子の監護評価の準備，実行，解釈，報告書作成の各段階が説明されており，子の監護評価に関する基礎的な知識が一通り得られるものになっています。

(2) 本書の意義

本書の具体的な内容に触れながら，主に 3 つの点に絞って，その意義について述べたいと思います。

第一に，第 1 章と第 2 章を中心に，離婚や子の監護をめぐる領域において心理学が司法手続にいかに貢献できるかという視点からの，本質的な議論が提示されています。一例を挙げれば，日本でいう「子の福祉」に相当する「子の最善の利益」の歴史的展開が概観され，「子の最善の利益」という法的概念が心理学的な構成概念へとどのように翻訳されるか，こうした構成概念を形成する諸要素や行動上の指標がどのように把握，査定されるか，心理学が言えることの限界はどのような点にあるのか等が論じられています。また，第 7 章で，専門的知見の法的証拠としての許容性（ダウバート（Daubert）基準など）をめぐる議論や現在の実践での考え方が紹介されています。これらは，法的な価値判断や基準と心理学的な概念がどのような関係を形成するか，心理学が現実の法的問題の解決にどのような貢献ができるかを考える基盤となるものであり，日々「子の福祉」をめぐって頭を悩ませている日本の実務家にとっても，視点を整理し，実践の拠り所を見直す上で，有意義と思われます。

第二に，第 3 章を中心に，アメリカにおける離婚やその後の子どもの適応をめぐる多様かつ最新の学問的知見が，子の監護評価の実践と関連付けながら紹介されています。文化・民族，親の精神障害，アルコールや薬物といった物質乱用に多くの紙数が割かれているのは，これらの問題に悩むアメリカの実情を反映したものと言えますし，他のテーマについても，文化的背景や法制度が異なることが前提です。そのため，ここで紹介された学問的知見がそのまま日本においても妥当するとは限りませんが，離婚と子の問題に関する実証的エビデンスや知見の少なさに悩むことの多い日本の実務家にとって，仮説形成の一助

として示唆に富むといえるでしょう．また，日本における今後の研究テーマや方法論を検討する上でも参考になると思われます．なお，これだけ多数の研究成果があっても，個々の事例における子の監護の将来予測は困難で，そのケースの家族の歴史，子の発達，その地域（司法区）の実践に基づいて総合的に意見を形成するほかないとも述べられており，実証的研究と臨床実務を連動させ，個別ケースに即して意見を形成するという専門的実践の重要性と責任についても改めて認識させられます．

　第三に，本書の後半の第4章から第7章で，子の監護評価の着眼点，情報収集の方法，解釈を行う上での原則，報告書のまとめ方等の実務が，基本的な考え方から説き起こされています．特に，事実の把握や評価をめぐる基本的な考え方が明確に整理されている点は有用です．本書で紹介されている子の監護を考える上での基本的着眼点，例えば，親の不貞や精神疾患等が存在する場合には，そうした問題自体ではなく，それが親の個別具体的な養育能力や子のニードへの応答性をどのように低下させるかが重要であるといった着眼点を，当事者の代理人も含めた実務家すべてが意識できれば，よりいっそう，子の福祉にかなう紛争解決が実現されやすくなるでしょう．また，見聞きした情報やそれに基づく推測を文書化する際の「叙述」と「解釈」の違い，解釈の限界，複数の情報源からの総合的な情報収集を踏まえた評価の大切さなども改めて認識しておくべきと思われます．

③本書を読み進める上での留意点

　このように，本書の内容は日本の実践を見直す手がかりとなるものですが，読み進めるに当たり，次のような点に留意していただく必要があります．

　ひとつは，司法精神保健アセスメントは法制度等のあり方と密接に結びついており，その理解に当たっては，日米の法制度，司法実践，そうした実践を支える社会的態勢の違いを十分に認識しておく必要があることです．アメリカでの歴史的経過と現状は第1章で取り上げられていますが，日本との相違として把握しておくべき点として，州によって違いはあるものの，離婚そのものに限っても，①日本のような協議離婚制度はなく裁判所の手続を経る必要がある，②離婚後は共同親権が前提であり共同監護の選択肢も各州で導入されている，③離婚にあたって離婚後の養育上の意思決定権や養育時間をどう割り振るかを養育計画（parenting plan）として詳細に定めることが一般的となっている，

④養育計画策定のプロセスの中で親教育プログラムを受講することが各州で義務化されつつあるといったことが指摘できます。また，離婚後に関しても，①子を連れて転居する際には非監護親の承諾や裁判所の承認が必要とされている，②離婚後も紛争性が高い家庭を対象に，ペアレンティング・コーディネーター等の代替的紛争解決の取り組みが発展しつつある，③養育費の支払いを確保するための制度が1970年代から拡充され，定着している，④面会交流を支援する民間機関等が1980年代から現れ，その後広まっている等の違いがあります。このようなことは，本書に直接的には記載されていませんが，どのような実践が可能または有効かを考える際には，こうした諸制度やインフラの違いを認識しておくことは不可欠です。

二つ目は，子の監護評価は，離婚に伴う子の問題を解決するために用意されている多様な選択肢のひとつに過ぎないことです。本書の第3章で，子の監護評価が行われるケースは離婚する親の5％程度と推定され，紛争性が高く，抱えている課題や困難も大きい家庭であると紹介されています。子の監護評価が行われるまでには，家庭裁判所が提供する親教育プログラムや養育計画のひな形などを踏まえ，当事者間あるいは弁護士を介した協議が行われ，協議で合意に至らない場合には調停等の裁判外紛争解決手続が積極的に利用され，裁判に至った場合でも，和解の試みがしばしばなされます。精神保健の専門家として子の監護に対する意見を述べる立場とは異なりますが，弁護士による子の代理人，弁護士や精神保健専門職による訴訟後見人（guardian ad litem（GAL））[註2]が，手続き的な側面から関与する場合もあり，離婚と子どもをめぐる紛争の解決においては，なるべく対審的な構造を避けて子の福祉や家族の再構成につながる解決を図ることが各段階で目指されています。また，本書で紹介されているような包括的な監護評価には，高額の費用がかかること，評価に長期間を要すること，紛争の解決が遅れたり対立的構造が明確になったりする結果かえって家族の緊張が高まること等のデメリットも指摘されており，近年は，評価の対象を限定する，短期的で焦点化されたアセスメント（Brief Focused Assessment（BFA））が関心を集めつつあります。こうした取り組みも，専門職の柔軟な活用を目指すものとして注目されます。

三つ目に，研究をめぐる状況，例えば，離婚と子どもの問題に関する実証的

[註2] 子の代理人は，子の意思または主観的利益を代弁する者，訴訟後見人（GAL）は，子の客観的利益（子の最善の利益）を探究する立場から意見を述べる者と整理されている。

研究の充実度なども，日米で大きな違いがあります。第3章で取り上げられているように，アメリカでは，1970年代後半から親の離婚を経験した子どもに関するさまざまな研究が行われてきましたが，日本では，家庭裁判所における実務に即した研究を除けば，海外の知見の紹介や事例検討はなされていたものの，心理学的な観点からの実証的研究は2000年代中頃から取り組まれ始めたという状況です。また，家族をめぐる文化・社会学的な日本の特色，例えば，男性の家事・育児時間の短さや，女性の労働力率が30歳代で低下するという特徴，それらの背景にある性別役割分担意識など[註3]も，離婚前後を通じた夫婦あるいは父母としての役割，そして，その中で育つ子どもの福祉や適応等を左右する要素になると思われ，日本の実情を踏まえた研究が積み重ねられていくことが望まれます。

　これらの点を踏まえると，日本とアメリカの状況を安易に比較したり，アメリカの実践や研究を「直輸入」したりするのはやや乱暴であり，本書の考え方や方法論のエッセンスは日本でどのように活かせるかという観点から実務や研究を見直していく姿勢が大切であろうと考えます。

おわりに

　以上，本書の概要，意義，留意点等を取り上げましたが，本書は，アメリカでの実証的研究と実践枠組みをもとにした子の監護評価の実践を簡潔に示すものであり，この領域の研究や検討の入り口，レファレンスとしての役割も果たせるものと考えています。そして，本書で述べられている実践のエッセンスや基盤となる考え方には，制度や文化の相違を超えて共通するものが多々あります。今後，不毛な主張の応酬を通じた紛争の悪化という事態を減らし，当事者や子どもの福祉につながっていくよう，法律，心理などそれぞれの専門や立場を踏まえた協働の材料として本書が役立てば幸いです。また，離婚と子どもをめぐる問題は，取決めがなされてからも長く続くものであり，法的な権利義務関係の整備だけで解決されるものではありません。この問題の重要性が社会で広く共有され，離婚と子どもをめぐる問題を支援していく態勢が整えられていくよう願うとともに，その際に本書が何らかの参考となれば，訳者として望外の喜びです。

　なお，翻訳作業では，すべての章について両名で検討しました。この領域に

[註3]　内閣府編．(2015) 男女共同参画白書（平成27年版）．

特有の言葉もありますので，初めに巻末の主要用語に目を通していただければ，読み進めやすいのではないかと思われます。心理臨床の中では特殊ともいえる本領域の意義をご理解いただき，また，若手の一実務家に過ぎない我々に翻訳する機会を与えていただいた金剛出版の立石正信社長，担当していただいた高島徹也氏に心からお礼を申し上げます。

2016年4月
田高　誠
渡部信吾

「司法精神保健アセスメントの最善の実践」について

　司法心理学と司法精神医学の分野が近年発展したため，司法精神保健アセスメント（Forensic Mental Health Assessment（FMHA））の最善の実践を記した本シリーズが必要となった。現在，刑事，民事，そして少年のさまざまな法的問題で，精神保健の専門家による司法評価が行われている。これらのアセスメントを支える研究基盤は，ここ数十年間でより広くより深くなり，倫理的で専門的な実践のために不可欠な要件について，より明確に共通認識が持たれるようになった。精神医学，心理学で「実証的な裏付けのある」アセスメントと介入に重点が置かれている状況の中で，司法精神保健アセスメントの専門分野は，最善の実践をうたう本シリーズが根拠があるものだといえるほど十分に進歩した。本シリーズは主に心理士と精神科医が行う評価に焦点をあてているが，ここで提供される基本と原則は，臨床ソーシャルワーカー，精神科の看護師，その他精神保健の専門家が行う評価にも適用できる。

　本シリーズでは，「最善の実践」を，（把握できる関連研究の限りで）実証的な裏付けがあり，法的事項との関連性が高く，かつ，適用される倫理的，専門的な基準と一致するものとして記述している。本シリーズの著者は，最善の実践は常に満たすべき基準というよりも司法臨床家が目指すべき目標であるという認識のもとで，実用に役立つものを組み入れ，最善と思われるアプローチを同定した。アメリカ司法心理学委員会（American Academy of Forensic Psychology）は，各テーマの専門家として委員会に認定された司法心理士の助言を集め，編者を援助した。委員会の認定を受けた司法精神科医も，本シリーズの多くの巻に助言した。彼らの意見は，本シリーズで記された方法が，最善の実践として一般的に受け入れられることを確認する一助となった。

　本シリーズの著者は，個々の領域の専門的知識を理由に選出した。最も広義のレベルでは，全ての種類の司法評価に適用される一般的原則が存在するが，これら基本的原則は，全巻で繰り返すのではなく，第一巻の『司法精神保健アセスメントの基礎（"Foundations of Forensic Mental Health Assessment"）』で取り上げた。第一巻を踏まえて具体的テーマの巻を読むことで，具体的テーマが全ての司法評

価と共有している一般的原則と，具体的テーマのアセスメントに特有の原則の両方を理解できる。

　精神保健の専門家と行動科学の学者が行う司法アセスメントにおいて，最も重要で，最も考慮すべきものとして，編者が19の具体的テーマを選択した。各巻は，一般的な雛形に沿って構成されている。「基礎」において，適用される法的文脈，司法精神保健の概念，実証的基盤とその限界を扱い，「適用」で評価の準備，情報収集，情報の解釈，報告書の作成と証言を論じている。これにより，さまざまなテーマにわたるこれらの領域を考察するための，相当に統一的なアプローチが形成された。本シリーズの全ての著者は，最善の実践をできるだけ簡潔に記述するよう試みている。さらに，各巻では，実践で利用しやすくするための要素を取り上げ，特に重要な情報，関連する判例法，最善の実践のガイドライン，陥りがちな失敗に関する留意点を囲み記事とした。また，主要用語集も各巻で提供した。

　我々は，本シリーズが，さまざまな集団にとって有用なものとなることを期待している。実践にあたっている司法臨床家は，簡潔かつ最新の，実務に関連した情報を見出すであろう。司法精神保健アセスメントの専門家となる研修を受けている者は（それが正式な研修であろうが，専門性を磨き直すためのものであろうが），第一巻で提示された広く適用される考慮事情が，シリーズの他の巻で扱われている専門的側面と組み合わせることで役立つことを見出すであろう。研修生を指導監督する者は，研修生が目指すべき実践の指針として本シリーズを提供できる。司法精神保健アセスメントの最善の実践に関心のある研究者や学者は，現在まで十分に研究の関心が向けられていなかったテーマに関し，研究の着想を見出せるかもしれない。司法精神保健アセスメントの最善の実践について疑問を持つ裁判官や弁護士は，これらの本が有意義で簡潔であることを見出すであろう。訴訟当事者を評価する行政機関，裁判所併設の臨床センター，そして病院を運営する臨床的・司法的運営者にとっても，その機関の専門家が行う評価に対する期待を確立する上で，本シリーズの一部が有用かもしれない。

　我々は，裁判所と弁護士が司法精神保健の専門家による評価の質を査定する際の参考文献として，具体的テーマを扱った19の巻が役立つとも見込んでいる。しかし，注意も必要である。これらの巻は，法的・倫理的に許容される最低限度ではなく，最善の実践に焦点をあてている。過誤をめぐる訴訟に関与する裁判所，苦情を扱う倫理委員会や資格審査会議は，最善の実践が，そうした手続でよく問題になるような許容される最低限の専門的実践に，単純にあるいは当然に読み替

えられると考えてはならない。

　本巻で扱う子の監護評価は，司法精神保健アセスメントで最も複雑な領域の一つである。子の監護の事件は，離婚過程にある両親が，子の監護に関する相違を解決しようとして行き詰った場合に生じることが多い。子の最善の利益にかなう結論を得ようという法的努力は，裁判所の決定を支援することを依頼された臨床家に，極めて大きな負担を生じさせる。関連する情報を探す際には，子のニーズを検討するとともに，両親の人格と行動を検討する必要があり，そして，家族のダイナミズムを描けるようになる必要もある。これらの全ては，将来の監護の取決めをさまざまに仮定した場合に子に起こり得る結果を推測するために用いられる。これら可能性のある取決めのどれをとっても，子の福祉のために理想的に必要とされる環境は与えられないことが少なくない。さらに，臨床家の分析の結果，子にとって，ある取決めがある側面では他の方法よりも「より良い」可能性があるが，他の側面においてはそうでないと明らかになることも多い。

　これらの困難を乗り越えるためには，専門的な知識が必要である。家庭裁判所でもその他の民事裁判所でも，子の監護の事件を審理する裁判所は，他の法的領域の裁判所とは異なる独自の法や手続を有している。監護の事件において両親と子を評価するには，大人の人格や精神病理，子の発達や精神病理，そして家族力動に関する専門知識が必要である。子の監護の事件で用いる専門的なツールが開発されているが，一部に有望なものはあっても，大部分は深刻な限界を有している。本巻は，長年の経験を持ち，この領域について格段に深い理解を有する2人の子の監護評価者が執筆したものであり，子の監護の事件で両親と子を専門的に評価するために，すべての精神保健の専門家が必要とする基盤を提供する。

> Thomas Grisso（マサチューセッツ医療大学教授（精神医学））
> Kirk Heilbrun（ドレクセル大学心理学部教授）
> Alan M. Goldstein（ジョン・ジェイ・法科カレッジ教授（心理学））

謝 辞

　本書は，子の監護評価とそれに関連する問題について最新の見解をまとめたものである。本書では，本領域において最も良質な研究成果を統合し，専門家のガイドライン，法，研究に基づく最善の実践を，明確に表現しようと試みた。子の監護分野と他の司法の専門分野との重なりは，歴史的に見るとわずかであるが，司法精神保健の最善の実践の20巻シリーズの一部として，子の監護の実践は他の領域の司法実践としっかりとつながり，情報を提供され，そして情報を提供している。

　我々は，意欲的に本書を読んでコメントし，豊かな本にしてくれた多くの同僚たち，中でも Stan Brodsky, Robin Deutsch, Dana Fuhrmann, Hon. Arline Rotman (ret.), Richard Wolman, Amanda Zelechoski に感謝する。また，原稿の全体を検討し，意見と明確なコメントをくれた James Bow に特に感謝する。「最善の実践」のシリーズを生み出し，我々に貢献する機会を与えてくれた，シリーズの編者である Kirk Heilbrun, Thomas Grisso, Alan Goldstein に感謝する。特に，第一編者の Tom Grisso がいなければ，本書は執筆されていなかった。Tom Grisso の勤勉さと洞察力に感謝する。

　ジェリ・S・W・フールマン Geri S. W. Fuhrmann ｜マサチューセッツ医療大学子と家庭司法センターの教職員，特に Linda Cavallero, Jessica Griffin, Joseph McGill に感謝と賞賛を表する。長年の議論，教育，そして家族評価から学んだ教訓が本書に染み渡っている。この仕事に情熱を持ち，最高の基準を維持している同僚と働けることは光栄である。この挑戦を引き受けるように勧めてくれた Mary O'Connell にも感謝する。本書を一緒に執筆するという依頼に応じてくれた Bob Zibbell に心から感謝する。彼の博学さは作業全体から明らかであり，同僚そして友人として恩恵を受けた。

　ロバート・A・ジーベル Robert A. Zibbell ｜よりよい実践を行うとともに，最善の実践について考えることの重要さを教えてくれた，精神保健と法の領域の同僚に感謝する。特に，マサチューセッツ州オースターにあるマサチューセッ

ツ医療大学子と家庭司法センターの法と精神保健の専門家からは，長年に渡り，この価値を向上させることへの支援を受けた。そして，司法精神保健にこのような貢献をする機会を与え，私の考えと執筆の限界を超えさせてくれた，共著者である Geri Fuhrmann に感謝する。

離婚と子どもの司法心理アセスメント／子の監護評価の実践

|目次|
Contents

訳者まえがき ── 本書について .... 田高誠／渡部信吾 iii
「司法精神保健アセスメントの最善の実践」について x
謝辞 xiii

|基礎| Foundation……001

|第1章| 法的側面 The Legal Context 003
1｜ 法社会学から見た目的と歴史 003
2｜ 法的基準 ── 子の最善の利益 012
3｜ 子の監護の事件における法的手続 017
4｜ 子の監護評価者の役割 021
5｜ まとめ 025

|第2章| 司法精神保健の概念 Forensic Mental Health Concepts 027
1｜ 子の最善の利益に関する情報の一般的な分類（またはカテゴリ）について，法から何が言えるか 027
2｜ 評価者がこれら情報の分類（またはカテゴリ）を提供しようとするとき，それらに関連した心理学的な構成概念について，精神保健の領域から何が言えるか 029
3｜ 心理-法的な構成概念は査定すべきものにどう翻訳されるか 035
4｜ 子の監護の事件で裁判所を支援する上で，心理学的な情報の適切な役割は何か 041
5｜ 子の監護評価と他の評価の違いは何か 045

|第3章| 実証的な基盤とその限界 Empirical Foundations and Limits 049
1｜ 親の人口学的統計 049
2｜ 文化と民族性の影響 051
3｜ 子に対する離婚の影響 052
4｜ 夫婦間の虐待と紛争 057

- 5｜児童虐待 060
- 6｜親の精神障害 064
- 7｜親の物質乱用 067
- 8｜親の疎外（alienation）と疎遠（estrangement）.....070
- 9｜養育計画と子の予後 074
- 10｜アセスメントの実践 076
- 11｜まとめ 091

|適用| Application……093

|第4章| 評価の準備 Preparation for the Evaluation 095
- 1｜子の監護評価を行う適格性 095
- 2｜開始に当たって 100
- 3｜まとめ 110

|第5章| データの収集 Data Collection 111
- 1｜両親に関するデータの収集 112
- 2｜子に関するデータの収集 125
- 3｜親－子の相互作用の査定 133
- 4｜参考人からのデータの収集 136
- 5｜記録調査によるデータの収集 137

|第6章| 解釈 Interpretation 139
- 1｜解釈を向上させるための情報整理の戦略 139
- 2｜解釈のヒント／ガイドライン 141

|第7章| 報告書の作成と法廷での証言 Report Writing and Testimony 149
- 1｜裁判所への報告書 149
- 2｜証言 165

3｜おわりに 177

|付録| Appendix……179

付録 A｜50 州での監護の要素 181
付録 B｜第二著者（ロバート・A・ジーベル）の個人開業での覚書の例 185
付録 C｜第一著者（ジェリ・S・W・フールマン）のクリニックでの覚書の例 191
付録 D｜子の監護の報告書のひな形（マサチューセッツ医療大学子と家庭
　　　　司法センターより）... 193

参考文献 199
テストおよび子の監護に特化したアセスメントツール 215
判例法と制定法 217
主要用語 218
索引 223

|基礎|
Foundation

第1章
法的側面
The Legal Context

子の監護評価は，司法におけるアセスメントの中で最も困難で複雑，そしてやりがいのある類型だとしばしば評される（例えば, Otto, Buffington-Vollum, & Edens, 2003）。実際にそうかは別にして，子の監護評価が並外れて難しいものであることは疑いない。それぞれの家庭生活に固有の側面を調査することも十分に困難だが，さらに，子の監護評価者は，情報源となる**実証的研究**の限界，仕事を規定する**法的基準**のあいまいさ，仕事への不安を増す倫理的な苦情を受けるリスクの増加に直面している。

本章では，歴史的にみて，子の監護の決定が，その時代や文化の社会的慣習をどのように反映してきたかを考察する。アメリカでは，家族構造が流動的であることで，子の監護に関する法は変化を続け，それに伴い，司法アセスメントの中心は時間とともに変化してきた。子の監護に関する法の社会的，法的な基礎を歴史的側面から簡潔に概観することで，現在の評価者にその考え方を提供したい。その後，子の監護評価者を現在導いている法的基準，そして，子の監護評価に関わる法的手続を考察する。

1 │ 法社会学から見た目的と歴史

（1） 植民地時代のアメリカ（17世紀から18世紀）――父の優位

1670年，10歳のトーマスが，両親のタデウス，エリザベスとマサチューセッツ湾の植民地ハルに住んでいることを想定する。タデウスは，エリザベスが不貞を犯したことを知り，英国のコモンロー（慣習法）に基づき，植民地裁判所

に離婚の承諾を求めた。父が監護することが当然であるため、離婚の申し立てに子のことは一切言及されない。さらに、タデウスが肺炎で死亡し、裁判所がトーマスを監護する者を決めなければならない場合はどうであろうか。タデウスは後見人を指定していなかったため、裁判所は男性の後見人を任命し、その男性がトーマスの養育に関する法的権限を引き受けた。後見人は、トーマスは、12歳を超えるまで後見人の監督の下で母と生活し、その後は、その地域にある鍛冶屋のジョセフに弟子入りし、成人に達するまでジョセフと暮らすことを決めた。

　植民地時代のアメリカで離婚が生じることはまれであり、このような話は、そもそも一般的なものではなかった。例えば、英国植民地時代の離婚率が高い州のひとつであるマサチューセッツ州では、17世紀から18世紀にかけて離婚が申し立てられたのは150件未満（離婚が認められたものはさらに少ない）である（Mason, 1994）。植民地時代の母には子に関する法的権利がなかったため、別居の理由に関わらず、父母間に子の監護をめぐる紛争は存在しなかった。子の監護をめぐる紛争が生じるとすれば、父と子が弟子入りした雇い主との間のものが主であった。家庭にとって子は重要な経済的資産であり、父が子の監護や子の養育に関する絶対的な権限を有していた（Mason, 1994）。

　父による子の支配によって、子は所有物あるいは動産であるという考えが生じた（Marafiote, 1985; Melton, Petrila, Poythress, & Slobogin, 2007）。他の所有物（例えば、奴隷）とは異なり、植民地時代の父には、教育、宗教、職業の訓練を子に提供することが法的に求められた（Mason, 1994; Grossberg, 1985）。反対に、子の労働と金銭的な収入は、それへの対価であった。子が読み書きを学び、教会に参加し、職業技術を身に付けることに失敗すれば、罰金を課せられたり、投獄されたり、監護権を失ったり、労働力を失ったりするため、一般的に、父はこれらの責任を真剣に受け止めていた。農業を主とする社会では、父は自宅もしくは自宅の近くで働き、子の養育の中心となっていた。子に対する父の支配力や責任に疑問の余地はなかった。反対に、植民地時代のアメリカの女性は、婚姻中も離婚後も、子に関して主張することはなかった。女性にはわずかな法的権利とわずかな義務しかなく、子が地域社会のメンバーとして貢献するのに失敗すれば、夫が責任を持った。19世紀ま

> **❶ 情報**
> 植民地時代のアメリカでは、父が子に対する絶対的な権限を有していた。監護に関する紛争は、父と母の間よりも、父と雇用主の間のものが主であった。母は子に対する法的権利を有していなかった。

では，離婚の決定において，子の監護を考慮することはほとんど意味を持たなかった。

(2) 19世紀 ── テンダー・イヤーズ・ドクトリン（乳幼児期の子に関する原則）の出現

1845年，6歳のメアリーは，両親のジョセフ，カトリーヌとニューヨーク州のイサカで生活していた。カトリーヌは，ジョセフの浮気を知り，不貞を理由として離婚を申し立てた。裁判所は，家族の世帯主としての父の権利と立場が最優先事項であることを挙げて，父がメアリーを監護することを決定した。

同年，ペンシルベニア州のフランシス・マークは，夫のフレドリックが浮気したことを知り，離婚して6歳のエリザベスの監護権を得ることを申し立てた。裁判所は，エリザベスの性別，子に対する母の自然な愛着（アタッチメント），子の福祉を挙げて，母が監護することを決定した。

これら架空の事件の事実関係は似ているが，結果とその理論的根拠は著しく異なっており，アメリカにおける19世紀の子の監護の決定の，一貫性がなく変化しつつある性質を示している。19世紀半ばから終わりにかけて離婚率は3倍近くになったが，この時期にすべての州で離婚が許可されるようになったことを考慮すれば，これは驚くべきことではない（Mason, 1994）。家族法に関する事件の意思決定では，制定法や判例法よりも，**司法の裁量（judicial discretion）** が最重要だった。Mason（1994）は，1843年の事件を引用し，「司法の裁量という伝統は固く埋め込まれており，裁判所の多くは，先例だけでなく州法にすら，リップサービス以上のものは与えないことが多い。代わりに，個々の子の最善の利益を見出すため，もつれている事実関係の調査を試みる。法的に正しい結果（例えば，父に監護権を与えること）よりも現実的な結果が結論となることが多い」（pp.59-60）と述べている。1903年，Robert Grant裁判官は次のように書き，家族法に関する事件での司法の力の巨大さや裁量の優位性をユーモラスに捉えた。

> 王権こそは持っていないが，彼の力は王にも優る．
> あなたの子は，あなたが不適格だと判明すると，
> 至高の令状によって連れ去られる．
> 要するに，このようにいうのが正しいであろう．
> あなたを生かすも殺すも彼次第．

教訓は，たとえとぼとぼ歩きのように嫌々ながらでも，
検認する判事の機嫌をとることだ。（Grossberg, 1985, p.285）

　子の福祉への関心の出現と養育における母優先の考えは，植民地時代に伝統的であった父の権利を中心とした考えと相容れないものであり，19世紀のアメリカでは，興味深い二項対立が生じた。婚姻中は，父の権限と権利は最も重要で，神聖なものである。しかし，家庭が解消した場合は，植民地時代以降に生じた母に固有の能力と子の福祉に関する考え方が，子の監護の決定に次第に影響を与えるようになった。裁判官は，昔の英国における**国親思想**，すなわち州が市民を世話する責任を持つという考えを採用して拡大し，父の支配より子の利益を優先させる決定を次第に正当なものとするようになった。裁判所が父の権利を認めず，幼い子の監護を母に与えた事件として初めて公表されたものは，19世紀初めのサウス・カロライナ州における **Prather v. Prather**（1809）である（Grossberg, 1985; Kohm, 2008; Mason, 1994）。この事件の事実関係には，特に説得力がある。母は「分別があり，思慮があり，貞節な女性」であり，父は妻を家から追い出した後に不貞関係を持っていた。子の監護に対する父の権利を支持しないことで「新しく，危険な領域を歩いている」ことを認めつつ，裁判所はもっとも幼い娘の監護権を母に与えた。しかし，年上の子の監護権は，男性の権限を支持する慣習的な法を反映して，父に与えられた。

　女性は男性に比べ，生得的により養育的で，道徳的にもすぐれているという見方の延長で，おおむね7歳未満の者，時には思春期前までの者と定義される「テンダー・イヤーズ」の間は，母による監護が優先されることが広く受け入れられるようになった（Grossberg, 1985）。女性が道徳的な行動基準に違反した場合は，依然として，父に監護権が与えられるのが一般的であった。しかし，**Commonwealth v. Addicks**（1815）において，ペンシルベニア州の William Tilghman 裁判長は，不貞をした母に幼い娘2人の監護権を与える決定をし，その理由として「我々の懸念は主に子に向けられている。子がテンダー・イヤーズにあることを考慮すると，母のほかには与えることのできない養育を子が必要としていることは明らかである」と述べた。母の行動が不道徳であると考

判例法

***Prather v. Prather*（1809）**
・裁判所が父の監護権を否定し，母が子を養育する能力を法的に認めた事件として初めて公表されたものである。
・母は幼い娘の監護権を与えられた。

えられた場合に，母が監護権を得るのは珍しいことであった。3年後，その娘たちが思春期に近づくと，裁判所は，成長に伴って子のニーズが変化したことを挙げ，監護権を父に変更した。裁判所は，母による養育の必要性が減少したことと母の不道徳な行動を考え合わせ，現在は，父が監護

> **判例法**
>
> ***Commonwealth v. Addicks***（*1815*）
> ・子の監護の決定の基礎となる法的基準として「子の最善の利益」を用いた初めての事件として知られている。

親としてより望ましいと判断した（Grossberg, 1985; Kohm, 2008）。**Addicks** 裁判は，監護権の変更を，父の権利ではなく，「女の子の福祉」，特に，子に結婚の誓いの神聖さを教えることの重要性に基礎をおいたことは注目される（Kohm, 2008）。**Prather v. Prather** は，社会の姿勢が変化する先触れとなった事件として，**Addicks** は，子の監護の決定の基礎となる法的な基準に「子の最善の利益（best interest of the child）」を用いた初めての事件として知られている（Kohm, 2008）。

1840年，ニューヨーク州の裁判所は，**Mercein v. People** において，親の権限と生じつつある「**テンダー・イヤーズ・ドクトリン**」の対立に光を当てた。この事件では，第一審は，「母の法」と，乳児が「テンダーエイジにあり，特に母の養育と配慮を必要とする」という考えに基づき，母に監護権を与えた（Kohm, 2008; Mercein v. People, 1840）。しかし，1842年，ニューヨーク州の最高裁判所は，コモンロー上の男性の権利を挙げて第一審の決定を破棄し，子を父の下に戻した（People v. Mercein, 1842）。

19世紀後半のアメリカ法学は，子のニーズを，子の監護の紛争において，支配的ではないにしても重要な要素として焦点をあてる方向へと明確に転換した（Kohm, 2008）。次第に，子の最善の利益は母優先と一致すると見なされるようになり，テンダー・イヤーズ・ドクトリンとも関連付けられ，子の監護の決定における思考を支配するようになった（Melton et al., 2007）。20世紀の初頭には，母優先は強固なものとなった。当時優勢だった保守的なキリスト教社会からは不道徳な行動と判断される行動が女性にあっても，女性が子の監護権を失うことを必ずしも意味しないものとなった。

(3) 20世紀 ── 母優先から子の最善の利益へ

1910年，カンザス州のトピーカにおいて，ハーパー氏は不貞を理由に離婚を訴え，10歳と12歳の子の監護権を求めた。裁判所は，ハーパー夫人の不道

徳で不当な行動を厳しく叱責して離婚を認めたが,「不道徳な」行動にもかかわらず,母に子の監護権を与えた。

アメリカの革新主義時代（Progressive Era），すなわち1890年から1920年の間に，性行動に対するダブルスタンダードは減少し，テンダー・イヤーズ・ドクトリンが優位となった。一般的に，離婚においては，幼い子，特に女の子を監護する者として母が好まれた。女性の不道徳と推定される行動は，監護の結果を左右する要因のひとつとはなっても，もはやそれを決定付けるものではなくなった（Mason, 1994）。司法の裁量は家族法に関する事件において重要であり続けたため，裁判官次第で，事実に異なる重み付けをして決定を下すことが可能であったが，多くの場合は，母が監護権を得た。20世紀が進むにつれ，子の福祉に焦点をあてることが国内では優勢となった。この発展を反映して，1899年にシカゴで初めて少年裁判所が設立され，残酷な扱いを受けた子や貧しい子を援助するソーシャルワークや慈善機関が台頭した（Mason, 1994）。この革新主義時代の終わりには，子の年齢に関わらず，不適当だと認定されない限り，女性が慣例的に離婚後の子の監護権を得た。この変化は，母が監護することが子の最善の利益であるという信念が，広く持たれるようになったことに基づいている。

a. 養育費

しかし，養育費は別の問題であった。古いコモンローの下では，父は法的に子の収入と監護権を得ることができたが，反対に，子を扶養する義務を負っていた。父が子の監護権をたびたび失うようになった20世紀初頭，監護していない親，一般的には父が，子の扶養と教育の責任を負うべきかどうかが議論されるようになった。もはや，貧困は子を家庭から引き離す理由とみなされなくなり，生物学的な母は，たとえ貧しくても，子の最適な養育者とみなされた。これに伴い，州は貧しい母が子を扶養するための資金を提供し，議会は監護していない父から養育費を強制的に支払わせる法[訳註1]を成立させた（Mason, 1994）。親が経済的な援助を受けられるという観念は，離婚の領域にも一般化され，たとえ監護する権利が否定されても，監護していない親にも子を扶養す

[訳註1] 連邦政府は社会保障法を改正し，養育費を司法から福祉行政が扱う問題に移した。これにより，連邦政府の監督支援の下，各州政府の責任で，非監護親の居所探索，法的父子関係の確定，養育費命令の確定，養育費の徴収といった養育費強制プログラムが実施されるようになった。その後も制度改正を経て，整備・強化されている（下夷美幸（2008）アメリカにおける養育費政策の現状とその作用．大原社会問題研究所雑誌, 594, pp.19-35.）。

る義務が残るという考えは確実なものとなった。監護していない親の子に対する経済的な義務は100年以上前に生じた問題だが，今日の子の監護においても，議論を引き起こす問題であり続けている。

> **🛈 情報**
>
> 20世紀初頭，監護していない親は，たとえ監護権が否定されたとしても，子を扶養する義務があるという考えが発展した。

b. 母優先の衰え

　母による監護が子の最善の利益と同義であるという信念は，数十年の間，最も重要なものであった。その後，1960年代から1970年代の社会変動の間に，女性が親としての優位性を生得的に与えられているという考えに対し，次第に異議が唱えられるようになった。同時に，離婚率は劇的に上昇し，両親と裁判所による意思決定はさらに不安定なものとなった。ついに，1973年，**Watts v. Watts**（1973）で，ニューヨーク州の裁判所は，「単に母であるという事実そのものは，父が提供できる養育とは異なった，良質の養育を提供する能力や意欲を意味しない」と，アメリカの家庭や裁判所で醸成されつつある信念を力強く言い表した。

　多数の権利擁護団体は，法的な意思決定におけるジェンダーバイアスを無くすことを支持した。フェミニストグループは女性を家庭と子に縛り付けている生得的な性差別に関する信念を攻撃し，父は子より多くの時間を過ごすことを次第に求め，社会科学者はその議論に父性に関する新たな情報を提供した（例えば，Lamb, 1976）。大衆文化では，映画 **Kramer v. Kramer**（1979）（邦題「クレイマー・クレイマー」）が，父自身に親となる能力があるという考えのさきがけとなり，一方 **Mrs. Doubtfire**（1993）（邦題「ミセス・ダウト」）は父が子を養育する上で直面する困難を示した。州議会や裁判所の多くは **Watts** 決定の強力な言葉は取り入れなかったが，この判決は，家族法を強く支配していた母優先の考えが無効となることのさきがけとなった。これに伴い，母優先に密接に関連していたテンダー・イヤーズ・ドクトリンは支持されなくなった。1990年までに，多くの州は，テンダー・イヤーズ・ドクトリンを子の監護の決定の基礎とすることを法的に廃止した（Mason, 1994）。テンダー・イヤーズ・ドクトリンがなくなったこ

> **≡ 判例法**
>
> *Watts v. Watts*（1973）
> ・単に女性であるという理由だけでは，優れた親とはいえないという考えを表明した。
> ・法的な意思決定においてジェンダーバイアスを強調しないことは，フェミニスト，父，社会科学者を含む多くのグループから支持された。

とにより，裁判官は，あいまいに定義された「最善の利益」という基準のほかには決定に当たっての指針をほとんど持たなくなった（以下の議論を参照）。

c. 現代の離婚

1999年，個人開業の歯科医であるジェフリー・ミラーとコロラド州のオーロラにある大企業に勤務するソフトウェア技術者のベス・ミラーは，回復できないほど婚姻関係が破綻したことを理由に，離婚を申し立てた。ドメスティックバイオレンス，児童虐待，親の精神疾患，物質乱用といった主張はされていない。彼らの婚姻生活は，疎遠ではあったが紛争はなかった。しかし，ミラー医師が他の女性を愛していると妻に告げたことで悪化した。弁護士の助言により，ミラー夫妻は，子のジェシカ（16歳），ニコル（13歳），アンドリュー（7歳）の監護の問題の解決に向けた援助を求め，心理士である調停者に会った。ミラー夫妻は，ミラー夫人が自宅にとどまって子らの**身上監護**をするが，**法的監護**は共有することで合意した。6頁にわたる詳細な養育計画（parenting plan）において，子が各親と過ごす日／休暇／休日を特定し，そして，高校卒業後の教育に関する経済的な責任を定めた。ミラー医師は，コロラド州の**養育費ガイドライン**に沿った養育費の支払いに合意した。ミラー夫妻は，将来，養育上の決定に関する争いが生じれば，調停を利用することにも合意した。裁判官は，ミラー夫妻の決定が**「子の最善の利益」という基準**に関する現在の考えを反映したものとして，その取決めを承諾した。

この架空の事例は，例えば協定を定めて離婚するカップルなど，現代の離婚の一般的なありようを映し出している。ミラー夫妻は，自分たちで，最も頻繁に選択される離婚後の監護の取決めを選択した。裁判官は監護の決定において性別を考慮しないが，両親が自ら決定する場合は，母が主たる養育者としての責任を負うことが最も多い（Maccoby & Mnookin, 1992）。

ミラー夫妻が合意に至らず，自らの養育が優っている，または，他方の親は重要な欠陥があるとの認識のもと，自らが子を監護することを双方が求めれば，離婚の手続は全く異なったものとなったであろう。例えば，ミラー医師は，ミラー夫人は深刻な抑うつ状態にあり，16歳のジェシカは母に腹を立てているかもしれないので，父と暮らすのがジェシカの最善の利益だと主張するかもしれない。ミラー夫人は，常に主たる養育者であったこと，ミラー医師はほとんど家にいないこと，身上監護を得ようとするミラー医師の努力は子らのニーズに無神経であることの例であり，親として望ましくない判断をしているこ

とのあらわれであると主張するかもしれない。この事件において，両親とその弁護士が子の監護評価が有益であることを合意し，裁判所が指名した司法心理士のネイサン・ジョーンズ博士が監護評価を行うことに合意したと想定してみよう。彼らは，ジョーンズ博士の費用を婚姻中の財産から支払うことを定めた。ジョーンズ博士は，最善の実践の基準に従い，裁判所からの質問事項，子の最善の利益に関するコロラド州の法，専門家のガイドラインを踏まえて司法評価を行い，裁判所に報告書を提出した。ジョーンズ博士は，その事件が

> **❶ 情報**
> 現代の離婚の一般的な様相は，以下のとおりである。
> 1. 当事者の合意による離婚
> 2. 意思決定の共有（法的監護）
> 3. 主に同居する親（身上監護）は母
> 4. 監護していない親のために養育時間を定めた養育計画（面会）
> 5. 州のガイドラインに沿って定められた養育費

事実審理まで進んで証言に呼び出される場合に備えて準備をしたが，その家庭に関する役割は報告書を提出したことで終了した。ミラー夫妻と彼らの弁護士は，ジョーンズ博士の丁寧な評価を読み，四者会議^{訳註2}を持ち，事実審理はせずに養育計画に関する紛争を解決することを決めたが，このようなことはよく生じることである。事実審理に至れば，裁判官は，性別や養育に影響しない親の行動は考慮せず，むしろ，子の最善の利益をその決定の基礎とするであろう。

ここで要約した法社会学的な歴史から，監護の決定の根底にある新たなテーマのいくつかが着目される。

- 子は経済的資産とみなされていた。植民地時代は，子の経験やニーズには考えが及んでおらず，代わりに，子が労働力として貢献する可能性が最も重視された。法は，経済的資産に対して男性が絶対的な権利を有することを支持していた。
- アメリカが農業社会から脱し，子が働く差し迫った必要性が減るにつれ，子の経済的な価値も減少した。この変化により，子の最善の利益という考えが，監護の決定の中に徐々に生じた。
- アメリカ独立戦争後，そして1800年代を通して，裁判所の**国親**としての責任，子の福祉の問題，母の生得的な養育能力が注目を集めた。監護の決定において，特に幼い子については，父の権利は母優先に取って代わられ

訳註2 当事者双方およびその弁護士の四者での協議。協調的離婚（collaborative divorce）を目指す実務の中で，しばしば用いられる。

た。
- 1900年には，毎年55,000件の離婚判決がなされた（Grossberg, 1985）が，裁判官の決定は，子の最善の利益に関する司法の裁量と裁判官個人の信念から導かれた。
- 20世紀のはじめには，テンダー・イヤーズ・ドクトリンが広く受け入れられ，母が不適格であることが明確でない限り，離婚後には母が子を監護した。父が監護するという立法上の規定は取り去られ，女性の不貞に対する社会的非難は減少した。そして，かつて存在した母の監護にとっての余分な障害は，取り除かれた。
- 子のニーズに重点を置いた子の福祉の概念，そして，貧困は養育能力を妨げないという認識は，養育費の命令とその強制への道を開いた。
- 1960年代まで，アメリカ社会とその法体系は，離婚においては，母が子の養育にまさる親だという信念に疑問を抱いていなかった。しかし，この年代における革命的な考え方によって，第二次世界大戦後の保守的な社会基準の多くと同様に，子の監護に関するこうした決めつけはついに異議を唱えられ，廃止された。
- 20世紀後半，離婚の法と考え方は劇的に変化した。そして，家にいるよりも働くという女性の選択，男女平等憲法修正条項（Equal Rights Amendment）訳註3に向けた戦い，離婚の無責主義，未婚の両親の増加，非伝統的な家族（nontraditional families）訳註4の増加，離婚率の急激な上昇，男女平等の憲法上の問題が同時に生じた（Kohm, 2008）。
- テンダー・イヤーズ・ドクトリンと母優先は覆され，子の最善の利益が裁判官の意思決定に情報を提供する基準となった。

2 | 法的基準 —— 子の最善の利益

多くの論考が，子の最善の利益という基準の変化しやすさ，その不確定性，そして，結果的に同基準が子の監護の決定の意思決定の指針として不十分であることを論じている（Gould & Martindale, 2007; Melton et al., 2007; Mnookin, 1975;

訳註3　男女差別を禁じる憲法修正案。1972年に連邦議会で承認されたが，1982年の批准期限までに規定数の州が批准しなかったため，不成立となった。
訳註4　同棲，同性の関係，ひとり親家族，再編家族など。

Rohman, Sales, & Lou, 1987; Schepard, 2004)。監護の決定を，親の権利や特性ではなく，子の最善の利益に基づいて決めるという考え方は，子に焦点をあてた現在の社会的価値と一致しているように見えるが，この基準を個々の事件にどのように適用するかに関する具体的指針は明確ではない。子の最善の利益という基準に対しては，そのあいまいさが，訴訟の増加と司法の裁量への過度の依存という結果を招くと強く批判されている。家族法に関する事件において，依然として司法の裁量はかなり大きく，この裁量に依存することは，あまりにも個別的で，裁判官次第の結果を招くと主張されている（Kohm, 2008）。司法の裁量の大きさが有益か有害かは，学術的な議論に委ねられている。しかし，このことは，子の監護の事件の結論を予測しがたいものとしており，意図しないことに，親の紛争や敵対的な戦術を増加させている。

　子の最善の利益という基準をより具体的に定義するため，多くの州では，婚姻と離婚に関する統一州法（Uniform Marriage and Divorce Act（UMDA），1970）を採択しており，そこでは以下のとおり記述されている。

　　裁判所は，以下のものを含んだ関連の諸要素をすべて考慮し，子の最善の利益に基づいて監護を決定するべきである。
　　1. 子の監護に対する親あるいは両親の希望
　　2. 監護者に関する子の希望
　　3. 親あるいは両親，きょうだい，そして子の最善の利益に重要な影響を及ぼす他の者と子との相互作用と相互関係
　　4. 家庭，学校，地域社会への子の適応
　　5. 関係するすべての人の心理的，身体的な健康
　　裁判所は，監護者候補の行為が子との関係に影響しないものであれば，それは考慮すべきではない。

　特に，UMDA では，裁判所が「関連するすべての要素」を考慮すべきであるとされているが，これは，この基準の不確定性と子の監護の決定では司法の裁量が重要であることを示している。さらに，子の最善の利益につき，**制定法**と**判例法**のどちらも，これらの要素の相対的な重み付けをしていないことが，しばしば批判される。その結果，意思決定の過程でどの要素により重きが置かれるかも司法の裁量に残される。

いくつかの州では，UMDAの文言を採択する，または，その州自身で法の文言を作成することで，子の最善の利益という基準を成文化している。これにより，裁判官が最善の利益を決定する際に基礎におくべき基準は拡大され，または，明確化された。子の最善の利益という基準に本来的に備わっているあいまいさが十分に認識されたことにより，多くの州では，それを構成する要素をさらに定義しようと試みている（50州の要素を一覧にした付録Aを参照）。もっともよく知られており，そして，引用されることが多いもののひとつは，ミシガン州の制定法であるミシガン州子の監護法（Michigan's Child Custody Act of 1970 (M.C.L.A.) §722.23, 修正1980, 1993）であり，これは以下のように定められている。

722.23「子の最善の利益」の定義
Sec. 3.
　この法において「子の最善の利益」は裁判所に考慮され，評価され，決定されるべき以下の要素の総和を意味する。
(a) 愛，愛情，そして関係する当事者と子の間に存在する感情面のきずな
(b) 子に対して愛，愛情，指針を与えることと，もしあるならば信仰又は信条のもとに子を教育し養育し続けることに関する，関係する当事者の能力と資質
(c) 子に，食品，衣服，医療又は医療の代わりとして州法で認められている他の治療的ケア，その他の必要な物質を与えることに関する当事者の能力と資質
(d) 子が安定し，満足した環境で生活した時間の長さと，それを続けることの望ましさ
(e) 監護を行う一つのもしくは複数の家庭又はそうした家庭の候補の，家庭の単位としての永続性
(f) 関係する当事者の道徳的な適合性
(g) 関係する当事者の心身の健康
(h) 家庭，学校，地域における子の記録
(i) 子が希望を表現するのに十分な年齢に達していると裁判所が考えた場合の，子の合理的な希望
(j) 子と他方の親，または子と両親の緊密かつ継続的な親子関係を容易にし，促進することに関する当事者双方の意欲と能力

> **表 1.1　監護のタイプ**
>
> **法的監護**：子の健康，教育，福祉に関する意思決定を行う権利と責任
> A. 共同法的監護：両親のどちらも子に関する主な意思決定をする権利を等しく持つ。
> B. 単独法的監護：一方の親だけが子に関する主な意思決定をする権利を持つ。
>
> **身上監護**：子と共に生活する親の権利と義務
> A. 共同身上監護：子は，両親のどちらとも，かなり多くの時間を過ごす。
> B. 単独身上監護：子は主に一方の親と生活する，他方の親とは養育時間（parenting time）を持つ場合がある。
>
> ［備考］養育の取決めを可能性の連続体を反映するものとして説明し，「勝者」と「敗者」を言外に意味することを避けるため，より繊細な言葉を裁判所が採用するようになっていることに留意する必要がある。裁判官の一部，そして子の監護評価者の多くは，「監護と面会（custody and visitation）」という面目をつぶすような言葉より，「同居する親（residential parents）」，「養育時間（parenting time）」，「養育スケジュール（parenting schedules）」を用いている。

(k)　ドメスティックバイオレンス。これは，暴力が子に直接向けられたものか，子が目撃したものかにはかかわらない。
(l)　裁判所が個々の子の監護の紛争に関連すると考えたその他の要因

　1970年代後半から1980年代に，一見相矛盾する2つの子の監護の決定のアプローチが現れた。アプローチのひとつは，子の利益は各親との時間を最大限にすることから生じるという信念に基づいた，**共同監護**（joint custody）および**養育スケジュール**（parenting schedule）の共有である。他方は，**主たる養育者**（primary caretaker）を未成年の子の監護親とすることを優先するもので，**単独身上監護**（sole physical custody）を子の最善の利益とするアプローチである（Cochran, 1991）。（表1.1を参照）

　主たる養育者と共同監護のアプローチの基礎にある理論的根拠は，相矛盾したものである。共同監護を支持する者は，両親と実質的な交流を持つことによって子の最善の利益が実現すること，養育役割は性別に基づくのではなく交代可能なものであることを主張している（Elkin, 1991; Mason, 1994）。反対に，主たる親の考えを擁護する者は，子の生活における安定性，一貫性，予測可能性の重要性について述べる文献を引用し，主たる親とひとつの住居を持つことで本拠地が確立されると述べている（例えば，Goldstein, Freud, & Solnit, 1973）。

　1980年の，共同監護の優先を支持するカリフォルニア州の公共政策上の決定は，他の司法区にも影響を与えた（Mason, 1994; McIsaac, 1991）。「州議会は，

未成年の子が両親との頻繁かつ継続的な交流を行うことを保証すること，……そしてこの政策を達成するために，両親が子を育てる権利と義務を共有することを促進することが州の公共政策であることを見出し，そして宣言した」（Cal. Civil Code §4600（Deering, 2010））。現在，42 の州とコロンビア特別区（D.C.）が，立法（39州とD.C.）あるいは判例法（3州）を通じて，共同養育（joint parenting）の条項を承認している（American Bar Association, 2010）。一般的に，これらの法的な取決めは，両親が合意した場合には，共同監護が子の最善の利益であると推定している。

多くの州は，共同監護（共同法的監護）を優先することを採択し，それが子の最善の利益という基準に準拠しているとしている。一方，いくつかの州（例えば，ミネソタ州，1985; ウエスト・ヴァージニア州，1981, のちに撤廃）は**主たる養育者の推定**を採択しており，それは，両親が監護の取決めに合意できない場合に子の最善の利益となると解釈されている（Mason, 1994）。主たる養育者の推定では，子の身上面の養育の大部分を行った大人に，身上監護権が与えられる。これは，どちらの親が主たる養育者であったかを決定するために，別居前の各親の養育の量に関する質問票や調査票を用いることにつながる。この方法を性別に中立的なアプローチとして推奨する者もいるが，こうした推定がもともと母への偏りを備えていると批判する者もいる。

前述のように，子の最善の利益という基準は幅広く批判され，特に裁判官が子の監護の意思決定を行う指針が不足していると批判されている。これらの批判に対し，米国法律協会（American Law Institute（ALI））は，より具体的な指針を裁判官に提供するために，**近似ルール**（approximation rule）を採択した（ALI, 2000）。近似ルールは，原則的に，離婚後の養育時間の割合は，各親がそれぞれ婚姻中に責任を負っていた養育の割合と同じにすることを推奨する（Clark & Estin, 2005; Kohm, 2008; Melton et al., 2007）。このルールを支持する者は，(a) 過去の養育における選択に依ることは将来の養育を予測する試みよりも信頼できる，(b) このルールは社会科学や**愛着理論**の研究と一致していると主張する。さらに，定量化可能なルールは，司法の裁量や不明確な子の最善の利益という基準によって行われる意思決定のばらつきを減らすことに役に立つであろうとされている。このルールは実証的に検証されてないが，このルールを支持する者は，明確な基準によって子の監護に

> **❶ 情報**
> 共同身上監護よりも共同法的監護の方が，今日の大部分の州における標準となっている。

関する意思決定のプロセスが簡易化され，別居後の親の紛争，有害かつ長期にわたる訴訟が減ることを期待している（Emery, 2007; Kelly & Ward, 2002; O'Connell, 2009; Riggs, 2005）。

ALIの近似ルールは，あまりに単純に養育の量を養育の質や子の愛着の強さと同一視しており，愛着理論と合致しないと批判されている。加えて，近似ルールが静的な性質のものであり，離婚の過程や離婚後において家庭（そして養育の役割）

> **❶ 情報**
> ALIの「近似ルール」は，離婚後の養育時間の割合は，婚姻中に各親がそれぞれ行ったものと同程度にすることを推奨している。しかし，量は等しくならないこと，時間とともに養育役割は変化すること，近似ルールはジェンダーバイアスにつながり得ることが批判されている。

が変化でき，変化し，また変化すべきであるという事実を軽視していることも特に批判されている。争いを好む両親は，主たる親が誰であったかで一致しない場合と同様に，単に以前の養育の割合の計算をめぐって争うであろうとも考えられている（Warshak, 2007）。批判の多くでは，婚姻中は母が養育の大部分を担うことが多いため，近似ルールは性別による偏り，特に母優先の原則への回帰だという懸念が示されている（例えば, Riggs, 2005; Warshak, 2007）。学術的には，近似ルールを子の最善の利益に代わるもの，または子の最善の利益という基準とすることの利点に関する議論が，地道に続けられている。2009年時点では，ウエスト・ヴァージニア州だけが，近似ルールを子の監護の紛争の決定指針として採択している（WV Code §48-9-206）。

3 │ 子の監護の事件における法的手続

離婚と監護の手続は，州法によって規定されており，州ごとに異なっている。以下の子の監護の事件の法的手続に関する説明は一般的なものであり，特定の州の法的手続を説明したものではない。本章の終わりでは，子の監護の手続における精神保健の専門家の役割，そして司法評価の専門化が進んでいることを説明する。

法的手続は，裁判所に離婚の申立てがなされた場合に開始する。当事者が共同して申し立てない限り，申し立てた当事者はその申立てを他方当事者に通知しなければならない。これは，一般的には，他方当事者が自発的に書類にサインをする，または，警察官，保安官，法的に権限を与えられた者が書類を送達することでなされる。書類を受け取った当事者は，定められた日数のうちに裁

判所に答弁書を提出しなければならない。

　養育時間や養育費に関する暫定的な取決めを当事者が合意できなければ，裁判所に仮の命令を求める申立てができる。多くの裁判所では，当事者が仮の取決めを作成するのを援助する専門の職員がいる。調停（mediation）を義務づけ，裁判所に出廷する前に調停を試みるよう当事者に求める裁判所もある。当事者が合意できなかった場合，彼らは裁判官の前に現れることになる。

　法的手続の各段階において，裁判所は両親がその紛争を解決し，合意に至るように促している。この目的のため，両親はさまざまなタイプの資源を利用して，採り得る選択肢について学習できる。例えば，別居している家族のための親教育の講習[訳註5]はすべての州で利用でき，いくつかの司法区ではそれらの受講が必須とされている。養育計画のモデルは，養育のスケジュールを作成するためのガイドラインとして発展している[訳註6]。

　調停は，両親が裁判外で決められるよう援助するもので，より一般的なものとなりつつある。当事者双方と当事者の弁護士が，訴訟ではなく，法的助言や法的弁護を通して事件の解決に取り組む協調的法務（collaborative law）[訳註7]も，敵対的ではない離婚に向けた代替的な紛争解決の新たなアプローチである。

　両親が監護をめぐって争っている事件では，当事者のどちらかが子の監護評価を求める申立てを行うことも，当事者が共同して評価を行うことに合意することも，または，裁判所が独自に評価を命ずることも可能である。裁判所の中だけで働く精神保健の専門家を配置している裁判所もあれば，その地域における精神保健の専門家やその仲介機関と契約している裁判所もある。多くの州では，裁判所は，手続における子の最善の利益を代理するものとして，弁護士を訴訟後見人（guardian ad litem（GAL））に任命することがある。弁護士である

訳註5　ネブラスカ州では，離婚の子どもへの影響，離婚への子どもの反応，親が注意すべき点，親同士の関係の重要性，養育計画作成上の留意点に関する講義がされるほか，紛争性が高いなどの理由で特に指定された者が参加する少人数でのクラスも行われていた（渡部信吾（2009）世界の司法―その実情を見つめて：米国ネブラスカ州ダグラス郡における子どもを持つ夫婦の離婚手続（上）．判例タイムズ，60（28），pp.82-88）。

訳註6　原文では，養育計画のモデル例としてマサチューセッツ州，オレゴン州，アリゾナ州のガイドラインのWebアドレスが掲載されているが，リンク切れのため省略する。なお，このようなガイドラインは，州名，parenting planといったキーワードからweb上で検索できる。

訳註7　裁判による不確実な結果を避け，当事者と子のニーズを最も満たす解決を得られるよう，代理人である弁護士，その他の専門家等が協働し，交渉するもの。なお，協調的法務で合意に至らない場合には，その弁護士は訴訟での代理人とはならないことが事前に合意されている（National Conference of Commissioners on Uniform State Laws．（2010）．Uniform Collaborative Law Act）。

GALは，司法精神保健の評価者を雇い，子の最善の利益に関する問題を査定（すなわち子の監護評価）させることがある。精神保健の専門家がGALに任命され，そのGALが評価を行い書面で裁判所に報告する州もある。場合によっては，裁判所は，限定された問題に関する情報を提供するための，短期的で焦点化されたアセスメント（Brief Focused Assessment（BFA））[訳註8]を命ずることもある。

　弁護士は，子の監護評価を，紛争を解決し，裁判を避けるのを援助するための手段として用いるかもしれない。その時点で，争っている問題の一部またはすべてに関する合意に向けた交渉の努力のため，当事者とその弁護士による四者会議が開催されるかもしれない。争いのある事件では，事実審理を開く前に，裁判所は，その事件を解決する，あるいは審理の争点を絞るために事実審理前の審問を予定するかもしれない。争いのない裁判では，当事者はすべての事項に合意した上で，書面にした合意を提出し，裁判官の検討と承認を得る。対照的に，争いのある裁判では，当事者は裁判官が決定するために，すべての問題を裁判所に提出する。場合によっては，裁判官は，当事者が一部について合意することを認め，事実審理を争いのある問題に限定するかもしれない。裁判によるものであれ和解によるものであれ，当事者間の紛争が解決すると，最終的に，裁判所は離婚を認める命令を発する。離婚の判決は，婚姻の終結の条件を詳しく定めるが，それには，財産や負債の分割（該当があれば，夫婦の家の所有権や利用権），経済的な責任，未成年の子の監護や面会の詳細，養育費の支払い，そしてその他のふさわしい訴訟上の救済を含んでいる（Mercer & Pruett, 2001）。

　終局判決の後，裁判所の命令は，当事者のどちらかがその**修正（modification）**を得ることに成功しない限り，有効であり続ける。裁判所の命令による養育計画を変更することを望む，あるいは，判決後に子の監護を変更することを求める親は，現在ある命令の変更を求める申立てができる。養育費や子に関する命令が変更されるには，申立人は，命令の後に，状況に重大な変化があったことを証明しなければならない。監護の変更の申立てにつながる状況の変化の典型には，親の新たなパートナーの出現，発達に伴う子のニーズの

訳註8　子の監護をめぐる事件において，特定の事項に争いがある場合に用いられる，短期間のアセスメント。子の監護評価が分析的であるのに対して，より叙述的な結果報告がなされる。事件数が増加する中，限られた時間枠の中で裁判所が信頼性のある情報を得るために用いられることが増えている。本書 p.103 参照。

> **❶ 情報**
> 子の監護の事件の法的手続の一般的段階
> ・裁判所に離婚の申立てがなされ，法的手続が始まる。
> ・当事者は，養育時間と養育費に関する暫定的な取決めに合意できなければ，仮の命令を裁判所に申し立てることができる。
> ・法的手続の各段階において，裁判所は，両親が相違点を解消し，合意できるように促す。
> ・調停はより一般的なものとなり，協調的法務も同様となっている。
> ・両親が監護を争っている事件では，どちらの当事者も子の監護評価を求める申立てができる。
> ・最終的に，裁判所は離婚を認める命令を出す。この命令には，子の監護に関する事項が具体的に示されている。

変化，子とともに転居したいという要望，当事者の養育能力の低下が含まれる。離婚前は子の監護評価を行っていない場合であっても，子の監護や面会に関する変更が申し立てられた際に，司法評価者の関与が始まる場合がある。

子の養育や監護をめぐる未婚の両親の紛争は，近年，相当に増加している。例えば，マサチューセッツ州では，2008 年の未婚の両親の申立ては，離婚の申立てとほぼ同数であり（Massachusetts Probate and Family Court, 2008），未婚の両親の申立ての数が離婚の申立ての数よりも多い州もある（O'Connell, 2009）。離婚の場合とは対照的に，裁判所の命令や法的合意がなければ，一般的に，母が子の**単独身上監護**を持つ。実父であることが確定している父が監護権や交流の増加を申し立てれば，養育に関する紛争は離婚の手続と同様の手続をたどる。

離婚や未婚の両親間の事件では，刑事事件や虐待などの児童保護の事件と異なり，法律によって当事者に代理人が保証されるわけではない。当事者が，弁護士を選任せずに**自分自身で手続を行うこと**（pro se）はますます一般的なものとなっているが，このような当事者は，法的手続を進めるに当たって問題を生じる可能性が高い。全国の多くの裁判所は，手続を簡単でわかりやすいものとするため，手続を教示し，情報を広めている。多くの州の家庭裁判所は，州裁判所のウェブサイトで，訴訟当事者に対して情報を提供している。自分自身で手続を行っている訴訟当事者が利用できる「当番弁護士（Lawyers for the day）」を，ボランティアとしてその地域の裁判所に置いている弁護士会もある。代理人を付けていない当事者は，もともと複雑な家庭裁判所の法的手続をさらに複雑なものにしている。

4 | 子の監護評価者の役割

　精神保健の専門家である評価者は，離婚または未婚の両親の事件に関与することが多いが，子の監護の問題は，未成年後見や児童福祉の事件でも生じる。子の監護評価の焦点はさまざまだが，一般的には以下のものが含まれる。

・両親の監護者／養育者としての強み／弱みの査定
・特別なニーズを含めた，子のニーズの査定
・両親の紛争の原因，紛争の影響，そして紛争を減少させる介入方法の査定
・子と両親の関係の質の評価
・親の疎外に関する主張，すなわち，一方の親が，子と他方の親の関係を傷つけ壊す行動をしているという主張の査定
・同調している子，すなわち，一方の親との交流に抵抗している子の査定
・親の別居という状況における，ドメスティックバイオレンスの目撃なども含む児童虐待に関する主張の査定
・さまざまな要素の，子を適切に養育する親の能力への影響の評価。このような要素としては，精神疾患，認知機能障害，物質使用障害があるが，子を養育する能力を低下させるようないかなる要素も含まれる。裁判所が，子の医療上，心理上，教育上その他特別なニーズを満たす各親の能力を評価するよう，評価者に求めることもある。

　「子の監護評価」は，必ずしも監護の問題そのものに焦点をあてるわけではない。より正確に言えば，「子の監護の事件という状況の下での司法評価」となるであろう。例えば，養育時間の間に幼い子を適切に監督する能力を査定することが求められるかもしれない。より具体的には，裁判所は，母が双極性障害の薬物治療に従わず，最近精神科に入院し，5歳の子との交流が中断したという経過に照らして，監督付きの面会[訳註9]が必要かどうかを尋ねるかもしれない。この例では，裁判所は監護者としてよりよい親が誰かではなく，この母の場合にどのような状況であれば子が安全かを尋ねている。他の例としては，裁

訳註9　ドメスティックバイオレンス，子への虐待，連れ去りの危険，紛争性の高さなどにより当事者だけでは面会等が困難な場合に利用されるが，費用は基本的に当事者が負担する（棚村政行（2005）アメリカにおける子の監護事件処理の実情．判例タイムズ，1176, pp. 55-66.）。

> **❶ 情報**
> 子の監護評価の多くは，子の監護の事件の文脈における司法評価という表現の方が，正確である。言い換えれば，法的紛争は，誰が子を監護するべきかに関するものとは限らない。評価は，親ー子関係に影響するさまざまな要素を査定する。

判所が定めた父との養育時間を12歳の子が拒否していると主張された事件が考えられる。この事件の主な問題は，身上監護や法的監護ではない。裁判所は，関係がうまくいかなくなった要因を評価することを求めている。一般的には，「子の監護評価」という用語は，簡潔さとこの分野における一貫性を保つため，子の養育に影響すると考えられる幅広い問題のアセスメントについて使用され，理解されている。

　精神保健の専門家は，法律上のさまざまな仕組みとさまざまな段階において，監護の紛争に携わる。刑法と異なり，監護の決定は，子が18歳に達して成人になるまでは訳註10，最終的な決定と考えることはできない。したがって，裁判所が子の最善の利益が何かを決定することを援助するため，複数の時点で心理学的な評価が求められる可能性がある。また，最初の評価が完了した後に，監護の決定の事後変更を求めて裁判所に戻る家族のため，改めて評価して内容を更新するよう裁判所が求めることもある。

　州ごとに用語や手続の詳細は異なるが，司法精神保健の専門家は，一般的には4つの立場，すなわち，裁判所の指名による評価者，一方の弁護士に雇われた評価者，一方の弁護士に雇われた科学的専門家，一方の弁護士に雇われた助言者のいずれかの立場で，子の監護の事件に関与する。

(1) 裁判所の指名による評価者

裁判所の指名による評価者は，裁判所が直接指名した精神保健の専門家，または，裁判所が中立的に指名した者（例えば，訴訟後見人（GAL））がアセスメントを行うために雇った専門家である。裁判所から指名された評価者（または，GAL／スペシャル・マスター（special master），裁判所が指名したその他の中立的第三者に雇われた者）の利点は多い。具体的には，通常は，評価者の役割とアセスメントの範囲を裁判所が命令で定めるが，命令が不明確な場合，評価者は，それを明確にするよう裁判所に求めることができる。評価者が裁判所に指名された場合は，裁判所が評価者を依頼した者であり，このことは偏りがあるよ

訳註10 アメリカの成人年齢は州によって異なるが，選挙権年齢は一律に18歳となっており，成人年齢を18歳と定める州が最も多い。

うに見えることを最小にし，評価者の中立性を最大にする。評価者の役割は，裁判所の具体的な質問事項やそれに関連した司法精神保健の**構成概念**に関して，家庭を査定することである。中立的な評価者として裁判所に指名されることの重要な利点は，準司法的な免責特権が得られること，すなわち裁判所の命令下で行われた仕事については責任追及から守られるということである（Kirkland, Kirkland, King, & Renfro, 2006）。

> **❶ 情報**
>
> 子の監護の事件において，司法精神保健の専門家は，以下の役割のうちのひとつを担うことが多い。
> ・裁判所の指名による評価者
> ・一方の弁護士に雇われた評価者
> ・一方の弁護士に雇われた科学的専門家
> ・一方の弁護士に雇われた助言者

(2) 一方の弁護士に雇われた評価者

　紛争の一方の弁護士や一方の当事者は，評価を行うため，精神保健の専門家を雇うことができる。しかし，司法精神保健の専門家は，両親と子の参加がなければ，子の監護評価を行うことはできない。一般的に，子の監護評価には両親の相対的な強みや弱みを比較してアセスメントすることが含まれるため，司法評価者は関係する当事者の全員に接触できなければ，適正な評価ができない。弁護士が司法評価者に対し，自身の依頼者の養育能力と子との関係を査定するよう求めることが時々ある。しかし，緊急事態や裁判所の命令による場合を除き，両親の了解や許可がない状態で子を評価することは，臨床的，倫理的に賢明ではない。そのような評価を行うことは，子に一方の親に対する秘密（すなわち，その評価について）を抱えさせることとなり，評価者は正当化されない状況を作り更なる紛争を招いた共犯者となる可能性がある。両親と裁判所が子を評価することを許可しても，一方の側が評価者を雇っていることによって，偏りが存在するように見えるという問題が残る。子はどちらの親が評価者を雇ったかということに影響を受け，それに応じて答えを変えるかもしれない。また，どちらの側も独自に評価者を雇うことを裁判所が許可すれば，子は2つの別々の評価を受けることに耐えなければならず，評価者には倫理的な懸念や臨床的なジレンマが生じる。

　このことが避けられない状況が存在するかもしれない。例えば，司法区によっては，各当事者が得た独自のアセスメントに頼っているかもしれない。重要なのは，これらの問題は，弁護士を依頼

> **⚠ 留意点**
>
> 緊急事態や裁判所命令がない限り，両親の了解や許可なしに子を評価することに合意してはならない。

した親に関する心理的な評価には拡大されず，子の最善の利益の評価についてのみ該当するということである。例えば，弁護士は自分の依頼者の精神疾患，物質乱用，その個人の心理面・感情面の機能に関するその他の問題を査定するために，評価者を雇うかもしれない。このような評価は上述のような問題はなく行うことができるが，養育を比較したり，査定していない親や子について述べたりするような意見の拡大はしないよう注意しなければならない。

(3) 一方の弁護士に雇われた科学的専門家

司法精神保健の専門家は，専門知識と経験を有する分野について，一方の弁護士に専門家として雇われるかもしれない。これは，「科学について述べる」または「実践について述べる」専門家としても知られており，精神保健の専門家は，中立性を保ち，扱われている具体的な問題に関するその分野の知識を述べる。以下に2つの例を挙げる。

1. 子が打ち明けた性的虐待の信憑性に関する研究所見について証言するために，専門家が雇われる場合
2. アスペルガー症候群の診断を行うために満たさなければならない基準に関する最新の知見と，養育計画においてそれをどう考慮するかを提示するために，専門家が雇われる場合

この役割の重要な面は，その訴訟手続に関わっている個人については，評価も意見も述べないということである。

(4) 一方の弁護士に雇われた助言者

司法精神保健の専門家は，助言者として弁護士に雇われるかもしれない。一般的に，助言者は，弁護士が直面する心理学的証拠について説明する，あるいは，証人に対する質問の準備を手伝って，裁判のための弁護士の準備を援助する。これは弁護する者としての役割であり，弁護士がその事件で勝つことを援助することが目標である。司法評価者が同一事件で複数の役割を務める場合には，ジレンマが生じる。例えば，「科学について述べる」専門家と助言者の両方を行うことは，一方の当事者の利益のために働きながら同時に心理学的な真理を提示するという二重の役割となるため，倫理的に許されない（Hess, 1988;

Weissman & Debow, 2003)。

　上記の各役割は，監護評価の専門知識を有する精神保健の専門家にとって妥当なものであるが，どのような事件においても，互いに他の役割とは両立しない（Weissman & Debow, 2003）。

> ⚠ **留意点**
> 「科学を説明する」専門家，そして当事者の助言者の両方を務めることは，倫理的に受け入れられない。なぜなら心理学的な真実を提示するのと同時に，依頼当事者の利益のために活動するという，二重の役割を持つからである。

5 ｜ まとめ

　本章における最も重要な概念は，今日の子の監護の事件において広まっている法的基準 —— 子の最善の利益という基準である。この基準に関連する心理的な要素を査定することが，最も有用で情報を与えてくれる子の監護評価となる。各州では，明示の程度はさまざまだが「最善の利益」の定義を作成しており，他の司法区のものと包括的には共通点を有している（付録 A を参照）。司法評価者は，自分の州に特有の最善の利益の定義について，具体的な要素やニュアンスに精通しなければならない。一般的に，最善の利益を決定する変数に割り当てられる相対的な比重は，司法の裁量に委ねられている。次章では，子の最善の利益という基準の下で考慮される問題が，精神保健の専門家が行うアセスメントの範囲内にある**心理－法的**な構成概念にいかに翻訳されるかを考察する。さらに，これらの構成概念を形成する，子の監護評価の基盤となる要素について説明する。

| 第 **2** 章 |
司法精神保健の概念
Forensic Mental Health Concepts

第1章では，アメリカにおいて，子の最善の利益という基準が，監護の決定における法的基準であることを確認した。監護評価における評価者の役割は，子の最善の利益の判断に資する情報を，裁判所に提供することである。本章では，法や司法の立場からの子の監護評価への補足情報をもとに，どのような心理学的情報が子の監護の事件における法的な質問事項に関連するかを明らかにすることを主な目的とし，以下の5つの論点を取り上げる。

1. 子の監護の事件に関する**情報の一般的な分類（またはカテゴリ）**について，法から何が言えるか
2. これらの情報の分類に関する**心理学的な構成概念**について，精神保健の領域から何が言えるか
3. 心理学的な構成概念は査定すべき要素にどう翻訳されるか
4. 子の監護評価における心理学的情報の適切な役割は何か
5. 子の監護評価と他の評価の違いは何か

1 │ 子の最善の利益に関する情報の一般的な分類（またはカテゴリ）について，法から何が言えるか

まず，子の最善の利益という基準の意味するところを明確にしようとする者のすべてが，そのとらえどころのない特徴に不満を感じていることを認めなくてはならない。第1章で述べたように，法自体は基準をあいまいにしか定義し

表 2.1　子の監護の決定において裁判所が考慮する主な要素
1．両親の情報と両親の養育に関する情報
2．子の情報と子の発達に関する情報
3．両親と子の関係に関する情報
4．両親の関係に関する情報

ていないため，「無限の解釈や適用の原因となっている」（Schutz, Dixon, Lindenberger, & Ruther, 1989, p.1）とともに，子の監護の決定において，司法に幅広い裁量の余地を残してしまっている。これは，基準そのものは，**何を**査定すべきかについて，いかなる説明も示唆も与えていないためである。基準は，子の最善の福祉が望ましい結果であることを，単に述べているだけである。法的基準に対するこのようなアプローチを他の法に仮に当てはめるとすれば，例えば，措置入院命令（civil commitment）で，「治療の必要性および自己や他者に対する危険」の代わりに「患者の福祉」を命令基準にするようなものであろう。子の最善の利益という基準そのものは，判断に当たって評価者が何を解明するべきかは示しておらず，結果が子のためにならなければならないとしているだけである。一方，裁判所の中には，監護評価の命令において査定すべき要素を示すことで，実質的に子の最善の利益という基準を定義するものもある。

上記や第 1 章で述べたように，子の最善の利益という基準の不確定性により，多くの州では，制定法または判例法を通じて，監護の決定をする際に裁判所が考慮すべき要素のリストを考案している（50 州の監護における最善の利益の要素を示した付録 A を参照）。これらの要素は，一般的には，表 2.1 で示す 4 つに大きく分けられる。

これら 4 つの基本的な領域の情報と，個々の事件で生じる具体的な問題をもとに，通常，監護の決定が下される。これら 4 つの領域は，子の最善の利益に関して心理学的な情報を提供するのに必要不可欠な，精神保健の主要な構成概念とも合致する。

> **❶ 情報**
> 子の最善の利益という基準の目標は，子にとって可能な最善の結果に到達することである。しかし，何を査定すべきかについては，基準は何も語っていない。

2 │ 評価者がこれら情報の分類（またはカテゴリ）を提供しようとするとき，それらに関連した心理学的な構成概念について，精神保健の領域から何が言えるか

　情報をこのような一般的なカテゴリに分類することで，あいまいな子の最善の利益という基準を，「心理－法的な構成概念」に翻訳することが可能になる。この「心理－法的な構成概念」とは，何を意味するであろうか。Grisso（2003）は，構成概念を「直接的には観察できない，仮説的な状況または状態である。観察できるのは，その行動上の現れだけである。個人に関する観察をまとめるに当たり，その構成概念を用いる……」（p.22）と定義している。心理－法的な構成概念は，法的基準と行動とを，この場合においては上記のとおり一般的に分類された情報と行動とを，概念的につなぐものである。心理－法的な構成概念を用いることによって，裁判所に情報を提供するために評価者が査定すべき具体的な領域を明らかにすることができる。例えば，「親の養育スタイル」は，子の最善の利益という基準に関わる心理－法的な構成概念である。これは構成概念であり，すべてを観察または測定することはできないが，構成概念の行動上の指標は，観察や測定が可能である。当然のことながら，子の最善の利益という基準を考慮する場合に裁判所にとってどのような心理－法的な構成概念が重要かを同定することと，どのような観察可能な行動を用いれば同定した構成概念を査定できるかを明確にすることが課題となる。

　幸いなことに，子の監護の専門家や全国的な専門家組織が，既にこの問題に取り組んでいる。専門家組織のいくつかは，子の監護評価における子の最善の利益という基準の解釈についての共通認識をまとめ，倫理規範や実践のガイドラインを公表している。ガイドラインや基準を，それらが対象とする専門家の種類とともに示したものが表2.2である。本書では，これらのガイドラインのうち以下の3つについて，以後の各章で参照していく。

① アメリカ心理学会（American Psychological Association（APA））による，**家族法手続における子の監護評価ガイドライン**（APA, 2009）
　　この文書は「子の監護評価という特殊な評価

> **❶ 情報**
> 心理－法的な構成概念は，観察された行動と法的基準をつなぐものである。言い換えれば，これらの構成概念によって，司法精神保健の専門家が評価を進めるに当たってどの領域を査定すべきかの判断が可能となる。

表 2.2　子の監護評価のための専門家ガイドライン

対象となる読者	タイトル	作成者	刊行年	規範としての重み付け
適格性のある精神保健の専門家	子の監護評価の実践のスタンダードモデル（Model Standards of Practice for Child Custody Evaluation）	家庭裁判所・調停裁判所協会	2007	目標
すべての心理士	心理士の倫理原則と行動規範（Ethical Principles of Psychologists and Code of Conduct）	アメリカ心理学会	2002	必須（行動規範）
司法心理士	司法心理士のための専門的ガイドライン（Specialty Guidelines for Forensic Psychologists）	アメリカ心理学と法学会	1991	目標
	家族法手続における子の監護評価ガイドライン（Guidelines for Child Custody Evaluations in Family Law Proceedings）	アメリカ心理学会	2009	目標
すべての精神科医	特に精神科への適用に関する医療倫理の原則（The Principles of Medical Ethics with Annotations Especially Applicable to Psychiatry）	アメリカ精神医学会	2009	必須（行動規範）
司法精神科医	子の監護評価の実践指標（Practice Parameters for Child Custody Evaluation）	アメリカ児童精神医学会	1997	目標
	子の監護に関するコンサルテーション：子の監護の臨床的アセスメントに関する作業部会の報告書（Child Custody Consultation: Report of the Task Force on Clinical Assessment in Child Custody）	アメリカ精神医学会	1988	目標
	司法精神医学の実践のための倫理ガイドライン（Ethics Guidelines for the Practice of Forensic Psychiatry）	アメリカ精神医学と法会議	2005	目標

Zelechoski, A.（2009）より翻案

　を行う技量を向上させる」（p.2）ことを目的とし，評価者と親やその他の当事者との関係，評価の方法や解釈の質に関する一般的な必要条件など，子の監護のアセスメントに関する多くの側面についての指針を提示している。これから本書のさまざまな箇所で，APA の監護に関するガイドラインの諸側面を取り上げることになるであろうが，この章で子の最善の利益という基準を読み解く上では，このガイドラインが子の監護評価の本質的な目的を「子の心理学的な最善の利益を決定することを支援すること」と特定したことが，極めて重要である。また，このガイドラインは，この目

表 2.3　法的要素とそれに対応する心理－法的な構成概念
制定法／判例法に基づく心理－法的な構成概念の要素
・両親の情報と両親の養育に関する情報（親の特性）
・子の情報と子の発達に関する情報（子のニーズ）
・両親と子の関係に関する情報（「適合性」）
・両親の関係に関する情報（養育における協力関係）

的を，子の監護評価の基礎となるべき幅広い達成目標と心理学的な構成概念に言い換えている。

② 家庭裁判所・調停裁判所協会（Association of Family and Conciliation Courts（AFCC））による，**子の監護評価の実践のスタンダードモデル**（AFCC, 2007）

　このスタンダードモデルは，子の監護評価者を含む多様な読み手に向けて書かれている。司法評価者とそれを利用する者（すなわち，両親，弁護士，裁判所）にとって，AFCCのスタンダードモデルの目的は，「優れた実践を促進する」（p.5）ことである。司法評価者の役割，資格，評価の過程に関する提言を内容とし，関係する当事者すべてとその相互関係を含む包括的なアセスメントが重視されている。

③ アメリカ児童精神医学会（American Academy of Child Adolescent Psychiatry（AACAP））によって公表された，**子の監護評価の実践指標**（AACAP, 1997a）

　AACAPの実践指標は，評価者の役割，評価におけるアセスメントの領域およびアセスメントの過程における「基本原則」を提言している。

　裁判所が子の監護評価者から何を知る必要があるかは，現在，主に2つの資料で定義されている。ひとつは，1994年のガイドライン（APA, 1994）を改訂したAPA（2009）のガイドラインである。これは，子の監護に関する法や文献に関する幅広い調査結果を踏まえて，APAが認定した子の監護の法や評価の専門家の共通認識として作成された。この文書で，3つの種類の情報，すなわち「心理－法的な構成概念」とも呼ぶことができる情報が定義されており，これらは，子の最善の利益という基準についての子の監護評価の

> **❶ 情報**
> APAによる「家族法手続における子の監護評価ガイドライン」は，子の監護評価の基盤となる幅広い達成目標と心理学的な構成概念を明示している。

基礎となっている。これらの構成概念は，離婚に関する研究から導き出された4番目の構成概念とともに「査定する必要があるもの」であり，裁判所が必要としている情報の4つの大まかなカテゴリ（表2.3）に対応している。第2の資料は，「子の監護評価の実践のスタンダードモデル」(AFCC, 1994)を改訂した，2007年のAFCCスタンダードモデルである。精神保健と法律の専門家による専門委員会が，AFCC会員の意見を踏まえて改訂作業を行い，専門家の綱領としてこのモデルを作成した。これは，**司法精神保健アセスメントの過程**に焦点をあて，そして，APAのガイドラインが推奨する3つの構成概念と同様に，両親，子，親と子の関係のアセスメントに重きをおいている。

(1) 親の特性

子の監護評価の基礎となる4つの構成概念の第一は，両親の機能的な能力や不足といった親の特性であり，これは，裁判所が両親や両親の養育に関する情報を必要としていることと対応している。改訂前のAPAのガイドラインは，この能力を「大人の養育能力であり，知識，特性，スキル，能力，またはそれらの不足が含まれる」と記している (APA, 1994, p.678)。親の特性に関するAPAの説明は，親の精神状態，人格，または道徳性にではなく，**能力**に焦点があてられている。Weissman & DeBow (2003) は，これらを「親の機能的能力」(p.43) と述べている。同様に，法的な能力を査定するGrisso(2003)のモデルは，裁判所のために能力を評価する際は，単に精神疾患や人格を査定するのではなく，個人の機能的な能力を査定することが最も重要であると強調している。例えば，親の特性には，子のニーズを理解しそれを満たす能力や，これらの能力を妨げる作用が含まれる (Otto & Edens, 2003)。焦点は，心理的な状態ではなく，子の養育において親に何ができて何ができないかにあてられる。心理的状態を調べることは重要かもしれないが，個人の養育能力に実際に害を与えていなければ関係はない。すなわち，心理的状態と養育行動には，明白な関係がなければならない。

> ⚠️ **留意点**
> 両親を評価する際は，心理的な状態だけではなく，むしろ，子の養育においてそれぞれの親が現実に何ができて何ができないかに焦点をあてるべきである。

(2) 子の心理的ニーズ

第二に，APAのガイドラインは，子の最善の利益という基準による決定に資する情報を提供するため，評価では**子の心理的ニーズ**を査定すべきで

あると述べている。これは，法的な意思決定者が，子および子の発達に関する情報を必要とすることと一致する。2009年の子の監護に関するガイドラインは，この構成概念の説明において，子の教育面や身体面のニーズを含めるよう勧めている。また，1994年のガイドラインは，「子それぞれの心理的機能と発達上のニーズ，そして適切な場合には子の希望に関するアセスメント」を評価に含めるべきことを推奨している（APA, 1994, p.678）。子に関するアセスメントは，子の「認知，感情，社会性，そして学業上のニーズと能力」（Otto & Edens, 2003）の現状に焦点をあてるが，子の身体的なニーズ（APA, 2009）や特別なニーズ（AACAP, 1997a）も含まれる。家庭史と発達の経過は，評価者が子のニーズをよりよく理解するための背景事情を提供し，そして，将来子が何を必要とするかに関するアイデアを提供する。

裁判所もまた，親が子のニーズをどう理解し，それにどう対応してきたかという養育の経過を把握する必要があり，それを子の当面の将来に影響する決定の基盤にする。なお，子のニーズの中心となる概念は，基本的に子の成長と家庭環境の変化（離婚または別居そのものなど）により変動する。例えば，安心感に関する子のニーズは，子の年齢と感情面の成熟に応じて異なる意味づけをされるであろうし，それは子の希望についてアセスメントするときも同じである。身体的なニーズの観点からは，一方の親は乳児の基本的な世話を行うのに適しているかもしれないが，そのスキルは，青年期の子の養育ではさほど重要ではないであろう。家庭にその他の特別な状況が生じることもあり得る。例えば，子が珍しい医学上のニーズを有していれば，子のニーズに対応する親の相対的能力が，アセスメントで最も重要となるであろう。

(3) 適合性

適合性とは，親の機能的能力と子のニーズの調和を指す。**適合性**という構成概念は，親子の関係についての情報を裁判所が必要としていることに対応している。この概念の中心は，親の特性と子の心理的，身体的ニーズの相互関係や相互作用である（Schutz et al., 1989）。それぞれの親のスキルおよびその不足は，子のニーズおよび能力と，どのように対応し，または相反するだろうか。APA（1994）の最初のガイドラインは，「これらのニーズを満たす親の機能的能力をアセスメントすること，そして，親と子の相互作用を評価すること」（p.678）を提案している。AACAPの子の監護評価の実践指標（1997a）は，評価者が「親

⚠ **留意点**

絶対的な基準に基づいて親の能力が十分か不十分かを評価するのではなく，特定の子のニーズを満たせるかどうかという親の能力に焦点をあてる。

子がどのように適合しているかを確認するために養育スタイルを査定する」(p.7) ことを勧めており，AFCCのスタンダードモデルは，「養育スキルと子のニーズに応える親の能力を反映したデータ」(§10.2 (b)，p.20) を収集するために，それぞれの親と子の様子を直接的に観察するよう勧めている。

「適合性」の概念は，法的能力のすべてに「相互作用的な要素」が存在するというGrisso (2003) の説明に合致している。言い換えれば，「その人の（養育に関する）能力のレベルは，その人が直面するであろう具体的な状況（すなわち，子のニーズ）で要求されるものを満たすか」(Grisso, 2003, p.32) が重要である。評価者は，その人の能力（ここでは，親の能力）を評価し，その人が直面する養育上の要求（ここでは，子のニーズ）が何かを判断した上で，その能力と要求が「調和しているかいないか」を査定しなければならない（Grisso, 2003）。親の能力が十分か不十分かは，絶対的な基準に基づくのではなく，子が有する特定のニーズを満たせるかどうかで判断される。健康な小学生に対処できる親であっても，慢性疾患を有する幼児や反抗的な若者には十分ではないかもしれない。

(4) 養育における協力関係

APA (2009) の子の監護評価ガイドラインは，3つの主要な心理−法的な構成概念を，子の監護評価の基盤としている。このガイドラインは焦点をあてていないものの，両親の関係の性質も，別居および離婚後の家庭のアセスメントにおいて重要な要素であり，どの離婚後の研究でも一貫して強固な所見が示され（Gould & Stahl, 2000; Johnston & Roseby, 1997; Melton, Petrila, Poythress, & Slobogin, 2007），子の監護評価者の間でも共通の認識となっている。これは，制定法や判例法において関心が示されている重要な要素でもある。第3章でまとめるが，別居後の養育における親同士の関係は，子の予後に強い関係がある（Amato & Booth, 2001）。APAのガイドラインは，「家族力動と相互作用」を評価者が考慮することを「奨励する」(APA, 2009, p.6) ことで，この要素を示唆している。一方，AFCCのスタンダードモデルは，専門家の視点の一つとして家族力動を理解すべきであるとのみ記載している。AACAP (1997a) の実践指標は，この問題に

触れていない。

　以上のとおり，子の最善の利益という基準からどんな要素が得られるか，そして，その法的解釈が心理−法的な構成概念にどう翻訳されるかを説明した。次に，心理学的に「査定すべきもの」を取り上げる。これらは，子の監護の事件で，心理−法的な構成概念を形成し，裁判所に有益な情報を提供するための要素である。

3 ｜ 心理−法的な構成概念は査定すべきものに どう翻訳されるか

　監護評価に関する APA の 3 つの心理−法的な構成概念と，研究に基づいた第 4 の構成概念について，次にはそれらを「査定可能なもの」に翻訳することが必要となる。

- 養育に関連するどのような特性を測定すべきか
- どのような子のニーズが考慮されるべきか
- どのような概念が親と子の間の「適合性」の分析において有用か
- 親同士の関係は，養育能力や子のニーズにどのように影響するか

(1) 養育の特性

　子の監護をめぐる紛争では，親はどちらも適格であることを前提に，それぞれの親の強み／弱みを比較することに焦点をあてる。これは，親の養育と必要最低限の基準とを比較することに焦点をあてる児童保護事件とは対照的である（Budd, 2005; Budd, Clark, & Connell, 2011）。

　精神保健の領域では，どのようなスキルや特性が「養育」の内容であるか，どの程度のレベルの能力であれば「十分によい」養育といえるかの共通認識は存在しない。養育に関する価値観の多様性と家族力動の複雑さを考慮すれば，これは当然のことといえよう。しかし，養育が子の予後にどのような影響を与えるかにつ

> **❶ 情報**
> 子の監護をめぐる紛争において，評価者は，どちらも適格であることを前提に 2 人の親の強みと弱みを比較する。

いては，多くの研究がなされており，さまざまな著者が査定すべき養育能力の
エッセンスを示唆してきた。Gould & Martindale（2007）から翻案した以下のリ
ストは，養育の特性についての文献から抽出したポイントである。

- ▶ 子と肯定的な関係を形成する能力
    - ・親は，身体的な世話，一定の応答性や情緒面での調和性，そして，子が信頼感や安心感を発達させるために必要な家庭環境の一貫性を提供することができるか（Kraus, 1999）。
- ▶ 子のニーズや個人としての特性の理解
    - ・親は，子の独自性を正しく理解し，そして，教育面，社会面，身体面，感情面のニーズを理解できるか（Gould & Martindale, 2007）。
- ▶ 発達上の文脈からみたこれらのニーズと特性の理解
    - ・親による子のニーズや特性の理解は，子の発達の観点からみて適切といえるような期待に基づくものか（Thomas & Chess, 1977）。
- ▶ 子のニーズを自分自身のニーズよりも優先する能力
    - ・親は，そうすることが適切である場合，子のニーズを第一に考えることができるか（Ackerman & Schoendorf, 1992; Schutz et al., 1989）。
- ▶ 子に対する反応の柔軟性や適応性
    - ・親は，そうすることが適切である場合，子のニーズの変化や子の感情に合わせた反応ができるか（Fisher & Fisher, 1986）。親子の境界や子と家庭外の境界は，固定的で永続的なものか，あるいは，年齢や環境に応じて柔軟に変化できるものか。
- ▶ 子と効果的に意思疎通を図る能力
    - ・親は，子と対話し，子の感情や認識を理解するだけではなくそれを引き出し，そして，親の考えを伝えられるか（Baumrind, 1967; Fisher & Fisher, 1986）。
- ▶ 適切な養育スタイル
    - ・親は，適切な制限を設け，それが破られた場合には規律を守らせ，そして，愛や関心を示しつつ道徳や家庭の価値観を伝えられるか（Baumrind, 1967; Schutz et al., 1989; Stahl, 1994）。

養育に関するこれらの要素は，評価者が親を査定する際に考慮する全般的な

能力の中でも，特に重要である。

(2) 子のニーズ

Gould & Martindale（2007）は，一般に，能力すなわち「広い意味での，また，特定の年齢や性別の人に期待される発達課題に照らした，環境への効果的な適応の様式」（Masten & Coatsworth, 1998, p.205）を発展させることが，子の発達上望ましいと述べた。このような適応は，文化や社会の規範に影響を受けるものかもしれないし，学業や運動などの達成すべき具体的な領域があるかもしれない。子自身の**生物－心理－社会的な資質**も，その過程に影響する。そして，子がどのように機能しているかが親の行動に重要な影響を与え，逆もまた然りである（Lewis, 1981）。すなわち，行動への影響は「双方向で相互作用的」なものである（Collins, Maccoby, Steinberg, Hetherington, & Bornstein, 2000, p.222）。

子は誰でも，一連のニーズを有しており，これらが満たされれば発達課題の達成，そして能力の伸長が促される可能性が高まる。こうしたニーズとしては，以下のものがある（Gould & Martindale, 2007から翻案）。

▶ 安定した愛着関係
・子は，親から，安全感，身体面の快適さ，愛情のこもった感情面の配慮，環境の一貫性が提供されることを期待できるか（Main, 1996; Solomon & George, 1999; Whiteside, 1998）。
▶ 発達段階に応じた自己制御
・子は，自分自身の感情を調節し，悩みにうまく対処し，外部のルールに適切に従うことを学習できるか（Masten et al., 1995; Rothbart & Bates, 1998）。
▶ 満たされるべき特別なニーズ
・子は，身体面／医学面，感情面，宗教面，文化面の特別なニーズ，あるいは，特別な能力や才能を有しているか（Schutz et al., 1989）。
▶ 仲間関係
・子は，友人を作り，向社会的な行動を発達させ，お互いの得になるように仲間と交渉することを学習できるか（Coolahan, Fantuzzo, Mendez, & McDermott, 2000）。

❶ 情報
子それぞれの発達上の強みや弱み，そしてこれらの要素が養育に与える可能性のある影響を評価するべきである。

▶ 学業成績
- 子は，学校で，能力に応じて学習して成果を発揮できるか。また，学習を妨げるものに適応または対応できるか（Kelly & Emery, 2003; Masten & Coatsworth, 1998）。

▶ きょうだい関係
- きょうだいは，特に（離婚や別居といった）ストレスの多い状況の中で，身体面，感情面で互いに支え合うことができるか（AFCC, 2007; Cicirelli, 1991; Schutz et al., 1989）。さらに，年上のきょうだいは，弟や妹にとってのお手本となりえるか（Nichols, 1986）。

▶ 子の希望
- 子は，年齢，認知能力，そして感情面の成熟などの文脈から理解できる形で，特定の結果を望む意向を示しているか（AFCC, 2007; Larson & McGill, 2010）。
- そのような意向が示されたとすると，それは子が自らしたものか，親が影響を与えまたは促したものか（AACAP, 1997a）。

(3) 適合性

前述のとおり，「適合性」の概念は，一致の程度，すなわち，子のニーズとそれを扱う親の能力の「調和」に関するものである。子の発達と成熟は，心理的・身体的なニーズを変化させるが，それは大人の発達と経験が養育能力に大きく影響するのと同様である。子は，「生活の段階が異なれば，異なるタイプの配慮を必要とするであろう」（Gould & Martindale, 2007, p.27）が，それと同様に，親もその時々で配慮できたりできなかったりするであろう。両親と子の「適合性」に関する変数としては，以下のものが挙げられる。

▶ 親の能力と子のニーズの一致（Bray, 1991）
- 親は，子が感情面，身体面で必要とするものを理解し，それを提供できるか。逆に，子のニーズは，親が提供できる範囲におおむね収まっているか。

▶ 子の気質と親の能力の適合性（Caspi, Henry, McGee, Moffitt, & Silva, 1995; Lee & Bates, 1985）
- 親と子の気質が調和しているか。子が扱いにくい気質であれば，親はこ

- ▶親の期待，要求，子の能力，その他の特徴の調和（Thomas & Chess, 1977）。
    - ・親の期待は，子の発達上のさまざまな強みと弱みを踏まえた合理的/現実的なものであり，それは子の性別や性格を考慮したものか。子に特別なニーズがある場合，親はそれを理解し，子への期待を現実的なものにできるか。親は，特別な問題または特別な才能がある子をどのように扱うか。
- ▶親を援助する支援システム/ネットワーク/家族の有無（AACAP, 1997a; APA, 2009; Hetherington & Kelly, 2002）。
- ・重大で特別なニーズがある場合，どちらの親がその子の養育への支援や援助を得ることができるか。

> ⚠ **留意点**
> 「適合性の概念」は，子のニーズと親がそれらのニーズを扱う能力の「調和」に関するものである。しかし，これらのニーズや能力は，時とともに変化することを意識しなければならない。

(4) 親同士の関係

前述のとおり，別居後や離婚後の親同士の関係は，他の心理-法的な構成概念にも大きな影響を及ぼす。取り上げるべき事項のリストに親同士の関係という項目を加えることは，この問題に関する研究所見がしっかりしたものであり，多くの制定法や判例法における主要な関心事にもなっていることから，正当だといえる。さらに，高紛争の家庭は子の監護評価を経験する可能性が最も高い（Maccoby & Mnookin, 1992）ため，大部分の子の監護のアセスメントにおいて，親の紛争/協力関係の問題が重要となる。

この概念について考慮すべき変数としては，以下のものがある。

- ▶紛争のタイプ（Goodman, Bonds, Sandler, & Braver, 2004）
    - ・紛争の内容として，法的な問題，一方または双方による他方への否定的な態度，言語的・身体的な高い攻撃性，養育ルールと養育方法の不一致が存在するか。
- ▶紛争のレベルおよびその表現方法（Depner, Leino, & Chun, 1992; Johnston, 2003）
    - ・両親は，互いに何をして，互いに何を言うか。
    - ・不一致の強さはどの程度か。

> ℹ **情報**
> 高紛争の家庭は，子の監護評価を受ける可能性が高い。

▶別居前からの紛争性の有無（Cherlin et al., 1991; Melton et al., 2007）
・不一致は別居前（そして，どのくらい前）から存在したか，または，別居の結果として生じたものか。
▶直接的または間接的に子が巻き込まれている程度（Johnston & Campbell, 1988; Rohrbaugh, 2008）
・子は紛争にどの程度さらされたか，そして，子は直接的に巻き込まれたか（例えば，子はメッセンジャー役または交渉役か）。
・紛争が，子が両親との関係を続ける妨げとなっているか。
▶共同して養育するスキル
・それぞれの親は，子の生活上の重要な問題について，他方の親や養育者と協力できるか（Amato, 2001）。
・それぞれの親は，他方の親との紛争をうまく扱えるか，または，存在する紛争から子を守れるか（Hetherington & Kelly, 2002）。
・それぞれの親は，子と他方の親との関係をどの程度援助できるか。これは時に「フレンドリー・ペアレント（friendly parent）」条項と呼ばれ，多くの州の制定法（例えば，アラバマ，カンザス，アイオワ，ワイオミング）では，子の最善の利益という基準の下で考慮するよう裁判所に求める事項の一つとなっている。

(5) 査定される要素に関する留意点

　上記の一覧は網羅的なものではなく，心理－法的な構成概念に関連する親と子の要素で，査定の対象になり得るものは多い。この一揃いの要素さえ評価すればよいといった共通認識は存在しない。さらに，多くの著者が述べるように（Melton et al., 2007; Tippins & Wittman, 2005），これらの諸側面において親を比較する際に，親の強みを相対的に重み付けて優先順位を付けるための，あるいは，その強みを誰にでもある弱みと対比するための，実証的で正当な方法は存在しない。時には，精神疾患や物質乱用に伴って生じるような個人の機能上の明確な障害が存在して，養育を明らかに損なっている場合がある。一方の親がなんらかの状況で苦しんでおり，他方はそうでなければ，その比較はより容易となる。
　そうであったとしても，結論は未だ予想できることではない。なぜなら，判断は，特定の状態や診断ではなく，それらが問題を有する人の個人および親としての日々の機能にどのように影響するか，そして，その機能が子にどのよ

うに影響するかに基づいて行うためである（Benjet, Azar, & Kuersten-Hogan, 2003）。加えて，特定の障害が置かれた文脈も，考慮すべき重要な事項である。例えば，以前は主婦で，その間は養育における実際の世話のほとんどすべてを行っていた母が，離婚やその後しばらくの間，処方薬に依存する状態あるいは臨床的な抑うつ状態となったとしよう。母の障害は，支援態勢，意欲，回復への努力，問題の認識の程度，子の日々の世話，さらに，子の発達の状態やそれぞれの親への相対的な愛着や安心感の程度などの文脈に照らして，解釈されなければならない。家族の支援や医療・司法による監督があれば，その親は，子への否定的な影響を最小限とし，回復に向けて前進するかもしれない。反対に，支援がなければ，その親は治療を受けられず，子の世話もできないかもしれない。このように，親の養育上の課題に対する評価者の重み付けは，その親が問題に対処する上で置かれた状況次第である。明らかな弱みをカバーする関係や資源があることで支えられる親がいれば，そうではない親もいるため，相対的な養育能力とその不足を比較することは容易でない。さらに，リスクの程度は，青年期の子よりも幼い子に対する方が明らかに高いというように，子の発達上の状態との相互作用が重要である。

> **最善の実践**
> 一方の親に（臨床的抑うつ状態などの）障害があれば，全体的な文脈の中で，その障害とそれが養育に与える影響を評価するべきである。

　親の能力と子のニーズの「適合性のよさ」をアセスメントする際にも，同様の注意が必要である。親の能力と子のニーズの適合性が比較的低いことが子に否定的な結果をもたらすかどうかは，それが他の側面における良好な「適合性」の比較の中に組み込まれているため，必ずしも明らかではない。一人の子のニーズがきょうだいのニーズよりも優先されるかどうかの判断も，困難な場合がある。公式を用いて親－子の調和と不調和の相対的な寄与度を推計して，それらが予後にどう影響するかを予測することは不可能である。分析的な方程式に親の協力や紛争に関する状況を加えようとするならば，これらは全て質に関する分析であるため，心理学的な「微分積分学」は劇的に複雑になる。

4｜子の監護の事件で裁判所を支援する上で，心理学的な情報の適切な役割は何か

　以上に示した留意点により，子の監護評価における多面的な心理学的デー

タの適切な役割を検討することが必要となる。Grisso（2005）が述べるように，単にこれらの状況を記述し，その重要性を説明するだけで十分であろうか。それとも，多くの裁判官や弁護士が望むように，評価者は予後を予測し，勧告を提供できるであろうか（Bow & Quinnell, 2004）。この賛否両論の問題を扱うために，第6章でも再び検討する予定ではあるが，子の監護評価における情報の役割について簡単に概観する。

この議論は，「叙述」と「解釈」の間の議論と分析できる。両親と子に関する叙述は，上記に概説したデータに焦点をあて，信頼性のある方法で収集されていれば，裁判所にとって価値があることに疑いはない。しかし，叙述と基礎的な臨床的推論をどの程度超えてこれらのデータが示唆する意味を裁判所に提供するかについて，専門家の見解は一致していない。

ほとんどの議論は，大まかに，2つの立場のどちらかに分類される。立場のひとつは，親の特性と子のニーズを叙述することに限って心理学的情報を用いるとともに，「適合性」や「不調和」の程度が自ずと明らかになるように叙述を構成するべきだという考えである。基本的に，この立場は，最終的な結論について意見を提供しない，あるいは，法的な質問事項に関して勧告しないことを評価者に勧める。反対の立場は，たとえ解釈が予測の領域に踏み込み，確実に検証可能なものを超えることが必要となるとしても，さまざまな監護の取決めにおいて生じうる予後に関する解釈を裁判所に提供するために心理学的情報を使用するべきだと考える。

司法区ごとに，裁判所はどちらかのアプローチを許し，または好んでいる。大部分の法律家は後者の立場（解釈的アプローチ）を好んでおり，子の監護評価者の実践の多くも，裁判所と弁護士の好みに一致している（Bow & Quinnell, 2001, 2004）。この話題に関する専門家の現在の議論は，これらのアプローチのどちらを支持するものでもない。しかし，子の監護評価者のすべてが，これら2つの観点を理解しておくべきであり，それによって，情報を踏まえて自身の実践を選択できる。以下では，子の監護の手続で心理学的情報を適切に使用することについて2つの見解を説明している論文から例を示す。

（1）叙述的アプローチ

このアプローチは，2つの種類の知見からなる。1つは，**観察によって得られる知見**で，主に知覚によるデータ —— 評価者自身が見たり聴いたりしたも

の――であり，知覚したことを高次で抽象化していないデータである（Tippins & Wittman, 2005）。例えば，評価者は，「家庭訪問時，父は，ジミーが見たいテレビ番組を見ることを許さなかった。すると，ジミーは足で床を踏み鳴らし，叫び声をあげた。」と報告するかもしれない。これに関連した情報の形式として，親や子が報告する行動が挙げられる。例えば，「ジミーの父は，息子は自己統制に問題を抱えていると話した。一方，教師は，ジミーは学校でも欲求不満を感じたときは同じような行動（例えば，足を踏み鳴らし，叫び声をあげる）を示すと報告した。」というものである。Tippins & Wittman（2005）であれば，知覚したことの叙述すなわち「臨床家が観察したもの」（p.194）は，推論の階層におけるレベルⅠ，一次レベルの例と見なすであろう。

> **ℹ 情報**
> 「叙述的」アプローチは，心理学的情報は両親の特性と子のニーズの記述に限定されるべきだと主張する。他方，「解釈的」アプローチは，さまざまな監護の取決めで起こりうる結果に関する解釈を裁判所に提供するために，その情報を用いるべきだと主張する。

　二次レベル，すなわち**推論による知見**は，観察された一連の行動を評価者が組み合わせ，上述の例で言えば自己制御のあり方というような，観察したものに関連した抽象的な能力や概念について高次の推論や判断をするものである。例えば，ジミーについて評価者が観察した統制不足は，教師の報告により裏付けられ，欲求不満の状態における自己制御に問題がある――これは，子のニーズとそれに対応する親の課題の重要な側面を表す要素である――という判断が得られる。Tippins & Wittman（2005）に照らせば，これはレベルⅡの例，「臨床家が親，子，家庭の心理について結論したもの」（p.194）と考えられるであろう。より根本的には，こうした知見には，評価者が見聞きしたもの（または，他者が見聞きしたと述べること）についての判断も含まれる。観察に基づくものも，推論に基づくものも，裁判所の扱う法的問題についての説明そのものではないが，それに関する精神保健の構成概念（親の特性や子のニーズ／能力）を扱っていることから，関連したものではある。

　分析の一次レベル，二次レベル（レベルⅠ，レベルⅡ）のいずれも，子の監護の文脈において長所を比較して判断を下すものではないから，分析の叙述的な方法として位置づけられる。報告者は，自身や他者による観察に基づき，簡潔に，何がどうである

> **ℹ 情報**
> 分析の一次レベル（観察によるもの）と二次レベル（推論によるもの）は分析の叙述的様式であり，相対的な利点についての判断を暗示するものではない。評価者は，単に，自身や他者の観察に基づいて，それが何かを述べる。

かを述べる。司法における心理学に関する専門家のほとんどは，こうしたその事件特有の叙述的なデータが，もっとも信頼できる情報の態様であると主張している（Gould & Martindale, 2007; Melton et al., 2007; Tippins & Wittman, 2005）。これら2つのレベルの叙述を関連する心理学的な研究とあわせることで（Kelly & Johnston, 2005），評価者は，裁判所にとって有用な推論を，精神保健がその力量を発揮できる範囲内で展開することが可能となる。

(2) 解釈的アプローチ

それぞれの親の特性と子のニーズの「適合性」の比較といった監護固有の心理‐法的な構成概念に関する結論を，レベルⅠの観察とレベルⅡの推論を用いて形成する場合，司法評価者は叙述的アプローチの範囲を超える（Tippins & Wittman, 2005）。これは，推論の三次レベル（レベルⅢ）であり，その子にとって最も望ましい法的決定が何かに関する指針を裁判所と当事者に提供する際に，心理学的情報をより広く用いるものである。どちらの親が子により「調和」しているかを述べること，あるいは，具体的な養育計画が子に与えるリスクや利点を提示するといったことも，この三次レベルに当たるが，「事件固有の事実と信頼性のある実証的な研究に基づいている限り」（Tippins & Wittman, 2005, p.200）で行われるべきである。Kelly & Johnston（2005）はこのアプローチの価値を支持し，事件における事実や研究データがそれに収斂する（Tippins & Wittman, 2005, p.200）場合には，評価者は一般的な可能性についての説明や適切な予測（「具体的で，リスクに焦点をあてた結論」など）を提示する場合があると述べている。しかし，「適合性」の程度をどう測定するかについての共通認識や，具体的なリスク／利点の分析結果の予測を支持する実証的なデータが存在していないことから，この実践については議論がある。そのため，このような結論を出そうとする司法評価者は，データが裏付けるものを超えることとなるであろう。

推論の四次レベル（レベルⅣ）は，複数の情報源による観察を総合的に考慮したデータと，高次の精神保健の構成概念を組み合わせることによって，評価者が法的問題について意見（「このようにせねばな

> **ⓘ 情報**
> 推論の三次レベルでは，評価者がレベルⅠの観察とレベルⅡの推論の双方を用い，叙述を超えて推論を述べる。推論の四次レベルは，さらに進んだもので，評価者は，多くの情報源（観察と精神保健の構成概念を含む）によるデータを組み合わせ，法的問題への意見（「このようにせねばならない」）や何らかの結果の予測（「これは起こるであろう」）を述べる。

らない」）を提示する，または，何らかの結果を予測（「これは起こるであろう」）するものである。これは，監護に関連した心理学的情報の使用のうち最も議論のあるもので，多くの学者と司法臨床家の間で30年にわたって議論がなされてきた（Grisso, 2005）。このレベルでは，評価者は具体的な養育計画を勧告する，あるいは，監護権を一方の親に与えるか他方にも与えるか，一方の親が子とその州から転出する

> 💡 **最善の実践**
> 法的問題に関する意見の提供については，論争が続いており，共通認識はない。評価者がそれぞれの立場からの議論を意識し，自身がそのアプローチを選択した理由を説明できるようにすることが最善の実践である。

ことが許可されるべきかというような法的問題について意見を述べる。

さまざまな基準やガイドラインが，この議論にいろいろな形で言及している。AFCC（2007）とAPA（2009）はこの議論に触れているが，この問題についての立場は示していない。一方，AACAP（1997a）は，具体的な監護について勧告することを支持している。司法臨床家と法律家の多くは，このレベルの解釈を提供することを好んで（Bow & Quinnell, 2004）おり，法学者の一部もこれを支持している（Dessau, 2005; Stahl, 2005）。しかし，「実証的な研究においては，現在の面接のプロトコル（手順），伝統的な心理テスト，子の監護に特化したテストが，親子の接触に関するさまざまな計画への子の適応について，多少なりとも信頼性のある予測をできるという証拠は存在しない」（Tippins & Wittman, 2005, p.204）。

5 ｜ 子の監護評価と他の評価の違いは何か

子の監護評価と，それと同様な能力を査定する他の司法評価との相違を検討することは重要である。子の監護の事件と同様に，児童虐待などの児童保護事件[訳註1]の多くにおいても，親の能力のアセスメントは重要である。査定する事項や評価の方法についても類似点が多い。二つの評価間の重要な相違を，表2.4に一覧にした。主な相違は，監護の事件では，他方の親との比較において親の能力と親‐子の「適合性」が検討されるが，児童保護事件では，親の能力は

訳註1 アメリカでは，児童福祉担当部局による児童の身柄の一時保護，事実認定，処分（里親委託や施設入所，親の治療プログラムへの参加，児童福祉機関の関与の下での親子面会等）の決定，処分結果（親の遵守等）の検討，親権喪失の要否判断の一連の流れが，裁判所の関与の下で行われる。精神保健の専門家による親の養育能力等の評価は，通常，事実認定から処分決定の間に，裁判所の命令に基づいて行われる。

表 2.4 子の監護評価と児童保護の評価の比較

子の監護評価	児童保護の評価
養育に関する最低限の適性があることが前提である	養育に関する最低限の適性があることは前提ではない
養育時間と責任の配分について判断が下される	親子の接触（例えば面会）の条件，最終的には再統合または親権喪失について判断が下される
子の最善の利益に焦点をあてる	子の最善の利益と親の権利に焦点をあてる
両親間に敵意が存在しうる	親と州（自治体）との間に敵意が存在しうる
社会経済的な状態はさまざまである	社会経済的な状態は一般に低い
評価の焦点は幅広い	評価の焦点は限定されている

Budd et al.（2011）より許可を得て引用

適切な養育の最低限の基準に照らして検討されるという点である（Budd et al., 2011）。

多くの司法評価者は子を扱う臨床家でもあるため，臨床評価と司法評価の役割の相違を十分に理解することは，倫理的な危険を避けるために重要である（Heilbrun, Grisso, & Goldstein, 2009; Rohrbaugh, 2008）。これらの相違のいくつかを表2.5に示した。特に，司法評価者は，多くの事件において，家族ではなく裁判所が依頼者であること（Kirkpatrick, 2004），医者と患者の間にある秘密保持は存在しないこと，費用の負担は健康保険ではなく家族や裁判所によること，そしてその役割は介入的ではなく中立的なものであることを意識しなければならない。

♦ 最善の実践

裁判所の指名による司法評価者として，以下のことに留意しなさい。

- 裁判所（家族ではない）があなたの依頼者である。
- 医者−患者間の秘密保持は存在しない。
- 費用の支払いは家族や裁判所によるもので，健康保険ではない。
- 役割は介入的ではなく中立的なものである。

本章では，子の最善の利益という基準の法的定義を，専門家組織および社会科学の研究から形成された指針と組み合わせて，評価の対象を設定するプロセスをたどった。そして，アセスメントすべき4つの領域を示す構成概念を列挙した。この結果得られたアセスメントのモデルは，法的な考慮事項と関連しており，精神保健の知識と倫理とも一致していた。

表 2.5 子の臨床評価と子の監護評価の相違

	子の臨床評価	子の監護評価	留意点
評価の目的	診断,治療,そして依頼人/患者の権利擁護	司法の意思決定への情報提供	
依頼人は誰か	子や家庭	裁判所	
秘密保持	ある	ない	監護評価者は,秘密保持の制限と報告書に記述することについて注意を与えることが必須である。
情報源	主に,患者と親で,それらは信頼できるとみなされている。	複数の情報源。親の意見を検証することが求められる。	
評価者の態度	援助的,共感的であり,当事者を疑ってかかることはめったにない。	公平,客観的,懐疑的で,時には当事者を疑う。	臨床評価者は,関心を持っていること,援助したいと考えていることを伝える。監護評価者は,中立性とともに関心を持っていることを伝える。どちらも,すべての年齢の子と意味のある対話ができるよう,温かさ,楽しさ,柔軟さを持つ必要がある。
文書化	文書は,診断を裏付け,そして,制度や健康保険が要求するものを満たす必要がある。	文書は,評価で得たデータ,評価者の印象,その根拠を詳しく述べる。	監護評価では供述録取や法廷での証言の可能性があり,臨床評価のように修正または協同的環境のなかで議論される可能性はない。そのため,文書化の基準は臨床よりも高度である。
報告書の入手	親または法定後見人	報告書は裁判所によって管理され,裁判所が入手可能な者を決定する。	
費用に対する責任	健康保険/自己負担	裁判所によって決定される。当事者が着手金を支払うことが多いが,交付金を受けている裁判所の臨床センターが評価を実施することもある。	監護評価は健康保険ではまかなわれない(医学的に必要なものではない)。

また，本章では，裁判所に対する子の監護についての意見と勧告をめぐる議論も概観した。最後に，子の監護評価と児童保護手続における評価との相違，子の監護評価と子の臨床評価との相違について説明した。次章では，別居と離婚，養育における障害，子の予後，そして評価の過程そのものに関し，評価者の参考となる研究を検討する。

| 第 **3** 章 |

実証的な基盤と
その限界
Empirical Foundations and Limits

　第2章では，子の最善の利益という基準自体は，子の監護評価者にとってほとんどアセスメントの指針にならないが，制定法と判例法で，子の監護評価で扱う要素が示されていることを説明した。また，4つの心理-法的な構成概念にも言及し，それらが評価者のアセスメントを子の心理学的な最善の利益の理解に導くことを述べた。

　本章では，離婚や別居のさなかにいる子と両親に関する研究について検討する。こうした研究は，評価で「扱うべきもの」を決める役に立つほか，評価者が収集したデータの解釈にも寄与する。司法モデルの最善の実践において，精神保健の評価者は，集団のデータに基づく知見を個別の事件の力動に，特に具体的な要因が子の予後にどう影響する可能性があるかに適用する。本章では，親の別居に関する人口学的統計を簡単に概観し，そして，司法評価者が認識しておくべき関連領域の研究を要約する。

1 │ 親の人口学的統計

　2001年，初婚夫婦のおおよそ約20％が5年以内に離婚または別居し（U. S. National Center for Health Statistics, 2004），32％から47％が10年以内に離婚した（Bramlett & Mosher, 2002）。異性の両親の離婚では，一般的に，少なくとも80％で，母が子に対する主な養育上の責任を獲得している（Maccoby & Mnookin, 1992）。離婚後は，別居した両

> **最善の実践**
> 司法モデルの最善の実践では，関連する研究を個別の事件における力動にどう適用するかを検討する必要がある。特に，その事件固有の要因が子の予後にどう影響するかに焦点をあてるべきである。

図3.1 別居後の養育における関係

養育における協力の様式（離婚から2年後）	
協力的	29%
紛争	26%
無関与	41%
複合	4%

親のおおむね25％から30％だけが他方の親と協力的な関係を築いており（Ahrons, 1994），20％から25％は紛争のある関係のままである（Maccoby & Mnookin, 1992）。特に，最も大きなグループ——半数近く——では，紛争性の低さ，コミュニケーションのまれさ，互いの関与し合わなさという特徴を持つ，関係が途絶えた養育，すなわち，**並行養育**（**parallel parenting**）の関係を形成する（Kelly & Emery, 2003; 図3.1参照）。

2004年には，2400万の既婚女性と100万人をわずかに上回る未婚女性が，子を出産した（U. S. Census Bureau, 2007）。婚姻関係とは異なって，未婚での同棲関係では，5年以内に49％がその関係を解消している（Bramlett & Mosher, 2002）。過去10年間で，家庭裁判所における未婚の親の事件の取り扱いは，離婚の事件と同程度となったが，未婚の親のうちどの程度の割合が子の監護の問題について法的手続を行っているかを示すデータはない。

離婚する両親の90％以上は，事実審理を経ずに紛争を解決している。事実審理の手続に至るのは残る10％であり，おそらくその半分が，子の監護評価を受ける（Maccoby & Mnookin, 1992）。事実審理の手続の最後まで進むのは，離婚する両親の2％以下である（Dessau, 2005; Maccoby & Mnookin, 1992）。裁判所の命令によって監護評価を受ける親は，離婚する親の合計4分の1を占める高紛争家庭（Ahrons, 1981, 1994; Maccoby & Mnookin, 1992; Wallerstein & Kelly, 1980）に属する親である可能性が高い（Johnston & Roseby, 1997）。ドメスティックバイオレンスは，子の監護をめぐって争っている家庭の約75％で報告されている（Johnston & Campbell, 1988）が，離婚に直面している夫婦においても一般的に同程度の割合で攻撃的な行動が存在（Lawrence & Bradbury, 2001）しており，子の監護を争う家庭に特有のものではない。最後に，子の監護に関する訴訟手続を行っている親の多くは，何らかの形で他方の親を疎外する行動（alienating behavior）を共通して経験している（Johnston & Kelly, 2004）。

まとめると，子の監護評価を受けるのは，離婚や別居をした両親のごく一部である。そのような両親は，高い紛争状態にあり，怒りと不信を持ち続け，お互いに対して断続的に言語的または身体的な攻撃を加えており，コミュニケー

ションや協力が非常に困難であるという特徴があることが多い。こうした親の大部分は、自身の問題を子のニーズと分けることができず、あるいは、子が親の紛争を直接的に認識することを防ぐこともできない（Johnston & Roseby, 1997）。対審構造の法的手続を行うと決めること自体が、このような家庭に見られる行動様式をさらに強めることもあり得る（Wolman & Taylor, 1991）。

> **❶ 情報**
> 子の監護評価を受けるのは、離婚や別居をした親のわずかな割合のみである。これらの夫婦には、しばしば、高い紛争状態にあり、怒りと不信感を持続させ、互いに対して断続的に言語または身体的な攻撃をし、そして、コミュニケーションや協力が非常に困難であるという特徴がある。

2 │ 文化と民族性の影響

　子の監護評価が査定する家族は、地域の多様性を反映して、それぞれ異なった民族的、宗教的、文化的な背景を持っている。アメリカ心理学会（APA）のガイドライン（APA, 2009）、家庭裁判所・調停裁判所協会（AFCC）のスタンダードモデルはともに、多文化対応力や文化への感受性を高めるよう促している。一方、アメリカ児童精神医学会（AACAP）（1997a）は、宗教が家庭生活にどのような影響を与えるかを十分に理解するように求めている。

　文化は、行為の社会的・道徳的規範とそれら規範を象徴する活動の統合体である（Stuart, 2004）。また、集団や集団における個人の「政治的、社会的な状況の変化に関連して共有された経験や共通性」とも定義される（Warrier, 2008, p.540）。子は親の価値観を受動的に取り入れるものではないが、親は子を社会生活に適応させるために、これらの共有された経験や行動の基準を伝える（Stuart, 2004）。一般的に、子の監護評価は、適格性のある2人の親を、子の気質と素行にそれぞれの親がどのように対応するかという観点から比較する。何が虐待に該当するかといった、それ自体に価値的な負荷がかかった解釈を伴うような児童保護上の問題は、通常、取り扱わない（Budd et al., 2011）。十分によい養育にはどういった要素が必要かについて、共通理解は存在しない。また、現代の中産階級のアメリカ人の多くは体罰や社会的な制約（例えば、誰と友だちになるかなど）を課すことには賛成しないであろうし、子の発達に関する研究でもそのようなことは擁護されていないが、ある地域、文化、宗教にとっては、そうした体罰や制約が虐待的な養育には当たらず、社会規範に沿っているかもしれない。一方で、移民の家庭や主流の宗教ではない家庭を扱う場合は、

> **最善の実践**
> APA（2009）のガイドライン，AFCC（2007）のスタンダードモデルは，子の監護の事件に関わる司法評価者に，多文化対応力や文化への感受性を高めるよう勧めている。一方，AACAP（1997a）の実践指標は，宗教が家庭生活にどのような影響を与えるかについて十分に理解するよう求めている。

それに特有の慣行や考えを理解するとともに，家族のメンバーそれぞれが独自の解釈をしている可能性があることを理解する必要がある。したがって，評価者は，文化的な固定観念に頼ることはできず（Hughes, 2006），代わりに，家族のメンバーそれぞれの考え方を通して，裁判所の関心事項に関連がある限りにおいて，これらの習慣を検討する必要がある。Stuart（2004）は，文化的な相違が存在している場合，その文化についての既知の情報は「一連の仮説を発展させるのに有益な手引きではあるが，それぞれが個別に疑問形で表現されるべきであり，当然に受け入れるべき一連の前提条件の形を取るべきではない」（p.8）と述べている。

3 │ 子に対する離婚の影響

　Wallerstein & Kelly（1980）による画期的な研究の後，家庭と離婚に関連する実証的な知識の基盤が劇的に増加し，未婚の両親と子に関する研究も出てきている（Amato, 2001; Amato & Keith, 1991）。以下では，司法評価者が子の監護評価を行う際に直面する基本的な問題，特にさまざまな状況が子に与える影響に関する実証的な知見のいくつかを簡単に要約する。家族のメンバーそれぞれの問題を査定し，それに関連するリスクと利益を検討する最低限の能力を持つためには，主要な知識の体系を正当かつ時代に合致した形で詳しく把握することが不可欠である。

　離婚や離婚の子への影響に関する要因については重要な研究があるが，さまざまな要因を具体的な家庭に適用する際の重み付けの方法には，現在でも実証的な基盤がない。また，紛争はそれぞれ固有のものであるため，研究の知見から個別の事件について推定することは困難である。Amato（2001）は，「したがって，グループの平均に関する知識は，個別の子が家庭の崩壊にどう適応するかを予測できない」（p.366）と注意を促している。

　加えて，この領域の研究は，通常，離婚や子の

> **最善の実践**
> 監護の紛争にある家庭を査定する最低限の能力を持つため，評価者は，親の別居の子への影響に関連した主要な知識の体系を，正当かつ時代に合致した形で詳しく把握すべきである。

監護に関する具体的な法的質問事項に答えを与えようとするものではない（O'Donahue & Bradley, 1999）。裁判官の決定は，時間とともに変化する各家族に特有の事実に基づくため，研究に基づく要素は，背景情報，さまざまな結果がもたらすリ

⚠️ **留意点**
具体的な家庭に適用する際のさまざまな要因の重み付けに，実証的な基盤にもとづく方法は存在しない。

スクや利益に関する情報を提供するが，結論を与えはしない。もちろん，司法アセスメントの他の領域の大部分もこれと同様である。いかなる司法評価も，具体的な事件において今後何が生じるかについての確定的な予測を保障するものではあり得ない。司法精神保健の評価は，ある具体的な結果が生じる一般的なリスクの程度を説明する。

(1) 子に対する別居と離婚の影響

　離婚が子に与える影響に関する現在の知識は，長期間にわたる縦断的な研究（Ahrons, 1981; Hetherington & Kelly, 2002; Wallerstein & Kelly, 1980），多数のサンプルの反復調査（Furstenburg, Peterson, Nord, & Zill 1983; Zill, Morrison, & Coiro, 1993），少数のサンプルの横断的な研究，さまざまな研究のメタ分析（Amato, 2001; Amato & Keith, 1991; Bauserman, 2002）といった各種の研究から得られている。別居前に行動調査を行った子を離婚後も追跡したもの（Block, Block, & Gjerde, 1988; Cherlin et al., 1991）もあれば，年長の子（もしくは若年の大人）による両親の別居や離婚の回想を検討したもの（Braver, Ellman, & Fabricius, 2003; Marquardt, 2006）もある。これらの研究では，しばしば，両親が離婚した子の成長の過程が，離婚していない家庭の子のそれと比較される（Amato & Gilbreth, 1999; Simons, 1996）。家庭裁判所では未婚の親の事件が劇的に増加しており（Carlson & McLanahan, 2006），このような両親の間の子も研究の重要な対象に含まれつつある（Insabella, Williams, & Pruett, 2003）。

a. 苦痛と混乱

　別居直後の1, 2年のうちは，子は一時的な行動の変化を示すことが多い（Hetherington, Cox, & Cox, 1982; Wallerstein & Blakeslee, 2003）。幼い子は感情の調節の問題や睡眠パターンの乱れを，年長の子は行動や学業に関する短期的な問題，悲嘆の反応，忠誠葛藤を示すかもしれない（Wallerstein, Corbin, & Lewis, 1988）。この時期は，喪失の影響が最も深刻であり，離婚のストレスや片親となったことで，両親の養育能力が低下する時期でもある（Hetherington & Kelly,

2002; Wallerstein & Kelly, 1980)。主たる養育者のウェルビーイング[訳註1]と両親の紛争のレベルは，予後に影響を与える主要な2つの要素である（Hetherington & Kelly, 2002)。とはいえ，大多数の両親と子は，離婚前の機能レベルに戻っていく。性別が結果に与える差は小さいが，男子の方が女子よりも行動と社会関係上の問題を生じる。多くの研究は，別居時の年齢と調査時点での年齢（または別居からの期間）を区別していないため，特に別居当初の期間が過ぎた後において，子の年齢が適応に与える差を明確にするのは困難である（Amato, 2001; Amato & Keith, 1991)。

　メタ分析の結果によれば，両親が離婚した子は，両親が離婚していない子と比較すると，行動の適応と学業成績において，わずかではあるが統計上有意の遅れが見られる（Amato, 2001)。大部分の子は，長期にわたって持続する行動や感情の混乱までは経験しないが，多くは離婚の過程について悩みを抱く（Laumann-Billings & Emery, 2000; Marquardt, 2006)。言い換えれば，離婚にまつわる社会と家庭のジレンマの結果，その過程に関する痛みの感情は，時には数年にもわたって残る（Emery, 2004; Marquardt, 2006)。興味深いことに，両親が離婚した後，紛争性の低い父母の下の子よりも，高紛争の父母の下の子の方が，適応が良い（Amato, 2001; Amato, Loomis, & Booth, 1995)。高紛争の両親の間の子にとっては，離婚が親同士の争いからの一種の救済となるが，紛争の低い両親の間の子はなぜ両親が一緒に暮らせないのかを理解できず，大きな喪失感を抱く。

　両親が離婚した子は，両親が結婚している子の約2倍の割合で，行動上の困難を示し（治療を求める割合はより多い），学業成績も低い（Amato, 2001; Zill et al., 1993)。両親が離婚した子はそうでない子に比べ，退学しやすく，若くして性的な行動を示しやすいし，青年期に子を出産するのは2倍の割合である（McLanahan & Sandefur, 1994)。例えば，離婚していない家庭の子のうち約11%が行動面，学業面，家庭面の問題を示すが，離婚した家庭の子では約21%がこのような困難を示す（Zill et al., 1993)。一方で，楽観的な考えとして，両親が離

> **❶ 情報**
> 大部分の子は回復力があり，離婚後数年で離婚前の機能レベルに戻る。とはいえ，結婚している両親の子と比較すると，離婚した両親の子は退学しやすく，より早くに性的行動をとりやすい。そして，青年期に子を出産するのは2倍の割合である。

訳註1 身体的，精神的，社会的に良好な状態であること。

婚した家庭の子の75％から80％が，このような発達上の課題に直面しておらず，両親の離婚によっても長期にわたる否定的な影響を受けていないのであり（Kelly & Emery, 2003），このことを心にとどめておくことは重要である。

b. リスクを増やす要因

両親が離婚した子の（否定的な影響の）**リスク**と**レジリエンス**（否定的な影響に抵抗する能力）を調査した研究から，レジリエンスを促進する要因がいくつか発見されている。例えば，以下のものがある。

- 主たる責任を持つ親に能力があり，心理的にも十分に適応している（Hetherington & Kelly, 2002; Wallertein & Kelly, 1980）。
- 同居していない親が子と定期的かつ継続的な交流を持ち，子の諸活動と学業成績にも積極的に関心を持っている（Amato & Gilbreth, 1999; Nord, Brimhall, & West, 1997）。
- 両親が協力的である。それができなくても，子を両親間の紛争に直接的にさらしていない（Hetherington & Kelly, 2002）。
- 主たる責任を持つ親が親族からの援助を有している（Hetherington & Kelly, 2002）。

（否定的な影響の）リスクを増加させる要素の多くは，明らかに，これらのレジリエンスの反対のものである。子の離婚への対処をより困難にするものは，以下の要素である。

- 別居開始時のストレス（Kelly & Emery, 2003）
- 養育機能の低下（Hetherington et al., 1982）
- 重要な関係（祖父母といった他の親族を含む）や友人の喪失（Amato & Booth, 2001）
- 親同士の紛争（Depner et al., 1992）
- 複数回の転居（転校と友人の喪失を含む）（Braver et al., 2003; Hetherington & Kelly, 2002）
- 経済的な不利益（養育のスタイルや質に影響を与えるストレス）（Duncan & Hoffman, 1985）
- どちらかの親の再婚（Hetherington & Kelly, 2002; Kelly & Emery, 2003）

・別居後の養育時間が失われること（Maccoby & Mnookin, 1992）
・紛争性の低い婚姻生活を送っていた両親であること（Amato et al., 1995）

　子への否定的な影響について特に注意すべきものは，上記のうち2つある。第一は，**親同士の紛争**である。子の予後と最も強固に相関関係がある要素のひとつは，別居後または離婚後の親の紛争の性質とそのレベルである（Depner et al., 1992; Johnston & Campbell, 1988; Kelly & Emery, 2003）。親同士の間で激しく表された怒りと紛争は，子の発達の軌道を変える可能性があり（Johnston, 2003），どちらかの親，特に父との愛着の安全を脅かし（Cummings, Schermerhorn, Davies, Goeke-Morey, & Cummings, 2006），深刻な忠誠葛藤を形成し（Marquardt, 2006; Wallerstein & Kelly, 1980），子の健康（Fabricius & Leucken, 2007）と自己調節を学ぶ能力（Schermerhorn, Cummings, DaCarlo, & Davies, 2007）に影響し，片方の親やその他の者と会うことに抵抗または拒否する可能性をもたらす（Kelly & Johnston, 2001; Warshak, 2003）。

　第二は，**養育時間**の持ち方である。離婚後に子がそれぞれの親と過ごす方法を調査した研究では，養育計画は西洋の文化間ではよく似ており，時を経てもさほど変化していない（Maccoby & Mnookin, 1992; Resetar & Emery, 2008）。1980年代のデータでは，父の子との交流は時間の経過に伴って減少している（Amato & Gilbreth, 1999; Furstenburg, 1990; Zill et al., 1993）が，その後の研究では，父との関わり合いと触れ合いはより長続きしており（Amato, 2001），父と定期的に交流を持っている子はそうではない子に比べてより適応していることが示されている（Hetherington & Kelly, 2002）。意思決定の共有，構造化された養育計画，宿泊を伴う交流は，上記のような変化に寄与する要素（Amato, 2001; Isaacs, 1988）であり，父が長期間にわたって関与することを予測する要素でもある。両親が養育計画をめぐって争うことが多いが，データからは，子の予後に重要なのは一緒に過ごす時間の量よりも，親子の関係の質であることが示されている（Baumrind, 1967; Insabella et al., 2003）。

> **❶ 情報**
> 子の離婚後の予後に影響を与えうる2つの主な要素は，**親同士の紛争と親子の関係の質**である。

　まとめると，離婚や親の別居は，子の適応にわずかだが統計上有意な影響を与え，特に離婚の直前と直後には，最も大きく影響する。親が離婚した子の大部分は，時間の経過に伴って回復する

が，多くの子は，親が離婚していない子は経験しない，痛みを伴う苦労を経験する。子が2人の親と定期的に交流して肯定的な関係を築き，それらの親が紛争を最小にしまたは自制して，十分な経済的な資源があり，子の学業や興味関心に気を配り，親族の支援を得ている場合，子のよりよい予後が予測される (Hetherington & Stanley-Hagan, 1999)。

4 | 夫婦間の虐待と紛争

両親間の紛争で最も有害なもののひとつは，親密なパートナーからの攻撃であり，ドメスティックアビューズ（夫婦間虐待），あるいは，ドメスティックバイオレンスと呼ばれることが多い。これに関する主張は，監護評価に際して，頻繁に提起される (Johnston, Walters, & Oleson, 2005)。監護の紛争に関するこの問題を扱った多数の臨床的，科学的研究は，国全体の制定法と判例法を変化させてきた。2008年の時点で，20州とコロンビア特別区で，（制定法の定義による）ドメスティックバイオレンスを行ったと認定された親には，単独監護，法的共同監護，あるいは，身上共同監護のいずれも与えるべきではないという法的推定が働く。他の29州は，ドメスティックバイオレンスを，裁判所が考慮すべき最善の利益の要素のひとつとして明確に規定している。1州（ワシントン州）は，身体的，精神的，感情的な危害から子を守る必要性を考慮することによって，黙示的にドメスティックバイオレンスを扱っている。(National Center for State Courts, 2008)

(1) ドメスティックバイオレンスの影響

ドメスティックバイオレンスやアビューズの主張は，争いのある監護の事件において重要な意味を持つ。Horvath, Logan, & Walker (2002) が102の監護評価の報告書とそれに対応した裁判所の記録を調査した研究では，およそ72%の事件でドメスティックバイオレンス（種類は不特定）が確認された。Ayoub, Deutsch, & Maranganore (1999) は，105の監護評価の報告書を調査し，報告書の約3分の2が家庭でのドメスティックバイオレンス（種類は不特定）を記述しており，そして，その半数以上で子がその暴力を目撃していたことを報告した。ドメスティックアビューズに関するこれらの報告は，Johnston & Campbell (1988) による高紛争家庭のサンプルにおける割合，および，離婚した夫婦に

> **❶ 情報**
> ドメスティックバイオレンスを目撃した子には，多くの直接的，間接的な影響がある。子の気分，行動，健康，そして，認知／学業の状態のすべてが影響を受ける可能性がある。

よって一般に報告される割合（Lawrence & Bradbury, 2001）に近い。

子どもが，親同士の間の身体的な攻撃や強い恐怖につながる脅しを目撃すると，さまざまな直接的，間接的な影響があり，気分，行動，健康，そして認知／学業の状態に影響する（Kelly & Johnson, 2008）。親密な家族関係の中での暴力を目撃した子に関する研究の多くは，心的外傷後ストレス障害（PTSD）と一致する症状を報告している（Chemtob & Carlson, 2004; Lehmann & Ellison, 2001）。暴力を目撃した年少の子には，発達上の遅れが生じるかもしれない（Lieberman & Van Horn, 1998）。Ayoub et al.（1999）は，監護評価の報告書を調査研究し，ドメスティックバイオレンスを目撃した子への影響は，児童虐待の被害を受けた子への影響と同じくらい有害であることを見出した。

両親間の心理的虐待を目撃した子は，適応への直接的な影響（Teicher, Samson, Polcari, & McGreenery, 2006）と，被害を受けた親の能力が減殺されることでの間接的な影響（Cummings et al., 2006）を共に受ける。そのため，このような形での両親間の虐待だけにさらされた子（すなわち，両親間に身体的な虐待がない場合の子）は，不安の高まり，注意のそれやすさ，行動化の増加を示す可能性が高い（Cummings, Davies, & Campbell, 2002; Cummings et al., 2006）。

(2) 虐待のタイプ

ドメスティックアビューズの分類は，多くの専門的，政治的な議論の対象となってきた。ここでは，有益な類型論のひとつを提供するとともに，各タイプが与える影響に関する情報を提供する。

強制的な支配（Coercive control）は，親密な関係において，脅すこと，そして，権力と支配を行使することを意図した，身体的な虐待である（Jaffe, Baker, & Cunningham, 2004）。このタイプは，「親密なテロリズム」（Johnson, 1995）と呼ばれ，最近では，「強制的で支配的な暴力」（Kelly & Johnson, 2008）と呼ばれている。この種の暴力に性差があるかどうかについては議論がある。深刻な虐待や暴力を受けた女性，特に保護シェルターにいる女性を研究する者は，加害者の大部分は，通常（それに限られるわけではないが）は男性であり，彼らは，親密な関係にある女性を脅し，権力を行使し，支配するために物理的な手段を用

いるとする（Jaffe et al., 2004）。反対に，全国（例えば，アメリカ，カナダ）的に多数の一般的サンプルを研究する者は，強制的な暴力の報告は，男性と女性で同程度であったとしている（Dutton, Hamel, & Aronson, 2010; Grandin & Lupri, 1997; Whittaker, Haileyesus, Swahn, & Saltzman, 2007）。このタイプの深刻な虐待では，加害者は配偶者を支配し続けるために，さまざまな攻撃の様式——身体的，性的，心理的な攻撃——を用いる。しかし，性別による身体の大きさと強力さの相違から，女性だけが攻撃者であるときを除いて，女性の方がより大きな危害を受ける結果となる（Dutton et al., 2010）。

紛争に方向付けられた虐待（**Conflict-oriented abuse**）は，さほど深刻ではない攻撃（身体的：平手打ち，蹴る，押す。言語的：侮辱，けなし，悪態）を含み，非常に一般的なものである（Straus & Gelles, 1988）。この種の攻撃は反応性のものであり，パートナー同士の紛争に関連したものであるが，もう一方に対して権力と支配を行使するという動機によるものではない（Johnson & Leone, 2005; Kelly & Johnson, 2008）。このような親密なパートナーへの虐待は，「一般的なカップルの暴力」（Johnson, 1995），「一般的なカップルの攻撃」（Zibbell, 2005），また，最近では「状況によるカップルの暴力」（Kelly & Johnson, 2008）とも呼ばれている。地域または全国のサンプルでは，さまざまな関係（デートカップル，同性愛のカップル，同棲または結婚したカップルなど）において，女性も男性と同様に攻撃的になると報告されている（Smith-Slep & O'Leary, 2005）。また，デートしている，あるいは，一緒に住んでいる未婚のカップルにこの類型の攻撃が存在する割合は，結婚しているカップルよりも高い（Capaldi & Crosby, 1997）。

ドメスティックバイオレンスの他の類型としては，自己を防衛する際によく生じる攻撃的な行動である「暴力的な抵抗（violent resistance）」（Johnson, 1995; Miller, 2005）や，関係性を特徴付ける暴力ではなく別れの痛みや傷つきへの反応として突発的に引き起こされる「別居によって引き起こされた暴力（separation-instigated violence）」（Johnston & Campbell, 1988; Kelly & Johnson, 2008）がある。

ドメスティックバイオレンスは，その定義や調査対象とする集団によっては，児童虐待やネグレクトと同時に生じ得る（Dutton et al., 2010）。定義が広ければ広いほど（そして，攻撃が深刻で

> **❶ 情報**
>
> ドメスティックバイオレンスのタイプには，以下のものがある。
>
> ・強制的な支配
> ・紛争に方向付けられたもの
> ・暴力的な抵抗
> ・別居によって引き起こされたもの

あればあるほど——シェルターにいる女性が報告するように），より頻繁に児童虐待が同時に生じる（Appell & Holden, 1998; Ayoub et al., 1999; Fantuzzo & Mohr, 1999）。また，ドメスティックバイオレンスと物質の使用／乱用が同時に生じることもある（Hesselbrock & Hesselbrock, 2006; Moore & Stuart, 2004; Stuart et al., 2006）。

心理的攻撃は，身体的暴力のないパートナー間の紛争と関連する（O'Leary & Mauiro, 2001）。感情的虐待，あるいは，精神的虐待とも呼ばれており，身体的暴力の前兆となり得る（O'Leary & Slep, 2006）ものの，多くは身体的な虐待には発展しない（Frye & Karney, 2006）。それでもなお，心理的な虐待／攻撃の一定の形式（例えば，ストーカー行為，脅迫，深刻な嘲笑，社会的な隔離）は，被害者の心と感情の状態に影響し，身体的な暴力によるものと同じような外傷体験をもたらす（Murphy & Cascardi, 1999）。深刻な夫婦間の紛争下において（Smith-Slep & O'Leary, 2005），そして離婚過程にある家庭において（Lawrence & Bradbury, 2001），心理的な攻撃は非常に一般的なものである。

まとめると，ドメスティックバイオレンスは，監護紛争における否定的な行動の中で，もっとも頻繁に主張される（Dutton, 2005）。これらが主張される割合は，離婚過程にあるパートナー間のさまざまな攻撃に関する一般的な報告と一致する。虐待の種類を分類することで，司法評価者は，家庭の力動，被害を受けたパートナーの潜在的なリスク，これらの行動にさらされた子のリスクに関して情報を得ることができる。

5 ｜ 児童虐待

監護紛争における児童虐待の主張は，査定が最も困難なものである。ここでは児童虐待に関する研究を取り上げるが，そのアセスメントについて十分に述べることはできない。子の監護評価者は，こういった問題を頻繁に扱わなければならない。子への性的虐待の査定に関する情報を得るためには，他のテキスト（例えば，Kuehnle & Connell, 2009; Faller, 2007）を参照されたい。

> ⚠ **留意点**
> 監護紛争における児童虐待の主張は，司法評価者に査定が求められるものの中で，最も困難な問題である。これらの主張の評価に関して専門的な訓練を受け知識を得ることは，司法評価者にとって重要である。

(1) 児童虐待の発生頻度

　2007年，虐待の疑いにより，児童保護機関に320万の通報があった。スクリーニングと調査の結果，約50万の子が何らかの種類の虐待被害を受けていたことが分かった。虐待の主張の大部分には，ネグレクト（60％）または身体的虐待（10％）が含まれており，性的虐待が含まれているのは約7.6％であった（U. S. Department of Health & Human Services, Administration on Children, Youth, and Families, 2009）。

　監護紛争を背景として児童虐待が主張される割合は，1％から2％と推定される（Bala & Schuman, 1999; Brown, 2003; Thoennes & Tjaden, 1990）。しかし，Horvath et al.（2002）は，子の監護評価が完了した記録を調査し，訴訟記録の約56％で児童虐待（類型は区別されていない）が主張されているところ，報告書に児童虐待が記録されたものは37％のみであることを見出した。母が主張するものは，父に比べて約3倍多かった。離婚が決着した後になされる主張は，離婚が未解決の状態での主張に比べ，立証される割合がより高かった。

　虐待の主張の事実認定については，Ayoub et al.（1999）による子の監護の報告書の調査研究から，各種の児童虐待の主張は25％から33％で事実と認められていることが明らかになった。これは監護を争っている120のカップルをサンプルとしたJohnston, Lee, Oleson, & Walters（2005）の知見と一致している。子の監護評価において，父が児童虐待をしているとの主張は，母が児童虐待しているという主張よりも約60％高い割合で立証されている（Johnston, Lee, et al., 2005）。これは，監護の紛争を含まない児童保護事件における割合に近い（McGleughlin, Meyer, & Baker, 1999）。性的虐待が確認された場合は，ドメスティックバイオレンスも含めて，ほかの形式の虐待が存在する可能性がある（Erickson & Egeland, 1987）。親が物質乱用者であると，身体的虐待と性的虐待のリスクは2倍となる（Walsh, MacMillan, & Jamieson, 2003）。

　両親が別居する状況では，虚偽の児童虐待が主張される可能性が高いのではないかとも考えられるが，この考えを支持する信頼性のある研究結果は存在しない（Kuehnle & Kirkpatrick, 2005）。一般人口において性的虐待が主張される割合は社会動

❶ 情報

監護紛争を含まない事件と同様に，監護評価において父が児童虐待をしているという主張は，母に対する児童虐待の主張よりも約60％高い割合で立証されている。

向によって変化する傾向にあるが，おそらく，それは過少に報告されている（Kuehnle & Kirkpatrick, 2005）。カナダにおける発生率の研究では，別居した両親の約6％で性的虐待が主張されていると記されている（Bala, Mitnick, Trocmé, & Houston, 2007）。この研究では，報告された性的虐待の45％は実証された（11％）または疑われる（34％）ものであり，54％は根拠のないもの（36％）または故意に虚偽の報告が行われたもの（18％）であった。

(2) 児童虐待の子への影響

心的外傷後ストレス障害と急性ストレス障害は児童虐待への一般的な反応であり，身体的虐待の被害を受けた子の25％から50％（Famularo, Fenton, Kinscherff & Ayoub, 1994），性的虐待の被害を受けた子の最大70％（Kendall-Tackett, Williams, & Finkelhor, 1993）に影響を及ぼしている。もちろん，これは，性的虐待を受けた子の30％以上，身体的虐待を受けた子の最大で75％が，心的外傷後ストレス障害を生じていないことも示している。身体的虐待よりもネグレクトの方が，発達に否定的な影響を与えると示している研究もある（Erickson & Egeland, 1996）。さまざまな種類の虐待を受けた子は，自身が親になった時に虐待を行うリスクがより高い（Widom, 1989）。親から言語的，身体的な攻撃を受け，両親間のこのような攻撃を目撃した青年は，大人になってから大切な人や配偶者に対して攻撃的になりやすい（Cui, Durtschi, Donnellan, Lorenz, & Conger, 2011）。しかし，大人になったときに家庭の中で虐待的になるのは，こういった子の3分の1に満たないと考えれば，早期の外傷体験は決定的なものではない（Kaufman & Zigler, 1987）。そうであっても，「すべての形式の家庭内暴力による被害は，さまざまな心理的問題のリスクを増加させる」ものであり，その問題には「攻撃性から不安，抑うつまで」の状態が含まれている（Emery & Laumann-Billings, 1998, p.128）。

子の性的行動のいくつかは一般に見られるものであり（Friedrich, 2005; Friedrich, Fisher, Broughton, Houston, & Shafran, 1998），性的虐待を受けた子の性的症状を，虐待を受けていないが感情的に混乱している子における一般的な性的行動や症状と区別するのは困難である。性的虐待を受けた子の中では，不適切な性的行動はより多くに見られるが（Friedrich et al., 2001; McLellan et al., 1996），このような性的行動が存在することは，必ずしも性的虐待の兆候とはいえない（Drach, Wientzen, & Ricci, 2001; Friedrich, 2002）。その性的行動は，身体的虐待，

ドメスティックバイオレンスの目撃（Silovsky & Nice, 2002），または行動調節を難しくするその他の要因（Friedrich, 2005）といった，他の心的外傷に関連するものかもしれない。特に高紛争の離婚（Johnston & Campbell, 1988; Johnston, Kline, & Tschann, 1991）においては，離婚そのものから生じるストレスは，子の適応方法次第で，性的虐待や身体的

> **❶ 情報**
> 不適切な性的行動は，性的虐待を受けた子の間ではより一般的に見られるが，そういった性的行動が存在するだけでは，必ずしも性的虐待の兆候ということはできない。

虐待の場合に呈するのと同様の臨床的に重大な行動面あるいは心理面の問題をもたらす場合がある（Hetherington, 1999; Kendall-Tackett et al., 1993）。

　感情面での困難さや，虐待とはいえないような親子の境界侵害（一緒に寝ること，一緒に入浴すること，不注意により性的関係を目撃してしまうことなど）が，子に症状を生じさせることがある（Johnson, 2005）。高紛争の離婚において，性的虐待が主張されると，虐待の主張のアセスメントはかなり複雑になる。さらに，子に不適切な性的行動がある場合に虐待の可能性を考慮するのは正しいが，そのこと自体は虐待があったことを決定づけるものではない。同時に，子の虐待の症候学に関する明確な分析結果はないため，症状が存在しないこと自体をもって，主張されている虐待の存在可能性を排除することもできない。

　子の虐待，特に性的虐待に関連する重要な研究分野のひとつが，被害を受けたと言われている子から情報を引き出し，その情報の妥当性を査定する過程に関する領域である（Kuehnle, 1996）。子の言葉（Saywitz, 1995），記憶（Goodman, Hirschman, Hepps, & Rudy, 1991），年齢（Lamb et al., 2003），被暗示性（Bruck & Ceci, 2009; Ceci & Bruck, 1993; Ceci, Kulkofsky, Klemfuss, Sweeney, & Bruck, 2007; Kulkofsky & London, 2010），調査者による面接の状況（Davis & Bottoms, 2002）などに関する各種研究は，面接の構造と過程に関するガイドラインにつながった（AACAP, 1997b; American Professional Society on the Abuse of Children, 1997; Lamb, Sternberg, & Esplin, 1998; Lamb, Sternberg, Esplin, Herskowitz, & Orbach, 1999; Poole & Lamb, 1998）。さらに，最も正確な情報を可能な限り引き出す方法が発展しており（Reed, 1996），それは，開かれた質問，暗示を避ける面接技術に特に関連している（Bruck & Ceci, 2009）。

> **♣ 最善の実践**
> 児童虐待の事件における子との面接と正確な報告に関する実証的な知見によれば，（1）高いレベルの技術と細心の注意，（2）録音・録画の技術の付加的な使用，（3）構造化されたプロトコル（手順）の活用が必要である。

　子との面接と正確な報告に関する実証的な知見

(Lamb, Orbach, Sternberg, Herskowitz, & Horowitz, 2000) によれば，高いレベルの技術と細心の注意，録音・録画の付加的な使用，構造化されたプロトコル（手順）の活用が必要である（Hewitt, 1999）。子，虐待が疑われた親，そしてその親の子との接触にもたらし得る結果が重大であるため，タイプⅠ（偽陽性。虐待が実証されたが，実際には生じていなかったもの。）やタイプⅡ（偽陰性。虐待は実証されなかったが，実際には生じていたもの。）の誤りを犯すことは深刻な影響をもたらす。これらの問題の概観は，Carnes（2000）や Kuehnle & Drozd（2005）を参照されたい。

6 | 親の精神障害

大人の精神障害が養育や子に与える影響について裁判所が疑問を持ち，そのために精神保健の司法評価者を任命することがよくある。実際に，制定法の多くは，子の最善の利益の要素のひとつとして，親の精神的または心理的な健康を考慮することを求めている（付録Aを参照）。数多くの論文で精神障害と養育について書かれており，リスク要因と保護要因に関する情報もある。

(1) 監護の事件における親の精神障害の発生頻度

精神疾患を有しながら子を監護している者の数について，全国的なデータはない。しかし，精神疾患が養育に与える影響に関する研究は，主に母に焦点をあててきており（Jenuwine & Cohler, 1999），それはおそらく，男性よりも女性の方が子の主たる養育者となる場合が多いためである（Nicholson, Biebel, Hinden, Henry, & Steir, 2001; Styron, Pruitt, McMahon, & Davidson, 2002）。深刻な精神障害を有することは監護権を失うリスクを高めるが，そのリスクは，家族と社会のサポートにより減少する（Benjet, Azar, & Kuersten-Hogan, 2003）。監護権を失うおそれから，その親が，適切な精神保健のサービスや地域の援助を求めることを思いとどまる場合もある（Hearle, Plant, Jenner, Barkla, & McGrath, 1999）。

監護評価の報告書をレビューした研究において，Horvath et al.（2002）は，これらの報告書の約26％（性別や精神疾患の種類では区分されていない）が精神障害の問題を記載していたことを見出した。これに対して，Ayoub et al.（1999）は，報告書のサンプルにおいて母の59％，父の61％について精神障害が記載されていたと述べたが，このように父母の罹患率が同等であるのは，国の罹患

率のデータを反映しておらず，また，彼らの研究での割合は Horvath et al. の研究の2倍を超えている。考えられる解釈のひとつは，彼らが対象とした報告書は，主要都市の病院の司法サービスから得たものであり，親の精神障害が存在する事件がほぼ確実に多く集まるというものである。

(2) 親の精神障害が養育に与える影響

精神障害がどのように養育に影響するかを考慮することは重要であり（Otto et al., 2003），「障害が子に与える機能的な影響の大きさについての記録」（Benjet et al., 2003, p.241）を精査すること，すなわち，第2章で提示したような障害と養育能力の関連を検討することが専門家の現在の責務である。ほとんどにおいて，深刻な精神疾患を有する母は，一般の母と同様に子のことを気遣い，子のニーズを優先している（Benjet et al., 2003）。しかし，精神疾患が深刻になればなるほど，母は子の監護権を失いやすくなる（Joseph, Joshi, Lewin, & Abrams, 1999）。家庭を維持するためにさまざまなことが求められる中での養育は，ストレスが多いものであり，以前からある精神疾患が悪化することもある（Zemenchuk, Rogosh, & Mowbray, 1995）。例えば，気分障害を有する親の一部は，症状が深刻になると，養育や子への応答性が失われるといわれている（Kahng, Oyserman, Bybee, & Mowbray, 2008; Weinberg & Tronick, 1998）。気分障害を有する母は，精神病の母よりも，主たる養育者となる可能性が高い（White, Nicholson, Fisher, & Geller, 1995）が，そのような母が，子の不行状を母自身の感情が乱れつつある兆候だと解釈し，自分の疾患が子に与える影響について悩む場合もある（Nicholson, Sweeney, & Geller, 1998）。プラスの側面としては，家族や地域の重要な援助がある場合は特に，子を養育することが回復を促進し，精神疾患とうまく付き合っていくことの動機付けとなることがある。（Oyserman, Mowbray, & Zemenchuk, 1994）。

(3) 親の精神障害が子に与える影響

精神疾患を有する親の子は，精神疾患に対して遺伝的に脆弱であることに加え，心理社会的な問題のいくつかについてより高いリスクを有する（Nicholson et al., 2001）。彼らは，学習上の問題，発達上の遅れ，注意力の問題，社会的スキルの不足，物

> **❶ 情報**
>
> 精神疾患を有する親を持つ子は，学習上の問題，発達上の遅れ，注意力の問題，社会的スキルの不足，物質乱用，不安障害，身体的愁訴を生じるリスクが高い。

> **最善の実践**
>
> 精神疾患を有する親の監護の事件を評価する場合に最も重要な要素は，以下のものである。
> ・疾患の性質
> ・親の病識と治療の遵守
> ・治療の効果
> ・支える大人の存在

質乱用，不安障害，身体的愁訴を生じるリスクが高い（Beardslee, Versage, & Gladstone, 1998）。これは，遺伝的なリスクと，日々直面するストレスからの回復力が乏しい親に養育されていることの直接的な影響の双方を反映している。実際のところ，これら二つが相互に影響しあう場合もある。例えば，感情的／社会的ニーズが高い子，あるいは，外在化された問題行動がある子は，すでに障害を有する親により大きなストレスを与え，それが養育のあり方に影響する（Dishion&Patterson, 2006；Goodman & Gotlib, 1999）。しかし，質の高い家族や配偶者のサポートが，これらのストレス要因を和らげ，養育を向上させることが実証されている（Nicholson et al., 2001）。

　親の精神疾患が軽度から中度である場合に関する文献から，子の予後を左右する，多様で，互いに影響し合う変数が示唆されている。この研究は，両親が深刻な精神疾患を有する場合の研究とは対照的に，主に中流階級で不安障害を有する母をサンプルに用いている（Nicholson et al., 2001）。産後うつや気分障害を有する親の事件でよく見られるように，両親が十分に関わってくれない，または配慮がないと感じている子は，愛着の問題，そして自身の感情のコントロールや自己調節能力の問題を現す場合がある（Radke-Yarrow, 1991）。精神的な障害を有する親を持つ子のおおむね9割方は回復力を保持しているが，残りの者は，特に親が入院を繰り返したり，疾患の治療がなされていなかったりする場合，精神疾患のある親とともに暮らすことから影響を受ける。入院を繰り返すことは，障害の深刻さを示している。入院によって親と別れることは，精神的な症状そのもの以上に，多くのストレスを子に与える可能性がある（Jenuwine & Cohler, 1999）。なお，親の頻繁な入院は，子の予後の悪さと相関関係がある（Benjet et al., 2003）。

　まとめると，親の精神疾患は，監護紛争で最もよく生じる複雑な問題のひとつである。だからこそ，司法精神保健の評価者に付託されることが通常である。養育と精神障害に関する文献は，精神障害そのものの性質と深刻さに加え，社会と家庭の状況を査定することの重要性を強調している。司法評価者は，少なくとも，個別の家庭における障害が養育に与える明白な影響と，「疾患が子

に与える影響」との関連性を評価しなければならない（Jenuwine & Cohler, 1999, p.303）。最も重要なのは，疾患の性質，親の病識と治療の遵守，治療の利用可能性と効果であり，そのほかに，患者／親の病状が悪化した時に介入して子を守り，親が適切なケアを得られるように支える大人の存在も重要である。

7 ｜ 親の物質乱用

　親のアルコール／物質の使用や乱用は，子の監護評価において問題となることが多い。親の精神障害と同様に，物質の使用や乱用は，親，主に母が子の監護権を失う大きな理由となっており，また，裁判所が父と子との交流を制限することにも影響している。監護評価において，物質の使用や乱用がよく訴えられるため，これを見分け，養育と家族の機能に対する影響を評価することは，司法評価者が担うべき責任である。

　国立アルコール中毒研究所（National Institute on Alcohol Abuse and Alcoholism (NIAAA), 2009）は，軽度の飲酒者を，過去1年間において1週間に3回以下の飲酒をした者と定義している。また，中度の飲酒者を，過去1年間における飲酒回数の平均が，男性では1週間に4回以上14回以下，女性では4回以上7回以下の者と定義している。大人の60％から65％が，軽度から中度の飲酒者であるが，男性は女性に比べて中度の飲酒者に3倍なりやすい（Hesselbrock & Hesselbrock, 2006; NIAAA, 2009）。重度の飲酒者は，過去1年間における飲酒回数の平均が，男性では1日に2回を超える，女性では1日に1回を超える者として定義されるが，これには，男性の方が女性よりもわずかになりやすい（6.1％対4.2％）（NIAAA, 2009）。また，男性は成人早期から中年の間に乱用を経験しやすい（Warner, Kessler, Hughes, Anthony, & Nelson, 1994）が，これは子の養育にあたる時期の年齢範囲と一致している。もし，女性のパートナー／配偶者がアルコール乱用をしていれば，男性のパートナーも同様に乱用する見込みは非常に高い（McCrady, 2008; Vaillant, 1995）。歴史的に見て，女性は男性よりも処方薬を乱用しやすい（Courtwright, 1982）。精神障害と同様に，物質乱用に関する一般的な調査や治療研究は男性を対象としているが，物質乱用と養育に関する研究は通常，母をサンプルに用いている（Mayes & Truman, 2002）。

> **♣ 最善の実践**
> 物質の使用や乱用を見分け，養育と家族の機能に対するその影響を査定する。

(1) 子の監護の事件における物質乱用

　母が乱用物質としてアルコールを選んでいれば，自宅で乱用するため，逮捕や交通違反による召喚のような否定的な結果が避けられている場合が多い。また，女性の物質乱用に対する社会的な烙印と非難は男性に比べて大きいため，男性よりも女性の方が治療や回復は困難である（DiClemente, 2006）。他方で，母にとって養育という役割は最も高い価値があり，治療に従う動機を高めることが多い（Benjet, Azar, & Kuersten-Hogan, 2003）。性別にかかわらず，依存症という診断にまでは至らない物質使用や乱用であっても問題となり得るし，その使用が親密な関係や養育を脅かしている場合は，特にそうである（Douglas & Skeem, 2005）。

　子の監護評価の報告書における物質乱用の主張についての研究が2つある。Ayoub et al.（1999）は，紛争性が高い離婚105件の評価の報告書のうち，52.3％が父の，29.1％が母の物質乱用の問題に言及していたと記している。Horvath et al.（2002）は子の監護をめぐる事件102件を検討し，性別は区別していないものの，報告書の42％で物質乱用の問題を取り扱っていたとした。

　物質の使用や乱用は，精神疾患やドメスティックバイオレンスといった他の精神病理とともに生じることが多い（Kessler, Chiu, Demler, & Walters, 2005; Regier et al., 1993）。550万人以上の18歳以上の大人が，物質乱用と併存する複数の障害を有しているが，治療を受けているのは彼らの約半数だけである（Substance Abuse and Mental Health Services Administration（SAMHSA）, 2006）。物質乱用は，ドメスティックバイオレンスを行う敷居を下げる。例えば，親密なパートナーを虐待する者の約3分の2が，その攻撃の前にアルコールを飲んでいるが，親密ではない知人や見知らぬ人に対する暴力（Hesselbrock & Hesselbrock, 2006）や子への虐待（Wasserman & Leventhal, 1998）の場合にアルコールを飲んでいる割合は，約半分である。親の物質乱用は，児童保護という形で州が家庭生活に介入する際の，一般的な理由のひとつである（Benjet et al., 2003）。以上のとおりではあるが，物質に依存していながら否定的な心理的影響が生じていない大人は多い（Donovan, 1999; Schuckit et al., 2001）。

(2) 親の物質乱用が子に与える影響

　子の約12％が，少なくとも1人の物質乱用をしている親と生活している

(SAMHSA, 2009)。物質乱用をしている親を持つことが子に与える影響は，さまざまである。多くの研究は，子の外在化（行動上／行動化／行動の問題）（McMahon & Giannini, 2003）と内面化（感情面／不安／抑うつ）の問題（Giglio & Kaufman, 1990; Harter, 2000），学校適応の困難さ（Harden & Pihl, 1995），物

> **❶ 情報**
> 物質を乱用する親を持つ子は，行動や感情の問題，学校適応の困難さ，青年期からの物質使用や乱用の可能性などのリスクがより高い。

質使用や乱用を青年期に始める可能性の高さ（Chassin, Curran, Hussong, & Colder, 1996; Clark et al., 1997）との間に，関連性を見出している。物を乱用する父を持った子は，成人に達する過程で，アルコールと薬物を使用する可能性が高く，より早期から使用し（Hill, Shen, Lowers, & Locke, 2000），親が物質を乱用していなかった者に比べてより頻繁に使用する（Reich, Earls, Frankel, & Shayka, 1993）。しかし，文献では，乱用の背景には，同時に生じている心理的な問題（例えばパーソナリティ障害や精神障害）や環境の問題（例えば，離婚，失業，社会的・経済的に低い階層であること）（Suchman & Luthar, 2000, 2001）などの複数かつ関連するストレス要因があることが多く，親の物質乱用の子の予後への**直接的な**影響はわずか，もしくはないことが示されている（Mayes & Truman, 2002）。親の物質乱用にもかかわらず，家庭のまとまり，適応能力，親による子の見守り（Goldstein, 2003）は，親の物質依存の影響を緩和することができる（El-Sheikh & Buckhalt, 2003）。したがって，家庭の背景要因（例えば，夫婦間の結びつきの強さ），外部のストレス要因（例えば，失業や経済的なストレス），同時に生じている状態（例えば，抑うつ，不安）といったすべてが物質を乱用する親に影響し，その総和として養育に影響する。

（3）治療の問題

物質乱用の治療にどの程度の支援が得られるかは重要であり，（精神障害の場合と同様に）回復を予測する要因である。そのため，家庭やその子も含めて支援するプログラムは，物質乱用者のみを支援するプログラムよりも望ましい。家庭を支援するこれらのプログラムは，物質乱用している母にとって，より利用しやすいようである（Luthar & Suchman, 2000）。子も対象に含み，養育能力に焦点をあてるプログラムは，物質の使用を控える動機を高め，養育の全般的な改善を促進させるという，大きな可能性を持っている。オピエート（アヘン剤・鎮痛剤）で苦しんでいる人にとって，従前，個々人が正常に機能することを維

持する効果的な手段としてメタドン（合成鎮静剤）が用いられてきたが，近年は，オピエートの拮抗薬であるブプレノルフィン（麻薬拮抗性鎮痛薬）が，オピエートの影響を遮断し，薬物への渇望を減らし，薬物から段階的に撤退することを可能にするために用いられている。それは，外来患者の治療／回復のプログラムにおいて有用な薬理学的ツールである。しかし，効果的な治療においては，患者が常用するようになった理由や回復を支援する人にも注目する必要がある。社会復帰施設，心理療法，自助グループ，家族支援プログラムは，このような治療といえるであろう（Stimmel, 2009）。

8 | 親の疎外（alienation）と疎遠（estrangement）

　子の監護をめぐる紛争において，議論の的であると同時によく知られている領域のひとつは，一方の親からの子の疎外の問題である。深刻な疎外においては，子が，一方の親との交流に抵抗しまたは拒絶すること，そして，現実とは不釣合いな言葉遣いでその親に関する不満を言うことが典型的である。一方で，中程度の疎外では，一方の親と過ごした時間について他方の親に不満を言いつつ，養育計画は受け入れ続ける場合もある。訴訟が行われている場合，嫌われているまたは拒否された親は，好かれているまたは気に入られている親が，以前の親子関係を妨害するような一連の行動をとっていると主張することがある。この問題の評価と改善はともに困難であり，議論の的にもなっている（Walker, Brantley, & Rigsbee, 2004）。

（1）親の疎外と疎遠の定義

　Wallerstein & Kelly（1980）が，この現象を「不適切な同盟（unholy alliance）」として初めて記述した。しかし，一般的には，Gardner（1992）が，離婚家庭における行動と態度の複雑な組合せを記述し，その最も激しい形式を片親疎外症候群（Parental Alienation Syndrome : PAS）と呼んだ者として認知されている。Gardner は，離婚家庭との臨床経験に基づき，PAS は以下の3つの要素からなると考えた。

1. 以前に虐待，ネグレクト，ドメスティックバイオレンスが**なかった**（この点が重要である）のに，子が嫌われている親をしつこく拒絶する。

2. 子が，かたくなな白か黒かの二者択一的な態度で親を中傷し，そのことに後ろめたさや自責の念を見せない。
3. 好かれている親が，このような行動をそそのかす，援助する，または止めさせようとしない。

> **ℹ️ 情報**
> PASは，親子関係の不和を，好まれている親の強力な影響の責任としている。一方，多因子システムのモデルは，親子間の疎外を，各親と子の関係およびこれらの関係に影響する要素の連続体と見なしている。

　Warshak（2003, 2011）は，拒否されている親の現実の行動に対する合理的な反応ではないという意味で，**不合理**なまたは**病的**な疎外と呼び，さらに，それが「キャンペーン活動のようなレベルに達する」ことが必要だと述べている（2003, p.280）。「症候群」とされるかどうかは別にして，さまざまな症状のリストを臨床家が提供してきたが（Darnall, 1998; Ellis, 2007），それらの主張を裏付ける研究はいまだ不足している。

　Gardnerの「症候群」という考えに異を唱える者もいる（Walker et al., 2004; Warshak, 2001）。Kelly & Johnston（2001）は，疎外を，子とそれぞれの親との関係の連続体として概念化し，多様な要素がこれらの関係に影響しているとした。その連続体には，一方の親に強く自然な愛情を示し他方の親にも継続的な愛着と愛情を示す「親近感」（affinity）から，一方の親に強く好意をよせ，他方の親を拒絶はしないものの葛藤を示す「同調」（alignment），一方の親と全面的な同盟を結び他方の親へはさまざまな拒絶を示す「疎外」（alienation）までの範囲がある。この多因子システムのモデルでは，家族のメンバー（すなわち，好かれている親，拒否している子，嫌われている親）それぞれの複数の資質によって，不信のレベルが複合的に決まることが示唆されている。これらの要素の相互作用が，子に影響して一方の親を拒絶させ，あるいは，他方の親と同調させる。研究は始まったばかりだが，そこでは，親の暖かさや過去に子と関わっていた度合いなどが，疎外を予測する重要な要素であることが示唆されている（Johnston, Walters, et al., 2005）。

　Kelly & Johnston（2001）は，疎外を「疎遠」（estrangement）と区別している。「疎遠」は，婚姻中（同棲中）や別居中にその親との間で辛い経験をしたために，子が嫌っている親との交流を**合理的**に（この点が重要である）嫌がったり恐れたりしていることの表れである。このような辛い経験には，児童虐待，ドメスティックバイオレンス，不適切または効果的ではない養育が含まれる。子が示

す疎遠が，児童虐待の二次的なものである可能性があれば，そして，特にドメスティックバイオレンスが背景にあるのならば，その治療は，子の安全と被害を受けた親の安全を最優先にするべきである（Drozd, Kuehnle, & Walker, 2004; Drozd & Oleson, 2004）。要約すると，多因子システムのモデルは，好まれている親の強力な影響だけを最重要視して親子の不和の原因とみるPASのモデルとは異なっている。

(2) 愛着と親の疎外と疎遠

疎外を発達と愛着の理論の文脈に位置づけている研究者もいる。Garber（2004）は，夫婦間の紛争が子の愛着に否定的な影響を与えることを示す研究を紹介している。子への否定的な影響には，親の紛争にさらされることによる直接的な影響と，紛争のストレスによって養育そのものが変化することによる間接的な影響がある。これらの影響のどちらも，子の情緒の安定を傷つける可能性がある（Davies & Cummings, 1994）。しかし，Walker et al.（2004）は，高紛争の離婚における子の愛着と疎外の関連を示すデータはなく，特に，いわゆる**疎外された子**は「他の仲間，大人，疎外されていない親との関係において，他の問題が存在していたとしても，愛着の問題は存在していないことが多い」（p.57）と主張し，この考えに反対している。

(3) 親の疎外と疎遠の発生頻度

この現象の発生率は，サンプルの性質によって異なる（Johnston, 2003; Maccoby & Mnookin, 1992; Wallerstein & Kelly, 1980）。離婚や別居をした家庭の10％から20％が，子が親の一方と会うことに抵抗する，あるいは，子が複雑な感情を経験すると考えるのが妥当とみられる（Johnston, 2003）。高紛争の家庭において（Clawar & Rivlin, 1991; Johnston, Walters, et al., 2005），少なくとも一人の親による疎外行動（または子の同調）はごく普通に生じており，離婚する人々の中では標準的なものだと考えられる（Johnston & Kelly, 2004）。例えば，サンプルによって異なるものの，面会を拒否し抵抗する頻度は高紛争の離婚で増加し，19％から50％の家庭で子が面会に抵抗（しかし，拒絶とまではいえない）し，6％から20％の家庭で一方の親と会うことを子が一定期間完全に拒絶している（Johnston, 2003; Johnston & Campbell, 1988; Johnston, Walters, et al., 2005; Kopetski, 1998; Lampel, 1996）。カナダの裁判所の1989年から2008年までのデータによれば，親の疎

外に関する主張がなされている判決の件数は後半の10年間で増加したが，疎外に関する主張を裁判所が認定した割合（主張されたもののうち約60％）は同程度のままである（Bala. Hunt, & McCarney, 2010）。

> **❶ 情報**
> 調査研究では，別居や離婚をした家庭の子は，時に，一方の親と会うことに抵抗する，あるいは，複雑な感情を持つことが示されている。しかし，高紛争の離婚では，子の完全な抵抗が存在する可能性が高い。

(4) 親の疎外と疎遠に対する治療上のジレンマ

児童虐待，ネグレクト，ドメスティックバイオレンスといった根拠が存在しない場合に，親から疎外された子を和解させる方法についても，議論がある。研究者の多くは，関係する者すべてを対象とする個別または合同の家族療法を推奨している（Lee & Oleson, 2001）が，どのような種類のセラピーが好ましいか，また，裁判所による命令によるべきかどうかということには慎重な議論もある。Gardner は，深刻な疎外と呼んだ例について，自身の99件の分析に言及し，好まれている親から疎外されている親へと裁判所が監護権を移すことを推奨した（Gardner, 2001）。しかし，Gardner の考えをめぐってはいまだ議論があり，この問題に対する同領域の専門家間の査読（ピアレビュー）による支持も，この領域に関する統一的な見解も存在していない。和解に向けてさまざまなアプローチ（例えば，個人療法，合同療法，家族療法）を用いた研究（Friedlander & Walters, 2010; Johnston, Walters, & Friedlander, 2001）によれば，疎外された子と，虐待はしていないが拒絶された親との関係は，時間の経過に伴って，わずかに改善していた（Johnston & Goldman, 2010）。Johnston & Goldman (2010) は，親との交流を拒絶する，または，抵抗する子のほとんどは，成年に達した後には，拒絶されていた親と再び関係を持っていると報告している。他の研究は疎外された子のサンプルが少なく，所見の意義は限られたものとなっている（Dunne & Hedrick, 1994; Lampel, 1986）。より多くの時間をかけた専門的な集中的介入のモデルは有望視されている（Sullivan, Ward, & Deutsch, 2010; Warshak, 2010）が，この集中的なアプローチの方法を，利用しやすく，地域社会に合ったモデルにすることが課題である。

疎外に関して信頼できる尺度を発達させるためには，より多くの研究が必要である。それによって，研究者は，親と子のどのような要因が疎外のリスクを増加させ，どのような要因が疎外の拡大を防ぐか，そして，どのような治

> **最善の実践**
> 疎外が主張されている家庭を査定する際には、好かれている親、拒否されている親、そして同調している子の役割を考慮すべきことを、現在の最善の実践は示している。

療がこうした家庭に効果的であるかを、よりよく理解し弁別することが期待される（Warshak, 2001）。それがなされるまでは、疎外が主張されている家庭を査定する際は、好かれている親、拒否されている親、そして同調している子それぞれの親子不和への寄与を考慮することが、現在の最善の実践である（Friedlander & Walters, 2010）。

9 ｜ 養育計画と子の予後

　裁判所は、評価者に養育計画を勧告するよう求めることが頻繁にあり、しばしば「監護の種類（すなわち単独監護か共同監護かなど）」に関する意見も求める。この依頼に答えるためのデータは、既に述べたこの領域の研究から引き出されるが、離婚に関する研究はとても多いものの、具体的な時間の取決めやスケジュールを勧告するにあたっての実証的基盤はない。Bauserman（2002）は、広範なメタ分析において、監護のタイプに関連した研究をレビューして分析した。それによると、身上共同監護や法的共同監護は、両親間の紛争の程度が低いときに、子の予後に低度から中度の肯定的な影響を与えていた。この研究の限界のひとつは、親同士の紛争の程度を測定した研究をわずかしか含めていないことである。しかし、紛争を測定した他の研究において、共同監護をしている両親の紛争の程度は低いものであった。Bauserman（2002）、その他の研究者（Maccoby & Mnookin, 1992）は、このような親は、高紛争にある親に比べて、監護を共同／共有することを自ら選択しやすいのではないかと述べている。両親が高紛争の場合、裁判所の決定により身上監護を共有（共有する時間がより少ない親が、少なくとも宿泊の35％から40％を有する。）することは、子にとってあり得る心理的世界の中でも最悪かもしれないことが、データによって示唆されている（Johnston, Kline, & Tschann, 1991）。

> **留意点**
> 離婚に関する研究は多いが、具体的な時間の取決めやスケジュールを勧告するにあたっての、実証的基盤はない。

　データの多様性と研究の本質的な限界により、研究結果は、家族について大まかな尺度しか提供できず、決定は具体的事実に即して下される。評価者は、主に家族の歴史、子の発達に関する考察、その司法区の実践に関する知識に基づいて養育計画を勧告す

るのであり，その際に研究はあまり助けにならない。別居後の養育に関する取決めを検討している親に情報を与えるため，養育計画のモデルを打ち出している州（例えば，アリゾナ州，マサチューセッツ州，オレゴン州）もある。養育計画に関するこれらの指針は，スケジュールを考える際に考慮すべき要素を概説し，子の年齢の違いに応じてさまざまな養育の取決めを推奨している。

子の発達上のニーズは，養育計画の策定において重要である。特に，乳児と幼児に関しては，愛着研究の領域の発展が，子の監護に関する決定と養育スケジュールに影響を与えている（Sparta & Stahl, 2006）。別居および離婚した家庭の乳幼児は，大部分の時間，特に夜は，母と過ごしている（Hodges, 1991）が，これは，主たる養育者の重要性を主張する愛着理論に一致している（Goldstein, Freud, & Solnit, 1973）。しかし，近年の研究は，年少の子でも複数の安定した愛着を形成でき，スケジュールが不規則ではなく（Pruett, Ebling, & Insabella, 2004），そして，両親のどちらも思いやりがあり，愛情に満ちている（Ludolph, 2009）限り，両親のどちらとも定期的な交流を持つことが発達的に重要である（Lamb & Kelly, 2001）ことを示唆している。最新の知見によれば，子の気質と発達の状況，各親の養育スキルが，別居した家庭での子の安定した愛着に貢献する重要な要素である（Ludolph, 2009）。

こうした考えの変化の中でも特に議論があるのは，非常に幼い子の，一緒に住んでいない親との宿泊についてである（Bruch, 2006; Solomon & Biringen, 2001; Warshak, 2000）。研究は初期段階であるが，両親間に監護と養育計画について争いがあるときを除き（McIntosh, Smyth, Kelaher, Wells, & Long, 2010; Solomon & George, 1999），一緒に住んでいない親との宿泊が非常に幼い子にとって有害だとは立証されていない（Pruett et al., 2004）。愛着の理論と研究は，現時点では，何歳の子がどのくらいの頻度で一緒に住んでいない親と夜を過ごすことができるか，年齢や段階に応じた具体的な養育計画はどのようなものかという問題について，統一的な見解を提供していない。しかし，子の愛着の役割は，引き続き，子の監護の問題における重要な議論のテーマである（Byrne, O'Connor, Marvin, & Whelan, 2005; Calloway & Erard, 2009）。

愛着の問題以外にも，一般に，養育計画の策定に直接的に関連する研究は不足している。しかし，評価者は，親の紛争と子の予後についての既存の研究

★ 最善の実践

養育計画を勧告する場合は，家族の歴史を考慮し，その地域の司法区における実践に精通することが不可欠である。養育計画と子の発達に関する文献にも留意するべきである。

から，重要な指針を導き出すことができる。文献では，両親間に紛争がある場合に身上監護を共有することには警告を与えている。こうした場合には，家庭間の移動を最小限に抑え，両親間の紛争に子をさらさないような養育計画が良いとされている（Baris & Garrity, 1994; Johnston & Roseby, 1997）。

　両親は，離婚後の養育の取決めを，裁判所の関与なしに頻繁に変更している（Maccoby & Mnookin, 1992）。子の発達上の変化を反映した変更も多いが，親自身の生活の変化に伴う現実的な理由がある場合もある。離婚した両親と子は，婚姻中の両親よりも頻繁に転居するが（Austin, 2008b），一定の地域内（例えば，同じ町や近くの町）での転居が多い。転居によって子の学校や友人が変わる場合には，子は家族構造の変化と養育計画が「右往左往する」ことに対処する必要があり，子のストレスは高まる。前述のように，安定性は，子の予後に関する保護要因である。親がおおむね 75 マイル[訳註2]または車で 1 時間分離れると，一緒に暮らしていない親との交流は減少し，その後の親子関係が弱まる（Ahrons, 1981, 1994; Braver et al., 2003; Maccoby & Mnookin, 1992）。

　上に概観した実証的な知見は，家族をめぐる紛争において，訴訟当事者がごく頻繁に挙げる行動および関係の問題に対応している。

　家族をめぐる紛争において，評価者の参考となる実証的データが限られているものもある。一方の親が子とともに転居すること（Austin, 2008a），同性の両親の紛争（Patterson, 2006; Richman, 2009），監督付きの面会（Pearson & Thoennes, 2000），事実上の親による養育（de facto parenting）（American Law Institute (ALI), 2000），祖父母と子の接触（Roberts, 2003; Thompson, Scalora, Limber, & Castrianno, 1991）といった領域では，さらなる研究が必要である。

10 ｜ アセスメントの実践

　子の監護評価者によるアセスメントの実践を検証する研究がなされている。第4章から第7章の議論では，第2章で述べた実践に関するガイドラインが求める，あるいは，推奨する実践にたびたび言及する予定であるが，こうした研究は，評価者がこれらのガイドラインをどの程度満たしているかを知る手がかりとなる。本項では，(a) 研究の性質，(b) 評価者が獲得したデータの情報源

訳註2　約 120km

について研究から明らかになったこと，（c）心理テストの使用について，特に焦点をあてる。

（1）現在のアセスメントの実践についての研究のタイプ

子の監護評価の実践についての調査研究には2種類がある。監護評価者の自己報告による調査と，第三者による監護評価報告書の検証である。

a. 自己報告による調査

Keilin & Bloom（1986）の研究は，子の監護評価者に関する最も初期の調査のひとつである。調査対象となった監護評価者は，82人の精神保健の専門家（主に心理士）であった。対象となった評価者のすべてが，評価において母，父，子と面接したと述べたが，他の情報源からのデータはあまり用いていなかった。第三者と会った，または家族の相互作用を観察したと報告したのは，対象者の約半数であった。評価にかかった平均時間は，報告書の作成も含めて18.8時間であった。

Ackerman & Ackerman（1997）は，201人の心理士を対象にして，Keilin & Bloomの研究をおおむね追試した。回答者の報告では，子の監護評価に平均で約21.1時間をかけていた。1986年の調査と比較して伸びた時間は，関連書類の検討と報告書の作成に用いられていた。LaFortune & Carpenter（1998）もKeilin & Bloomの研究の追跡調査を行ったところ，研究の対象となった精神保健の専門家の89％が心理士であり，平均して評価に21.1時間をかけていた。

Bow & Quinnell（2001）は，子の監護に関して経験豊富な198人の心理士（うち96％が博士レベルの専門家であった）を対象として，自己報告による調査を行った。その結果，1994年にAPAのガイドラインが発表された後，評価を完了するのに掛かった平均時間は，24.5時間から28.5時間に増加していた。回答者のうち92％が，事務所で親と子の観察を行っていると回答した。また，78％が，少なくとも1人の参考人（例えば，小児科医，教師，友人，隣人）と面接し，91％が親のアセスメントで心理テストを用いたと報告した。Bow & Quinnellは，APAのガイドラインで重視されているように，この研究で「回答者が複数の方法を用いたデータ収集を支持していることが示された」（p.264）と結論付けた。

> **❶ 情報**
> 時の経過に伴う明確な傾向として，子の監護評価者は，一般的な司法精神保健アセスメントの原則，そして，APAのガイドラインとAFCCのスタンダードモデルを，ますます遵守しつつあることが認められる。

b. 監護評価報告書の検証

　Horvath et al.（2002）は，さまざまなタイプの精神保健の専門家による子の監護評価の報告書（その地域の裁判所から収集された）を検討した。この研究は引用されることが多いが，中西部のひとつの市のもので，対象となった心理士の数が少ない（N=24）という制約がある。これによれば，心理士の76％のみが親と子が一緒にいる場面の観察結果を記録しており，大多数は両親の双方に心理テストを行ったことを記録し，家庭訪問をしたことを記録しているものはなかった。教師に面接したと記述している心理士は少数であり，4分の1が親族と面接したと記述していた。

　23州から集めた経験豊富な博士レベルの心理士52人による子の監護評価の報告書（電子メールによる呼びかけを通じて自発的に提出されたもの）を対象に，Bow & Quinnell（2002）が同種の研究を実施したところ，82.7％の報告書が事務所で親と子の観察を行ったことを記録しており，34.6％が家庭訪問を記録し，88％が親に対して「客観的な」心理テストを行ったと記録していた。

　さらに最近では，Zelechoski（2009）が，3つの都市のエリアの精神保健の専門家72人（うち4分の3が博士レベルの心理士）による142の監護評価の報告書（家族法の弁護士から提出されたもの）をレビューした。その結果，心理士の91％が心理テストを使用（「評価対象の個人の反応様式，経歴，症状および経験を査定する」（p.30）ため）し，94％が参考人との面接をアセスメントの一部とした旨を報告書に記載していた。Zelechoskiの研究は，作成者以外の者から提出された報告書のサンプル数が最大であり，おそらくはこの領域の標準的な実務をよりよく代表しているといえることから，注目に値する。この結果からは，専門家の大多数が，Heilbrun（2001）の司法精神保健アセスメントの原則[訳註3]を遵守していることが読み取れる。Zelechoskiの研究のサンプルとなった心理士の大多数は，司法アセスメントのすべてのタイプに適用される原則に一致した実践を行っていた。

　これら3つの研究は，心理士が評価で行っていると述べることと，現実に記録されたことに食い違いがあることを示しているが，その相違のいくつかは，

訳註3　Heilbrun（2001）は，準備，情報収集，データの解釈，伝達の4領域について，29項目（「司法的問題を同定する」，「複数の情報源を用いる」，「法に関連する行動を査定する」，「臨床的状態と機能的能力の因果関係を査定する際に，科学的推論を用いる」，「専門用語を避け，平易な言葉を用いる」など）の原則を提示しており，これは本シリーズの第一巻「司法精神保健アセスメントの基礎」（Foundations of Forensic Mental Health Assessment）pp.97-117でも取り上げられている。

研究が行われた時期，用いられた監護評価の具体的方法，データの収集方法（自発的なものかそうではないものか）の違いによると考えられる。また，Bow & Quinnell と Zelechoski の研究が，Horvath et al. の研究の2倍以上の数の報告書を対象としたように，所見の信頼性はサンプルの大きさの影響を受ける。さまざまなアセスメント方法の使用という点でも自己報告と実際の実践の間に相違がみられたが，時の経過に伴う明確な傾向として，一般的な司法精神保健のアセスメントの原則，APA のガイドライン，AFCC のスタンダードモデルがますます遵守されつつあることが認められる。

(2) データの情報源

上記の研究は，子の監護評価者が両親や子との面接以外の情報源からどの程度まで情報を得るかという点でも参考になる。さまざまな情報源から情報を得ることは，現在の子の監護に関するガイドライン（AACAP, 1997a; AFCC, 2007; APA, 2009）で強く推奨されている。その理由の一つは，子の監護の事件では，評価される側が自己報告する情報に頼るだけでは不十分であることである。クライエントは，通常，対審的な訴訟プロセスにおいて，裁判所の命令を受けて子の監護評価を受けている。重要なもの（すなわち，子の監護）を賭けて争いが継続している中で，このような状況自体に備わる要求特性（demand characteristics）^{訳註4}（Nichols & Maner, 2008）により，親が好ましいペルソナ，すなわち「偽物のよさ」（Medoff, 2003）を表し，そして反対に，他方の親の否定的な特徴を強調しようという気になる可能性もある。加えて，両親のどちらからも保護され，両親のどちらにも忠誠でありたいという，子の自然で理解可能な願いは，子の説明の価値を限られたものにする。このようなゆがみを生じる力動が存在するため，評価者は，情報を収集するに当たって複数の方法を用いるべきだということが共通認識となっている。以下は，その方法や使用頻度に関するデータである。

a. 親－子の観察

両親と子に面接するほかに推奨されている情報収集の方法には，両親と子の直接的な相互作用を家

> **♣ 最善の実践**
> 現在の子の監護に関するガイドラインでは，両親と子との面接だけに頼るのではなく，さまざまな情報源から情報を得る必要があることが共通に認識されている。

訳註4 被験者が状況の手掛かりや刺激，その他の情報から，調査実施者の要求に沿った回答をしようとして，結果にバイアスが生ずることを指す。

庭や事務所で観察することがあり（Hynan, 2003），その際には可能であれば構造化された課題も用いることとされている（Rohrbaugh, 2008; Schutz et al., 1989）。このアセスメントの方法は発展しつつある。最初のAPAのガイドライン（APA, 1994）が刊行される前は，自己報告の対象となった心理士のうち68％が親と子の観察を行っていた（Keilin & Bloom, 1986）が，ガイドラインが刊行された後の研究では91％に上昇した（Bow & Quinnell, 2001）。報告書の検証から比較すると，Horvath et al.（2002）によれば，検証対象となった報告書のうち60％から62％が親－子の観察を記録しており，同年に刊行されたBow & Quinnell（2002）では心理士の84.6％が親－子の観察を報告書に記録していた。

b. 家庭訪問

この方法は，それぞれの親の住宅で行われれば，より自然な状況設定となるという利点があり，子の家庭での生活がどのように構成されるかを垣間見ることもできる。時期と情報源の異なる研究においてもデータはおおむね一致しており，1994年にAPAのガイドラインが刊行される前は，心理士の約30％が家庭訪問を行っていると報告（Keilin & Bloom, 1986）され，ガイドラインが刊行された後は心理士の33％がこの方法を用いたと報告されている（Bow & Quinnell, 2001）。報告書の検証からは，Horvath et al.（2002）では，ソーシャルワーカーや裁判所の調査官の32％から39％が家庭訪問を実施していたが，心理士で家庭訪問を報告書に記録したものはいなかった。一方で，Bow & Quinnell（2002）によれば，調査対象の心理士の34.6％が家庭訪問を実施したことを記録していた。

c. 参考人からの情報

上述のように，両親や子から得られたデータを確認または反証するため，より独立した外部の情報源から情報収集することが，子の監護評価に必須であるという共通認識がある。こうした情報に与えられる重みは，情報提供者の中立性の程度次第である（Austin, 2002）。評価者の大部分は，電話でまたは直接に参考人と面接しているが，質問書を送付して，それに記載したものを返送してもらう者もいる（Kirkland, McMillan, & Kirkland, 2005）。Keilin & Bloom（1986）の研究では，心理士の約49％のみが参考人と面接したことを報告したが，その16年後のBow & Quinnell（2002）では，調査対象の心理士の86％が専門家（例えば，セラピストや教師）と面接したことを報告した。さらに最近の研究であるKirkland et al.（2005）では，AFCC会員を対象とした回答者（大部分は心理

士）の100％が，参考人と面接したことを報告した。評価者が実際に何をしているかを明らかにするために行った報告書の検証では，記録の94％以上が情報を参考人から得たことを報告した（Zelechoski, 2009）が，以前の検証（Bow & Quinnell, 2002; Horvath et al., 2002）ではこれを実践していたものはより少なかった。

d. 記録の調査

他の情報源として，関連記録の調査がある。この点について，研究のデータを比較することは困難である。Bow & Quinnell（2001）の研究では，心理士の98％が記録を調査したことを自己報告しているが，他の研究は，どのような問題に関する記録（例えば，医療，学校）かで違いがあることを示している。心理士が作成した報告書を検討したBow & Quinnell（2002）の研究では，記録の調査に言及しているのは78.8％であり，自己報告によるものよりも約20％少なかった。

このように，1988年から2009年までのデータからは，司法精神保健のアセスメントにおいて，さまざまな方法を用い，複数の情報源を基盤としたモデルが発展しつつあることが読み取れる（Gould & Martindale, 2007; Heilbrun et al., 2009）。実際の報告書を検討した結果からは，自己報告と報告書に記録された方法の間には差があることがうかがわれるが，サンプル数が多く地理的にも広範な専門家を対象にしている2つの研究では，司法精神保健のアセスメントの目標により近づき，より遵守されていることが示されている。

e. 心理テスト[訳註5]

複数の調査研究の結果によると，子の監護評価において，大人に関する追加的な情報源として心理テストを使用することがこの20年間で増加している。心理士がミネソタ多面人格目録（MMPIおよびMMPI-2）を評価で使用する割合は，Keilin & Bloom（1986）の研究では約61％であったが，同様の研究を行ったAckerman & Ackerman（1997）では約84％に増加した（Hagan & Castagna, 2001）。Quinnell & Bow（2001）は，心理士は評価の約91％で親に対し何らかのテストを行っていると述べ，一方，Ackerman & Ackerman（1997）は心理士のサンプルのうち心理テストを使用していないと回答したのは2％だけだと述べている。

訳註5 本書で触れられている心理テストの英文表記等は，巻末の「テストおよび子の監護に特化したアセスメントツール」参照。

表 3.1　人格検査の使用割合の推移

	Keilin & Bloom (1986)	Ackerman & Ackerman (1997)	Quinnell & Bow (2001)
ミネソタ多面人格目録-2（MMPI-2）	61%	84%	91%
ロールシャッハテスト	31%	16%	28%
絵画統覚検査（TAT）	15%	25%	13%
ミロン臨床多軸目録Ⅱ／Ⅲ（MCMI-Ⅱ/Ⅲ）		25%	39%

　心理士が親に対して人格検査を用いる割合は，表 3.1 に示すように，年月の経過に伴って変化している。このデータは，(a) 対象者の中で特定のテストを使用していると回答した者のパーセンテージに (b) 評価においてそのテストを用いる割合の平均的なパーセンテージを乗じたものである（Hagan & Castagna, 2001）。例えば，Quinnell & Bow（2001）の研究では，回答者の 44% が，平均して 64% の事件でロールシャッハテストを用いている[訳註6]と報告している。

　ロールシャッハテストの使用割合は，1986 年の調査から減少したが，2001 年には報告された評価の約 28% に再び増加している。絵画統覚検査（TAT）の使用割合は，表 3.1 に見られるように異なったパターンを示しているが，アセスメントの約 8 分の 1 に減少している。反対に，ミロン臨床多軸目録（MCMI-Ⅱ/Ⅲ）（Millon, 1987, 1997）の使用割合は，年月の経過に伴って増加し，監護のアセスメントにおいて 2 番目に頻繁に施行されるものとなった。

　また，心理士は監護紛争において子に対しても心理テストを用い，これも表 3.2 に示したように年月の経過に伴って変化している。

　最も新しい調査研究（Quinnell & Bow, 2001）からは，すべての評価の 3 分の 1 以上用いられている方法はないことが明らかになった。しかし，さまざまな「投影的」な描画法（例えば，家屋－樹木－人物画法テスト（HTPテスト）／動的家族画（KFD））といった

> **ⓘ 情報**
> 時間の経過に伴い，さまざまな方法を用い，複数の情報源を基盤とする司法精神保健アセスメントのモデルが発展してきており，それには大人に対する心理テストの使用も含まれている。

訳註 6　44% × 64% = 28% と計算されたものが表 3.1 に掲載されている。

表 3.2 子に対する心理テストの使用割合の推移

テスト	使用割合 Keilin & Bloom (1986)	Ackerman & Ackerman (1997)	Quinnell & Bow (2001)
家族画／動的家族画（KFD）	8.5%	15.6%	34.2%
家屋－樹木－人物画法テスト（HTPテスト）	8.3%	14.4%	20.3%
人物画	15.8%	n/a	24.7%
ロールシャッハテスト	22.6%	12.9%	14.7%
絵画統覚検査／幼児・児童用絵画統覚検査（TAT/CAT）	29.2%	19.6%	16.8%
ミネソタ多面人格目録－青年版（MMPI-A）	n/a	9.8%	18.1%
ミロン青年臨床目録（MACI）	n/a	4.5%	7.6%
文章完成法（SCT）	21.9%	22.0%	8.5%
ロバーツ統覚テスト	10.7%	6.9%	4.8%

特定のテストは，より一般的に用いられるものになりつつある。これらのテストは標準化されておらず，スコアリングと解釈は非常に主観的であり，科学的な根拠が不足しており，おそらくDaubert基準による審査[訳註7]を通過することはできない（Medoff, 2003）が，この研究ではテストの具体的な使用方法に言及されていないため，それらを施行した心理士が正式な体系に従ってスコアしたか，仮説形成のためにそれらを用いたか，また，臨床面接からの情報の参考としてそれらを用いたかは不明である。1986年から2001年までは，評価者の自己報告において，ミネソタ多面人格目録－青年版（MMPI-A）とミロン青年臨床目録（MACI）（Millon, Millon, Davis, & Grossman 2007）のような「客観的」なテストの使用が増えている。一方，ロールシャッハテストは，第一と第二の調査の間に減少し，そして最後の調査ではわずかに増加するという，U字曲線の軌道を描いている。Quinnell & Bow（2001）の調査研究では，人格査定目録（PAI）（Morey, 1991a）について言及されていないが，この目録は，「客観的」で人格と精神病理に関する多数の尺度があり，子の監護評価での使用が増加してい

訳註7 本書 p.171 参照。

るとみられる（Medoff, 2003; Mullen & Edens, 2008）。そして，他の司法の場面でも，大人のアセスメントとして MMPI-2 の次に最もよく用いられている（Archer, Buffington-Vollum, Stredny, & Handel, 2006）。初期の調査では，児童および青年に対する知能検査がおおむね 3 分の 1 から 4 分の 1 の事件で行われていたが，最近の調査では約 15％に減少した（Quinnell & Bow, 2001）。最後に，両親や世話をしている他の人（例えば，教師）に児童／青年の行動に関する評価尺度を記入させることは，これらの評価において一般的なものとなり，最後の調査では，約 21％でアッケンバック子どもの行動チェックリスト（CBCL）（Achenbach, 2001）が，約 11％でコナーズ包括的評価尺度（Conners CBRS）（Conners, 1997）が用いられている。

　心理士が心理学的なアセスメントとして何を行っているかを明らかにするために，報告書を調査した研究もある。Horvath et al. (2002) は，少数の報告書のサンプルから，親に対しては心理士の 71.4％が，子に対しては心理士の 47.6％が心理テストを施行していることを見出した。Bow & Quinnell (2002) は，心理士が，両親に対する心理テストの使用を報告書に記したのは約 84.6％であり，子に対するものは 22％未満であったと報告している。一方，Zelechoski (2009) は，心理士の約 91％が大人に対する客観的な人格テストの使用を報告書に記したと述べている。後者の 2 つの研究は多くのサンプルを有し，心理士による自己報告と，終了した評価の検討との間で，テストの使用についてはその結果がほぼ一致していることを示している。

　子の監護評価において正式な心理アセスメントを行う価値について，特に人格テストの領域においては，議論が続いている。論者の中には，例えば，養育能力や子の監護の予後を人格テストが予測するということに関しては，信頼性や妥当性を示す研究はほとんど存在しないと述べる者もいる（Emery, Otto, & O'Donahue, 2005; Erickson, Lilienfield, & Vitacco, 2007; Melton et al., 2007; O'Donahue & Bradley, 1999）。しかし，他の論者（例えば，Caldwell, 2005; Erard, 2005）は，適切な心理測定法上の特質を有するもの（例えば，MMPI-2，ロールシャッハテスト），反応様式を測定するもの，有用なレビューがなされた研究の蓄積があるもの，親と子の機能的な能力を記述するための妥当な情報が得られるもの，精神病理について説明をするものについては，有用であると主張している（Caldwell, 2005; Erard, 2005; Medoff, 2003）。例えば，ロールシャッハテストからは，とりわけ養育能力に関連が深い，対人関係上の鋭敏性，衝動や情動の制御，対処の

戦略，自己や他者への関心のバランスといった人格の構成要素について，情報を得ることができる。(Medoff, 2003, Otto & Collins, 1995; Otto&Edens, 2003)。

これらの心理テストは，被験者に関する仮説形成のもととして利用することもでき，アセスメントを構成する他の要素から，その仮説の傍証を得られる可能性がある。さらに，特定の心理テスト（例えば，MMPI-2やロールシャッハテスト）は，多くの典型的な医療上の診断テストと同様に妥当性と信頼性があり（Medoff, 2003; Meyer & Archer, 2001），ロールシャッハテストはほかのテストにある自己報告による反応歪曲を防ぐことができるという長所もある（Erard, 2005）。さらに，MMPI-2は，親の反応を比較できるように，監護権の訴訟という固有の状況における標準的なデータを有しており（Bathurst, Gottfried, & Gottfried, 1997; Caldwell, 2005で報告されたGreeneの未刊行のデータ），MCMI-Ⅲも同様である（McCann et al., 2001）。MCMI-Ⅲの両性を含んだ新たな標準データは，McCann et al. (2001) のデータを時代遅れのものとしたが，まだ検証されていない（Ackerman, 2010）。上記のように，人格査定目録（PAI）（Morey, 1991b）は，両親の査定に有用であり，質問が少なく（344項目），しっかりした研究に基づいており，そして尺度に重複がないという長所もある（Cox, Thorpe, & Dawson, 2007）。なお，最近のMMPI-2の改訂版，すなわちミネソタ多面人格目録－2再構成版（MMPI-2-RF）は，MMPI-2のもともとの数多い項目を部分的に統合して338項目としている（Tellegen et al., 2003）。この改訂の目的は，MMPI-2の項目が重複している，すなわち，同じ項目が2つ以上の尺度に含まれているという批判に対応することである（Ackerman, 2010）。これらの方法の子の監護評価における妥当性がより確実なものとなるには，より多くの実証的な裏付けが必要である（Ackerman, 2010; Ben Porath & Flens, 2010）。裁判官と弁護士に対する調査結果からは，心理士が司法評価を行う場合，心理テストの使用が強く期待されていることがわかる（Ackerman, Ackerman, Steffen, & Kelley-Poulos, 2004; Ackerman & Steffen, 2001）。心理テストを施行していない場合，心理士である評価者は，施行しなかった理由を説明する必要があるかもしれない。

> ⚠ **留意点**
> 子の監護評価，特に人格テストの領域においては，心理テストの価値をめぐる議論が続いている。しかし，裁判官と弁護士に対する調査結果では，心理士が司法評価を行う場合には心理テストを用いることが強く期待されている。

f. 子の監護に特化したアセスメントツール

司法アセスメントのほぼすべての領域で，司法上の質問事項に特有の情報を

得るため，専門的な測定法が開発されている。子の監護評価の領域も例外ではない。しかし，それらの使用をめぐっては，司法領域における人格アセスメントと同様に議論がある。Otto & Edens（2003）は，これらのツールについての研究の最新のレビューであり，以下ではこのレビューから，これらのツールのいくつか，すなわち監護者評価のためのアッカーマン−ショーエンドルフ尺度（ASPECT），ブリックリンによる尺度，育児ストレスインデックス（PSI），そして親子関係診断検査（PCRI）について要約する。

ASPECT は，面接，（子と大人への）テスト，そして観察を含む「複数の情報源からデータを集めた総合的尺度」である（Otto & Edens, 2003）。両親は，養育と監護について 57 の自由記述形式の質問に答える。構造化された面接，構造化されていない観察，養育に関する質問に対する回答，構造化されたテスト（例えば，ウェクスラー成人知能検査Ⅳ（WAIS-Ⅳ））と構造化されていないテスト（例えば，家族画）といった複数の情報源に基づく情報のスコアリングは，56 の yes/no の項目を通して処理され，その総計は養育の 3 つの側面とひとつの総合的な指標，すなわち親の監護指数（Parental Custody Index（PCI））に整理される。Otto & Edens（2003）およびその後の Connell（2005）は，スコアリングの際に構造化された方法と構造化されていない方法を組み合わせること，データ収集そのものの信頼性，再テストに関する統計が欠けていること，基準となる標準化データの母集団の問題というような基本的な問題について疑問を示し，ASPECT はデータの多様な情報源をまとめる点では重要な取り組みだが，司法で用いることが正当化されるにはより多くの研究が必要だと述べている。さらに，単一の PCI の指数を，複雑な監護の決定の基礎におくことができるかどうかについても，疑問を示している（これに対する開発者の見解は，Ackerman, 2005 を参照）。

ブリックリン知覚尺度（BPS）（Bricklin, 1990a）は，親の能力，協力的であること，フォローアップの一貫性，賞賛に値する特性の保有というような，養育行動に関する子の知覚を投影的に測定するものであるとされている（Otto & Edens, 2003）。子は，それぞれの親の具体的な行動に関する 32 の質問（全部で 64 項目）に対し，紙の上に描かれた黒い線を尖った棒で突いて穴を開けて回答する。その質問の行動を親がどのように実行しているかについて，線の一方の端は「とてもよい」を表し，他方は「それほどよくない」を示している。Bricklin は，子の選択は「無意識的な好み」を反映していると仮定し，子が親

について述べたことなどの自己報告による測定法よりも優れた尺度であると主張している。すなわち，理論上，子の選択は，その行動が子にとって持つ意味を示すと仮定されている。テストの結果は，養育の4つの領域のそれぞれにおいて，それぞれ対になった項目（すなわち，母対父）の個々の得点を合計することによって採点される。このツールに対するレビューでは，質問による刺激が子の選択に反映されるという心理学的な過程に関する前提が検証され証明されていないこと，サンプルの規模が小さいこと，解釈の基準となる標準的なサンプルが欠けていること，信頼性／妥当性のデータが不十分であること，査読（ピアレビュー）付きジャーナルでの発表が欠けていることが指摘されている。マニュアルに記されているデータは，子の監護評価において家族の臨床像とそのテストの結果をどのように比較したかについて，さまざまな心理士がBricklinに報告したものである（Otto & Edens, 2003）。Melton et al.（2007）は，このツールについて，子の養育に関する「両親の態度，知識，価値観に関する有益な反応を収集する役に立つであろう」と指摘しているが，アセスメントの過程で正式なスコアリングの手順を用いることは避けるよう注意喚起している。

親の認識スキルの検査（PASS）（Bricklin, 1990b）は，「子の世話に際してよくある状況への反応として親が抱く認識の強みと弱みを明らかにするために設計された」（Bricklin, 1995, p.88）ものである。このツールでは，子の世話に関する18の異なる問題に対して何を言い，何をするかを，口頭で報告することを親に求める。スコアリングは，はじめに最初の親の反応を評価し，次に「穏やかで非指示的」な質問に対する回答を，そして最後により「指示的」な質問に対する応答を査定する。Otto & Edens（2003）は，このテストは養育上よくある事項を評価するものではあるが，標準化されていないと述べている。一般的なスコアリングの手引はあるが，評価者に「親の反応の適切さの最終的な判断」を行う裁量があり（Bricklin, 1995, p.90），そのため，スコアリングに主観的な要素が入り込んでしまう。Bricklinは信頼性についてのデータを報告しておらず，標準データも示されていないため，親の得点を対照となる何らかの集団と比較することはできない。そのため，Otto & Edens（2003）は，このテストは「大まかな意味での潜在的な強みや弱みを明らかにすることが可能かもしれない」が，半構造化面接の一部として使用することに限定されるべきものだと警告している。このような使用法であれば，得られたデータを評価で得た他の情報と統合することが許容されるであろう。

ブリックリン関係知覚テスト（PORT）は，4歳以上の子の評価で使用されることが想定されている（Bricklin, 1989）。このテストでは，7つの異なった場面において，子自身を含め，個々のまたはすべての家族のメンバーを絵に描くことを子に求める。Bricklinによれば，このテストは「情報を踏まえた子の監護の決定を支援するために開発された，データに基づいた投影テスト」だという（Bricklin, 1995, pp.80-81）。評価基準としては，描かれた子と親の絵の間隔を測ることなどがあり，この間隔が，「さまざまな状況において，子がそれぞれの親との心理的な『近さ』をどの程度求めているか」を反映するとされている（Bricklin, 1995, p.80）。このツールに関する批評はBPSに対するものとそっくり同じであり，理論的な根拠が十分に説明されていないこと，施行とスコアリングの手順が標準化されていないこと，スコアリングの評価者間信頼性のデータが提示されていないこと，標準的なデータが欠けていることが指摘されている。また，再テストの信頼性を示すデータもないが，Bricklin（1989）は，このテストは状況や知覚の変化に反応するものであり，再テストの信頼性は無意味であると主張している。最後に，Otto & Edens（2003）は，テストの妥当性に関する問題があるため，司法評価における使用は不適切であると示唆している。要約すると，ブリックリンの尺度を子の監護評価において心理テストとして用いることへの実証的な支持はほとんどない。ただし，面接データ，そして子や家族に関する仮説の源としては，いくらか有用かもしれない。

g. 育児ストレスインデックス（PSI）

　もともと監護の決定のために特別に発展したものではないが，養育を査定する上で有益なデータが得られるツールが2つある。ひとつは，育児ストレスインデックス（PSI）（Abidin, 1995）であり，これは，12歳未満の子を持つ親のストレスの種類と程度を査定するために開発された。Abidinの考えは，育児ストレスは，子の特性（例えば，気分，活動レベル），親の特性（例えば，抑うつ，夫婦問題），育児とは独立した大人の生活における重要なストレス要因（例えば，愛する人の死，失職，転居）の3つに由来するというものである。自己報告によるテストであるが，反応様式を測定する尺度もある。このテストの開発において，質問項目の大部分は，少なくともひとつの調査研究に基づいて選択されたという。PSIは，標準化のための十分に多様なサンプルとして2,600人以上の母を用いたが，就学前の子をもつ父のサンプルは少なく（200人），そのほとんどは白人であった。このテストが，標準化のサンプルに父の集団をより多く含

め，標準化が再度なされれば，親の反応の比較はより妥当性のあるものになるであろう（Austin, Kirkpatrick, & Flens, 2010）。このテストに関する更なる情報は，Abidin, Flens, & Austin（2006）を参照されたい。

Otto & Edens（2003）によれば，PSI の開発過程は，現在使用されている他の多くのテストの開発過程よりも優れている。Rohrbaugh（2008）は，PSI は 200 以上の刊行された研究で用いられており，3 週間以上の間隔をあけた再テストで良好な信頼性（0.55-0.95）が示されたと述べている。このツールは，養育に関する（そして，子の認知に関する）情報源の一つになり得るものであり，親－子の適合性に関する仮説を形成するため，または，子についての認識や親子関係から生じるストレスについて親を比較するために用いることができる可能性がある。

11 歳以上の子を持つ両親には，PSI を年上の方に拡張した，青年期の子を持つ親の育児ストレスインデックス（Sheras, Abidin, & Konold, 1998）がある。レビューによれば，このツールは援助を必要とする親をスクリーニングする道具としては有望であるが，実証的な裏付けがより必要であるため，注意して使用すべきである。

h. 親子関係診断検査（PCRI）

2 番目のツールは，親子関係診断検査（PCRI）（Gerard, 1994）である。これは，養育や子への態度を 7 つの領域（支援，養育への満足感，参加，コミュニケーション，しつけ，自主性，役割の方向付け）で測定する自己報告式の検査である（Rohrbaugh, 2008）。心理測定学的には，「自主性」尺度の内的一貫性は認められないと考えられている（Coffman, Guerin, & Gottfried, 2006）。妥当性の尺度は 2 つあり，ひとつは社会的な望ましさの尺度，もうひとつは同じような内容の質問に対する親の反応の一貫性の尺度である。PCRI の再テストの信頼性は，5 カ月後で 0.44 から 0.71 の間である（Rohrbaugh, 2008）。Otto & Edens（2003）は，このツールには予見的妥当性に関する研究が不足していると述べている。したがって，一方の親の得点が他方の親を上回っても，その親による養育が子にとって発達的により良い結果をもたらすとは判断できない。別の研究では，母による報告と青年期の子の報告は，父と

> **⚠ 留意点**
> ブリックリンによる監護評価に特化したさまざまなテストの正式な使用は，妥当性が不十分であり正当化できないが，面接の補助として臨床的な役に立つ可能性はある。PSI は，より良い方法でテストが構成されており，監護に関するツールとして有望である。

表 3.3 （1）子の監護に特化した方法，（2）子の監護に関連した方法の使用割合

(1) 子の監護に特化した方法	Ackerman & Ackerman (1997)	Quinnell & Bow (2001)
監護者評価のためのアッカーマン－ショーエンドルフ尺度（ASPECT）	10%	12%
ブリックリン知覚尺度（BPS）	23%	17%
ブリックリン親の認識スキルの検査（PASS）	7.5%	12%
ブリックリン関係知覚テスト（PORT）	n/a	n/a
(2) 子の監護に関連した方法		
親子関係診断検査（PCRI）	8.0%	31.7%
育児ストレスインデックス（PSI）	3.5%	27.5%

データは，そのテストを使用すると回答した者の割合に，その回答者が行う評価のうちそのテストを施行する平均的割合の概算を乗じたものである（例えば，BPS では，心理士の 28% が平均して評価全体の 63% で用いていると報告したため，結果としてその使用はすべての評価の 17% で使用されていることとなる（Quinnell & Bow, 2001）。

青年期の子よりもより相似しており，妥当性があるのは母による報告のみであることが示唆されている（Coffman et al., 2006）。しかし，父による報告に妥当性が不足していることを理由に，Coffman, et al.（2006）は，「PCRI について現在ある実証的な知見では，いまだ，心理士が臨床的または法的な領域において勧告を形成するために PCRI が役に立つとは言えない」（p.214）と結論している。さらに，母による報告と父による報告の妥当性が異なっているため，少なくとも性別の異なる両親においては，同じ子について一方の親の得点と他方の親の得点を比較することは不適切である。

　子の監護評価者の，これら子の監護に特化した司法アセスメントのツールおよびその他の2つのテストの使用状況について，報告している調査研究がある。表 3.3 にみられるように，監護に特化したアセスメントのツールで最もよく用いられるのが BPS であるが，最近の調査では評価の 6 分の 1 未満でしか使用されておらず，ブリックリンによる他のツールも，8 分の 1 未満でしか使用されていない。この調査のデータは，こうしたツールがどのように使われているか，すなわち，主に情報を収集するための臨床的なツールとしてか，それとも正式な司法アセスメントの尺度としてかは示していない。しかし，PSI と PCRI に関して，表 3.3 に示した Quinnell & Bow（2001）のデータでは，1997 年の調査に比べて，PCRI の使用が 4 倍に増加し，PSI の使用が 8 倍に増加し

たことが注目される。

　まとめると，ブリックリンのツールやASPECTなど，現在利用可能な子の監護に特化したアセスメントツールは，心理測定学上の課題があり，子の監護評価ではそれらに頼るべきではないというのが研究者の共通認識である。これらは，両親や子に関する情報を引き出す臨床的な方法としては有用かもしれないが，正式に採点して使用するべきではない。養育に関する検査，特にPCRIとPSIは，良好な心理測定学上の特性を有しており，子の監護評価においてこれらの使用は増加している。

11 ｜ まとめ

　本章では，子の監護評価と密接に関連する領域やその実務について，増え続ける知識体系を概観した。離婚事件における両親と子についての研究は，どのような種類の情報を収集するか，それをどのように解釈するかを判断するために重要である。現在の実践に関する研究からは，年月の経過に伴って，子の監護評価を行う者が複数の情報源を用いるようになり，標準化された方法を用いて評価の信頼性を高め，司法精神保健アセスメントの原理をより遵守するようになっていることがわかる。次章からは，いよいよ子の監護評価の過程を取り上げ，評価の準備からはじめ，情報の収集，裁判所に報告するためのデータの解釈に話を進めていきたい。

適用
Application

| 第 **4** 章 |

評価の準備
Preparation for the Evaluation

　子の監護評価は，家族のメンバーが評価者の事務所に到着するずっと前から始まっている。臨床的／倫理的に誤ったことをしないためには，子の監護評価を開始する際の状況に注意を払うことが欠かせない。この章では，以下の2つの主要な問題を検討する。(1) 子の監護評価を行う適格性はいつ得られるか，(2) アセスメントが進行してからの困難を避けるため，起こり得る問題を開始前にどのように認識するか。

1 ｜ 子の監護評価を行う適格性

　子の監護評価者は，高度な専門的知識を必要とする。子の臨床の専門的知識または司法の専門的知識の一方だけでは，精神保健の専門家が子の監護評価を行うことはできず，その双方の専門的知識を有する必要がある。さらに，少年非行の事件の司法評価を行う適格性があっても，監護の事件ではその適格性があるとは限らない。ここでは，精神保健の専門家が，子の監護評価の依頼を受ける適格性があるかどうかを判断する際に，検討するべきことについて説明する。これらの検討事項は，臨床，法，そして倫理に関する専門的な知識と技術に関係している。

(1) 専門的な臨床知識と技術

　子の監護評価を引き受ける精神保健の専門家は，まず，**児童および青年の精神医学あるいは心理学のしっかりした臨床的経験を持ち，学術的な訓練を受**

⚠️ **留意点**
臨床的，または倫理的な誤りを避けるために，子の監護評価を開始する際の状況に注意を払いなさい。

けているべきである。子の監護評価は，本質的に，子の発達に懸念があるからこそ実施される。そのため，臨床家の子に関する経験や訓練は，子の発達，人格，精神病理学のすべての側面にわたる幅広いものである必要がある。子の発達とその多様性，そして関連する心理テストを含むアセスメントの方法論に関する理論と研究は，この仕事を行うにあたって必要な基礎知識である。しかし，知識に加えて専門的な技術，例えば，結果に偏りを与えないような児童および青年との面接方法，親－子の相互作用において観察すべきものの理解，乳幼児を査定する方法の理解といった専門的な技術も，評価者は身につけている必要がある。子の発達と子の臨床に関する専門性は，基本的なもので，疑う余地のない必要条件のように思われるかもしれない。しかし，このことは，子に関する訓練や経験を有する司法臨床家がとても少ないことを踏まえると，ほとんどの司法精神保健の専門家は子の監護評価の依頼を受けるべきではないということを意味しており，重要な意味がある。より具体的に言えば，司法精神保健の専門家であっても，適切な訓練を受けた発達年齢の事件についてのみ，子の監護評価の依頼を受けるべきである。「児童」を専門とする司法評価者の一部は，乳児／幼児の発達に関する知識を有しないため，非常に幼い子をめぐる事件の依頼を断わる。また，「大人」を対象とする司法精神保健の専門家のうち，青年のアセスメントの訓練を受けた者は，年長の子のいる事件の子の監護評価を引き受ける。

しかし，子の監護評価者は，単に専門分化した子の心理士，精神科医，ソーシャルワーカーではない。あらゆる子の監護評価で，大人のアセスメントを行う必要があり，**大人の人格と精神病理学に関連した理論とアセスメントの方法について一通りの知識**も必要である。子の監護の事件では，大部分の親は精神障害を有していないが，精神障害を有している場合は，臨床家は大人の精神障害に関する診断，予後，治療に関する適切な知識を持っていなければならない。子の監護評価は大人のアセスメントを含んでいるため，大人のアセスメントに関する知識と経験は必須のものである。

加えて，子の監護評価者は，**監護評価をまとめる**

👍 最善の実践

精神保健の専門家は，子の監護評価を引き受けるため，児童および青年の精神医学あるいは心理学のしっかりした臨床的経験を持ち，学術的な訓練を受けていなければならない。このことは，子に関する訓練や経験を有する者がとても少ないため，ほとんどの司法精神保健の専門家は依頼を受けるべきではないことを意味する。そして子に関する経験を有する者でも，適切な訓練と経験を有する発達年齢についてのみ，子の監護評価の依頼を引き受けるべきである。

にあたって重要な役割を果たす，いくつかの特殊な領域の研究について，臨床的な知識と経験を有さなければならない。それらの中には，養育実践，新しい生活スタイル，混合家族（blended family）^{訳註1}などの家族力動に関する理論的知識と研究（例えば，Baumrind, 1967; Condie, 2003; Minuchin, 1974; Nichols, 2010; Patterson, 2006），ドメスティックバイオレンスに関する研究（例えば，Ellis & Stuckless, 1996; Jaffee, Baker, & Cunningham, 2004; Kelly & Johnson, 2008），家族内の文化的・民族的な相違に関する研究（例えば，Elwyn, Tseng, & Matthews, 2010; McGoldrick, Giordano, & Garcia-Preto, 2005），そして，当然ではあるが，離婚が子に与える影響に関する研究（例えば，Emery, 2004; Hetherington & Kelly, 2002; Kelly, 2000; Wallerstein & Blakeslee, 1989）がある。

> **最善の実践**
>
> 子の監護評価は，子と同様に大人のアセスメントを含んでおり，精神保健の専門家は，大人のアセスメントの知識と経験も必要である。さらに，養育実践・新しい生活スタイルと混合家族をはじめとする家族力動，ドメスティックバイオレンス，家族内の文化的・民族的な相違，離婚が子に与える影響といった臨床的知識と経験を有さなければならない。

（2）法律，法的過程，標準的実践に関する専門知識

臨床家が子の監護評価の依頼を引き受けた場合，子の監護の決定を律するその州の法律，決定に至る法的な（裁判所の）手続，子の監護評価者の評価を律する法的規則と標準的実践を知っていると自認したこととなる。家族法は今も変化している領域であり，司法精神保健の専門家はそれに遅れをとらないようにしなければならない。不適切または誤った法的情報のリスクは，複数ある。経済的，感情的に多大な消耗をもたらす大がかりな監護評価の結果であっても，子の監護評価者が，その事件に適用される法的基準とルール，または司法区の法的基準とルールに適切に対応していなければ，裁判所が採用しない可能性がある。子の監護の決定を律する法律は州ごとに異なるため，新たに「本拠地」以外の司法区で事件を担当する子の監護評価者は，その事件が審理される司法区の法律を調査しなければならないことにも注意すべきである。

> **留意点**
>
> 事件特有の法的基準とルール，または司法区の法的基準とルールに適切に対応していなければ，裁判所は大がかりな評価の結果を採用しない可能性がある。その評価が求められた司法区における評価のルールと実践を把握しなさい。

訳註1 連れ子を持つ親同士が再婚し，新たに子どもをもうけることによってできる家族などのこと。

第一に，子の監護評価者は，**その司法区において子の監護の事件を律する法律**を知らなければならない。これらの法律は，子の監護の決定を行うために裁判所が用いる基準を定義するが，それにとどまるものではない。それらは，監護の事件を申し立てる過程，裁判が進む中で従うべき手順と手続，当事者の権利と義務，証拠に関するルール，そしてその間におけるさまざまな関係者の役割を記述している。例えば，いくつかの州では，裁判所が主に弁護士の中から任命する訴訟後見人（GAL）が，関連する問題を調査する責任がある。他の例では，子が法的代理人を付けることがあり得る。州の法律が，子の監護評価者がどのようにあるべきか，子の監護評価で何を報告するかに影響する場合もある。例えば，州の制定法が，婚姻と離婚に関する統一州法（UMDA, §402, 1970）を基にした考慮すべき要素のリストを採用していれば，その司法区における評価の構造の一部がそれによって規定されるであろう。いくつかの裁判所では，裁判官自身が評価すべき要素のリストを作成し，子の監護評価ではこれらの要素に関する情報を必要としているということを，その地域の評価者に伝えている。他の郡や州では，裁判所に任命されることを望む子の監護評価者のため，具体的な実践基準を作成している。評価者は，その評価が求められている司法区のルールと実践を理解しない限り，子の監護評価を受け持つべきではない。

　第二に，自分の関わる**裁判所がどのように動いているか**を理解する必要がある。司法区における制定法や運営上のルールは，裁判所が何をすべきかを記述しているが，それらは裁判所が機能する方法のごく一般的な地図を提供しているだけである。第5～7章において，複雑な子の監護の手続の中でなんとか前進していくために，法律以外に知っておくべきいくつかの事柄を記述するが，子の監護の事件の実務上の手順は，郡および州によってさまざまであるため，これらの記述は部分的に役立つにすぎない。

　最後に，子の監護評価の依頼を引き受ける臨床家は，法的手続の中で**子の監護評価を行って証拠として受け入れられるための指針と制限を示す，標準的な実践**を理解しなければならない（例えば，California Rules of Court §5. 220-5. 235; Massachusetts Probate and Family Court Standing Order 1-08）。過去約10年間で子の監護評価はより統一的となり，実践の最低限の基準について，この領域での共通認識が持たれるようになった（Kirkpatrick,

> **最善の実践**
>
> 子の監護評価者として，専門家組織が作成した子の監護のガイドラインや実践指標を心得ておき，裁判所がどのように動いているかを把握しなさい。

2004)。評価者は，専門組織が作成した子の監護のガイドラインや指標（AACAP, 1997a; APA, 2009; AFCC, 2007）を心得ておくことが必須である。

(3) 倫理的問題に関する知識

子の監護評価の依頼は，子の監護のケースでの専門家の倫理的責務を理解している場合のみに引き受けるべきである。心理士にとっては，当然，「心理士の倫理原則と行動規範」（APA, 2002）と「司法心理士のための専門的ガイドライン」（American Psychology-Law Society（APLS），1991）に精通していることが欠かせない。精神医学者は，「特に精神科への適用に関する医療倫理の原則」（American Psychiatric Association, 2009），そして，「司法精神医学の実践のための倫理ガイドライン」（American Academy of Psychiatry and the Law（AAPL），2005）に精通している必要がある^{訳註2}。もちろん，ソーシャルワーカーは，その職種の倫理的ガイドラインを理解し，遵守しなければならない（National Association of Social Workers（NASW），1997）。しかし，倫理綱領の知識だけでは十分ではない。それらの原則を子の監護評価にどのように適用するかについて，十分に理解しておく必要がある。子の監護評価では，専門家の倫理の解釈に疑問を投げかけるような問題が多数生じる。そのいくつかをあげれば，クライエントは誰か，両親は自身や子に関するどのような情報を提供できるか，子のセラピストへの面接をどのような場合に実施できるか，費用をどのように算定し徴収するか，児童虐待の疑いを通報すべきなのはどんな時か，二重の役割をどのように避けるか等の問題である。これらはあらゆる司法評価で存在する複雑な問題であるが，子の監護の事件ならではの特徴もある。

子の監護評価のための特別なガイドラインや指標は，アメリカ心理学会（APA, 2009），アメリカ児童精神医学会（AACAP, 1997a），家庭裁判所・調停裁判所協会（AFCC, 2007）といった専門家組織によって作成され，承認されている。もし，これらのガイドラインに違反しても，臨床家は制裁（例えば，資格の喪失）を受けることはない。確かに，ガイドラインは，すべての臨床家が満たすべき必要条件というよりも，すべての臨床家が目指すべき理想を意味

> 👍 **最善の実践**
> 子の監護評価の依頼は，子の監護の事件における専門家の倫理原則の適用を，完全に把握している時にのみ引き受けるべきである。

訳註2 これらのガイドラインなどは表2.2（p.30）を参照。

する「願望（目標）」と呼ばれることが多い。にもかかわらず，それらは，同職種の仲間に共通認識を与え，専門的能力に関する法曹界の認識に重要な影響を与える可能性がある。以下の章の関連するポイントごとに，子の監護評価者が留意しておくべき，具体的な倫理ガイドラインや倫理的問題に言及する。

2 ｜ 開始に当たって

(1) 依頼された質問事項の明確化

子の監護評価は，一般的に，争っている事件での裁判所の命令に基づく。一方の当事者が評価を求める申立てを行ったのかもしれないし，当事者双方が評価を要求したのかもしれない。裁判官自身が，決定を行うための情報を得るために，評価を命じることもある。第1章で述べたように，司法評価者を選任する方法は，司法区によって異なっている。

新たに選任された司法評価者は，依頼された質問事項を明確にするとともに，該当する場合には，料金に関する合意を着手前に確認する必要がある。裁判所が，例えば，「監護と面会に関する問題を評価すること」，「家族機能をアセスメントすること」というように，依頼する質問事項をあいまいに記載する場合がある。時には，単に「心理学的評価」とだけ要求する場合もある。第2章で述べたように，評価者は，依頼された質問事項を，心理学的方法によって評価することが可能で，かつ評価者がアセスメントする能力のある心理－法的な構成概念に翻訳しなければならない。

最も簡単にアセスメントの焦点を明確化する方法は，弁護士と，または弁護士がいない場合には当事者自身と，連絡をとることである。これは，電話での個別連絡または電話会議の方法で行うことができる。通常，この対話は，主な問題を明らかにするものであり，評価者が問題を言い換えた上で，全員による合意を確認する場合もある。例えば，監護と面会に影響する問題を評価するという依頼は，母の双極性障害が母の養育と子の安全に与える影響をアセスメントすることを意味するものとして明確化され

♣ 最善の実践

子の監護評価を開始する前に，依頼された質問事項（すなわち，なぜ評価が求められたか）と料金に関する合意を明確にしなさい。開始前にこのことについて明確な考えを持つことは，評価が進行してから後戻りして情報の追加を求めることよりも望ましいことである。

るかもしれない。「家族機能の評価」という依頼は，14歳の息子が父と時間を過ごすことを拒否しているのに影響した要因のアセスメントと言い換えられるかもしれない。多くの場合は必要ないだろうが，双方に対する協定書（同意書）を作成し，それに評価者が理解した依頼の理由を記載することが賢明かもしれない。

　監護評価を行う理由について混乱や不一致が残っている，あるいは，裁判所が子の監護評価を命じた理由についての評価者の理解を当事者が否定する場合は，その理由を明確化するよう，裁判所に依頼すべきである。裁判所とのコミュニケーションを，申立て，文書の送付，裁判所書記官・プロベーションオフィサー・司法ケースマネージャーへの連絡，その他の方法等のどれによって行うかは，司法区ごとに，そして同じ司法区であっても裁判官ごとに異なっている。当事者または弁護士が在席しない状態で裁判官と直接にコミュニケーションをとることは，**一方当事者のみとの** (ex parte) コミュニケーションであり，倫理的には勧められない。依頼された質問事項に関して混乱がある場合は，評価者または一方の弁護士が，その命令の明確化を求める申立てを行うことが多い。評価の開始前に，これから何をすべきかを明確に理解することが望ましい。逆に，評価が進行してから後戻りして情報の追加を求めることは，おそらく費用も困難もより大きくなり，望ましくない。

　依頼された質問事項が明確化されれば，評価者となる予定の者は，その質問事項が心理学的アセスメントに適切なものかどうか，評価者の能力の範囲のものかどうかを判断できる。

　例えば，裁判所の命令が，「監護と面会に影響を与える問題の評価」とあいまいに定められた場合を考えてみよう。評価者となることが予定されている者が具体的な懸念を明確化するよう求めると，広汎性発達障害（PDD）を有する5歳の子の居所を両親が争っていることが明らかとなった。親同士の紛争は，どの学校のシステムが子にとってよりよい資源であるかをめぐる認識の不一致によって高じていた。評価者は，裁判所と弁護士に対して，この家族にとってはPDDに関する専門知識を持つ評価者がより適していると助言した。別の案として，評価者は，裁判所に，必要な専門知識を持つ同僚と一緒に仕事をすることができるかどうかを尋ねることもできたであろう。

　費用負担が生じる場合，評価者は，はじめにそれについて明確にすべきであり，料金の取決めをして着手金を受領することが多い。現在，大部分の評

> **最善の実践**
> 経験の浅い評価者は、ベテランの同僚に、その地域の実践に適合したインフォームドコンセントと料金契約の書面の写しを求めるのが望ましい。

価者は、依頼の理由、料金、手順、秘密保持の制限を記載した、**インフォームドコンセント**のための契約書を使用している。経験の浅い評価者は、スタンダードモデル（AFCC, 2007）が勧めているように、ベテランの同僚に、その地域の実践に適合したインフォームドコンセントと料金契約の書面の写しを求めるのが望ましい。また、これらの契約のサンプルは、刊行物から得ることもできる（例えば、Gould & Martindale, 2007; Rohrbaugh, 2008）。契約のモデルは、本書の付録 B と C も利用できる。

(2) 任命の拒否

場合によっては、評価者は子の監護評価の受任を断るべきである。このことは、一般的に、特に裁判所の命令が届いた後は、精神保健の専門家にとって気詰まりなことである。不幸にも、その精神保健の専門家に時間があること、専門的技術を有すること（APA, 2002, §2.01）、その事件を引き受けて指定の期間までに完了させる意思があることを確認しないまま、裁判所が評価者を任命する場合がある。裁判所が、評価者は一方当事者の健康保険から支払いを受けるというような、非現実的な支払いの方法を命じたり、請求した着手金を当事者が適切に送付しなかったりする場合もある。家族のメンバーと個人的または専門的な関係を持っているという利益相反も、任命を拒否する正当な理由となるであろう（APA, 2002, §3.05）。

これらの状況においては、評価者は、その理由を付して裁判所の命令を送り返し、任命を断り、当事者と弁護士に知らせなければならない。このようなことは、よい評判を得られるものでも快適なものでもないが、倫理的、臨床的に必要な場合がある。監護権の紛争や離婚の解決を遅らせるかもしれないが、その依頼が適切でなければ、できるだけすぐに裁判所に知らせることが望ましい。

> **最善の実践**
> 裁判所の命令による任命を断わる際には、その理由を付して、裁判所の命令を送り返し、任命を断わり、当事者と弁護士に知らせなさい。

子の監護評価の依頼を引き受けるか拒否するかを決める際に、評価者は「二重の役割」の問題も検討しなければならない（AACAP, 1997a, §A.2; AAPL, 2005, §II, commentary; AFCC, 2007, §8.3; APA, 2002, §3.05; APLS, 1991, §6.02）。精神保健の専門家は、以前から

のクライエントに対して司法評価者とならなければならない状況，例えば，家族のメンバー，大人，または子と治療的関係を持ってきた場合には，その子の監護事件を避けるよう留意する（APLS, 1991, §6.02.01-03）。心理療法を行っていたクライエントの監護評価者となることのリスクは，司法的な面ではクライエントに秘密保持を有さなくても，治療面ではクライエントに秘密保持を負っており，それに違反する可能性があるということをはじめ，数多くある。

さらに，評価者が特に専門機関で活動していれば，弁護士や家族法の裁判官との関係で利益相反が生じる場合がある。これは避けられないことが多いが，バイアスの可能性やバイアスがあるように見えることをなくすよう試み，複数の関係が同時に生じないように努力をすべきである。例えば，裁判官や弁護士と一緒の会議に出席しようと積極的に準備している場合は，その会議が終了するまでの間は，これらの法曹が関わる事件は引き受けないことが最善である。それが不可避であっても，裁判官と評価者の間でその事件を議論することは絶対にすべきではない。あらゆる利益相反の可能性は，初めに明らかにされるべきである。これにより透明性が高まり，当事者がアセスメントの途中で問題のある可能性に気づくのではなく，最初の時点でその関与に反対することが可能になる。

(3) 評価の範囲の定義

子の監護の問題における司法評価は，「すべてに適合するフリーサイズの服」のようなものではない。評価者は，依頼の性質に応じて，短時間の評価から時間のかかる評価までの全域にわたって活動する。子の監護評価のなかには，当事者双方との臨床的面接と子との臨床的面接が各1回，参考人数人との接触，そして最小限の記録調査に基づく，短期的で焦点化されたアセスメント（BFA）で足りるものもある。一方で，心理テスト，複数の臨床的面接，家庭訪問，参考人との接触，そして多数の記録の調査を含んだ，包括的な評価を必要とするものもある。評価の期間と程度は，以下の要因のいくつかから決定される。

a. 依頼された質問事項

依頼された質問事項の数と複雑さは，評価の長さや複雑さに明らかに影響する。依頼された質問事項はそれぞれ，さまざまな問題のアセスメントを必要とする場合がある。例えば，裁判所はしばしば，精神医学的疾患や物質乱用といった主張されている障害が養育に与える影響に関心を持つ。この場合には，

意見を提出する前に，大人の精神医学的疾患のアセスメント，そうした疾患が大人の養育に与える影響のアセスメント，そして子のアセスメントをすることが必要になる。同様に，主張されている虐待や他の安全上の問題の評価では，その質問事項に包括的に対応するために，複数の手順と「ミニ評価」を必要とする。依頼された質問事項が増えるほど，評価はより複雑となりやすい。

b. 事件の複雑さ

複数の機関が関与し，精神医学，医療，法律などの複数の問題を有する家庭は，収集し統合すべき情報がたくさんあるため，評価にはより多くの時間を要する。結婚期間が長い，または多数の子を持つ両親は，査定のためにより多くの時間を必要とするかもしれない。調査すべき記録，話し合うべき参考人，統合すべきデータが多ければ多いほど，評価はより時間がかかり，報告書はより長くなる傾向がある。

c. 時間的な要求

裁判所の時間的な要求に応える際には，子の監護評価者は依頼された質問事項と事件の複雑さを検討しなければならない。裁判所が評価を1カ月で完了するよう求めているが，児童保護サービスを受けている5人の子がおり，性的虐待が主張されている場合，期間の延長を求めずに事件を引き受けることは，勇敢か単純すぎるかのどちらかである。最善の実践モデルでは，当事者双方の主張と懸念，そして裁判所から依頼された質問事項に相当の注意を払い，徹底的かつ公正な評価を行うことが必要とされている。時間的な要求を満たすこと，そして，実践ガイドラインを満たす十分かつ徹底的なアセスメントを行うこととのバランスを図ることは，達成が難しいものである。裁判所が指定した時間内では適切な仕事ができないと思うならば，与えられた時間よりも多くの時間が必要であることを，裁判所および関係する当事者に知らせるのは当然である。

d. 経済的資源

ほとんどの司法区では，家庭が利用できる監護評価の性質は，経済力に依存する。私的な支払いをするだけの資力があれば，裁判所が任命した個人開業の評価者による，徹底した，時間をかけた子の監護評価を利用することができるであろう。そうでなけ

♠ 最善の実践

最善の実践モデルでは，徹底的かつ公平な子の監護評価を求められる。時間的な要求を満たすこと，そして，実践ガイドラインを満たす十分かつ徹底的なアセスメントを行うことのバランスを図ることは，達成が難しいものである。開始時に，与えられたものよりも多くの時間が必要であれば，裁判所と関係する当事者に知らせなさい。

れば選択肢はより限定され，州の制度や助成金が利用できるかどうか，裁判所のクリニックが存在するか次第となる。いくつかの司法区では，クライエントに費用を負担させる必要なく，短期的で焦点化されたアセスメント（BFA）が利用できる。しかし，十分な訓練を受けた精神保健の専門家の不足や経済的資源の不足の結果として，紛争状態にある家庭がストレスの多い状況で何カ月も評価を待つことがとても頻繁に生じている。

e. 評価者の能力

　評価の範囲は，担当となる評価者ごとの能力によっても制限される。依頼された質問事項に，評価者が専門的知識を有していないテーマが含まれていることがあらかじめ分かれば，任命を断るか，十分な能力に基づいて答えることのできる質問事項のみを引き受けるかを決めることができる（APA, 2002, §2.01）。例えば，裁判所が，養育能力と家庭内での性的虐待の疑いについて評価を命じたとする。任命された評価者の性的虐待の評価に関する訓練や経験が十分でなければ，前者の質問事項は引き受けるが，後者の質問事項は引き受けないであろう。他方，評価を開始した後で性的虐待の疑いが明らかになってきた場合で，評価者にその専門的知識が不足していれば，その問題を独立させて別途査定することの許可を，裁判所に求めるであろう。

f. 裁判所，弁護士，当事者の期待

　評価の範囲を決定するため，裁判所，弁護士，そして当事者の期待を評価の始めに確かめることが非常に重要である。最終的な権限を有するのは裁判所だが，弁護士とその依頼人が，依頼された質問事項の意味付けやニュアンスを示し，その後に行われる評価の方法と手順に関する評価者の判断に影響を与えることもしばしばある。当事者の懸念，問題視していること，そして望んでいる結果を知ることで，しばしば，最初の仮説を形成でき，評価すべき要素が明確になる。

g. その地域の実践

　司法評価の期間と程度は，ある程度まで，その地域の実践と司法評価の利用しやすさ次第である。短期的で焦点化されたアセスメント（BFA）が利用できる司法区では，包括的な評価が唯一の実践モデルとなっている地域に比べ，BFAのモデルがより受け入れられている。BFAは，裁判所が一時的な命令を作成するために有用な情報となる（Cavallero, 2010）。明確に定義され焦点づけられた質問事項による短期間評価のモデルは，重大な行き詰まりからより高

> **ⓘ 情報**
>
> 子の監護の問題における司法評価は,「すべてに適合するフリーサイズの服」のようなものではない。評価の期間と程度は,以下の要素のひとつ,あるいは複数から決定される。
>
> ・依頼された質問事項
> ・事件の複雑さ
> ・時間的な要求
> ・経済的資源
> ・評価者の能力
> ・裁判所,弁護士,当事者の期待および地域の実践

い安定性に向けて家庭を援助するものとして,社会的な認知を高め,かつ宣伝されてきている（AFCC,2009）訳註3。この実践の推進者は,低コストであること,納期が短いこと,多くの事件において短期間のモデルが適していることを述べているが,性的虐待,深刻なドメスティックバイオレンス,監護権の決定,転居の事件,そして複数の問題のアセスメントを必要とする事件には十分ではない可能性があることにも注意を促している。BFAに対し強い関心が寄せられているが,専門家による研究が,どのような事件がこのモデルに適しているかを明らかにしたとは言えない。その間,包括的な子の監護評価は,子の監護の事件におけるアセスメントの中心的なタイプのままであり続けている。訴訟能力や刑事責任能力などの司法評価とは異なり,子の監護それ自体は法的な構成概念ではなく,それ自体が評価の範囲を定めるわけではない。依頼された質問事項は,依頼人が法律に抵触することから生じるのではなく,誰が子の世話をするかについて両親に意見の不一致があることから生じる。子の監護における焦点は,当事者双方の子の養育を比較することにあるが,4つの心理－法的な構成概念とともにその事件における具体的な懸念が,アセスメントの範囲と手順を決定づける。

(4) 弁護士との連絡

裁判所から子の監護評価を任命された場合は,評価者は双方の弁護士（または,当事者が自分自身で手続を行っている場合はその当事者）に連絡をすべきである。双方が同時に関与できる電話会議で行うことを好む弁護士もいるが,一方で,最初の打合せは短時間で個別に行うことがよいと感じる弁護士もいる。弁護士との最初の連絡の目的は複雑なものではなく,自己紹介,依頼された質問

訳註3　AFCC（2009）では,メリットとして,効率的で費用対効果が高い,解決が遅れて家族の緊張が高まることを避けられる,緊急性のある問題の査定や子の安全等について早期に情報提供できる,両親の不一致を早期に明確化することで両親の解決能力を高めることなどが挙げられている。

事項の明確化，料金に関する話合い，関連する訴訟書面・証言録取書・命令書・あるいは他の法的な文書の写しの請求，そして弁護士が所有していれば他の関連記録（例えば，医療，教育，警察，精神医学の記録）の請求である。費用負担は一般的に裁判所の命令で明示されているか，または当事者に了解されており，私的な支払いが命じられていれば，料金に関する話合いにおいて，アセスメントに通常かかると見込まれる費用（評価者の1時間当たりの料金を含む）を弁護士に伝え，着手金も要求する。安全に関する懸念が今現在あるかどうかを明らかにすることも有用であり，例えば，ドメスティックバイオレンスが存在する，あるいは主張されている場合には，保護命令の有無を確認する。

> **❶ 情報**
> 弁護士との最初の連絡の目的は何であるか？
> ・自己紹介
> ・依頼された質問事項の明確化
> ・料金に関する話合い
> ・適切な法的文書の写しの請求
> ・他の関連記録（例えば，医療，教育，警察，精神医学のもの）の請求
> ・現在における安全上の懸念の有無の明確化

　最初の連絡では，評価者は双方の弁護士に予定している手順を簡単に伝え，アセスメントのスケジュールを話し合う。また，依頼や裁判所の命令に記載されていない場合は，依頼人の連絡先の情報を尋ねる。弁護士から，評価者の得意な実務領域を尋ねられることもしばしばあり，まだ履歴書を提供していない場合には提出を求められるかもしれない。特筆すべきは，これが，アセスメントの過程で評価者が弁護士と話し合う唯一の時間となる可能性が高いことである。もし，弁護士と実質的な話合いをさらに行うことが必要となれば，記録に出ているすべての弁護士との電話会議や文書によるコミュニケーションによって行うことが適切である（AFCC, 2007, §4.4）。

　子の監護の訴訟当事者の多くは自分自身で訴訟を行っている（すなわち，弁護士によって代理されていない）ため，評価者は，弁護士を介してではなく，当事者に直接連絡を取ることになるかもしれない。その場合，評価者は，電話連絡の目的を，最初の面談予定を入れることと，（裁判所の命令により特定されていれば）前払金の支払いを促すことにとどめ，その他の点は，最初の面談時に打ち合わせてもよいであろう。

> **❶ 情報**
> 子の監護の訴訟当事者の多くは自分自身で訴訟を行っている，すなわち，弁護士に代理されておらず，自分自身が代表者となっている。

　子の監護評価者にとって，現在の最善の実践は，合意書やサービス利用契約書を文書にしておくこと

> 🍀 **最善の実践**
> 合意書やサービス利用契約書を利用しなさい。これは，理解したことの覚書やインフォームドコンセントの文書とも見なされる場合がある。

である（AFCC, 2007, §4.1）。これは，理解したことのメモやインフォームドコンセントの文書ともみなされる場合がある。この文書は，一般的に，インフォームドコンセントに関する記述に加え，料金，秘密保持がないこと，児童虐待が疑われた場合の報告義務，そして実践に関連する他の側面を含んでいる。評価者は，アセスメントを始める前にこれを弁護士と当事者に送付する，または，依頼人との初回面接の冒頭に提示する。契約のサンプル文書は付録BとCであり，第5章ではさらにこれを検討する。

(5) 初回面接の予定

評価者は，アセスメントを命じるまたは約定する法的文書を得るまで，事件の取り扱いに着手すべきではない。評価が個人の支払いによるものであれば，費用と着手金に関して合意が得られるまで，評価の開始を遅らせるのが賢明である。アセスメントの開始前，または，遅くとも親との最初の面会の際に，着手金を受け取ることは重要である。そうすることによって，アセスメントの開始後に支払いを受けることで生じる可能性がある問題を避けることができる。他の司法評価では，開始に当たって記録文書を待つかもしれないが，監護評価でそうすることは，通常は非現実的で不必要である。多くの記録文書は存在しないかもしれず，そして，弁護士は評価者が必要とする記録文書（例えば，学校の報告書）は持っていないのが普通である。その場合，最初の面接の際に，記録文書の開示同意書への署名を得る。

> ⚠ **留意点**
> 評価が個人の支払いによるものであれば，費用と着手金に関して合意されるまで，評価を開始してはいけない。また，着手金を受け取るまで，開始してはいけない。これにより，アセスメントの開始後に支払いを受けることで生じる可能性のある問題が避けられる。

一般的に，最初の面接は，それぞれの親と個別に行う。監護親から始めるのを好む評価者もいれば，申立人である親から始めるのを好む評価者もいるが，多くの評価者は，それぞれの親とスケジュールが合う時に会うという現実的な解決策に甘んじている。最初の面接は，現実的な環境（例えば，クライエント宅と評価者の事務所の間の距離）に応じ，最初の書類の記入と面接に十分な時間を確保するために1.5時間から3時間をかけて行うが，実践のありようはさまざまである。公平性とバランスを印象付

け，両親の見方の不一致をよりよく理解するために，それぞれの親と同じような方法で面接を予定することは有益である。

⚠ 留意点
子の監護の事件への関与には固有のリスクがあり，評価者自身を含む関係するすべての人の安全性を高めるために合理的な手順を踏むべきである。

面接は，一般的には評価者の事務所において，プライバシーや安全性を提供する雰囲気の中で，個別に行うべきである。はじめに，発効中の保護命令があるかどうかを確認し，もしあれば，クライエントの安全を確実にするための措置をとることが重要である。これには，互いに偶発的に会う可能性を低くするためにそれぞれの親の面接予定を異なった日にし，予定時間も秘密にしておくことが含まれる。事務部門のスタッフも訓練を受け，親の予定に関する情報を秘密にしたり，あるいは，当事者双方との面接の間は注意深くしたりすることを通じて，安全確保に貢献するべきである。評価者の安全も最も重要であり，可能であれば，最初の面接は同僚や事務所のスタッフがいるときに予定すべきである。安全上の懸念があれば，評価者はそのクライエントの事務所への出入りに注意を払うべきである。子の監護評価者は，子の監護の事件への関与に固有のリスクに注意を払い，関係するすべての人の安全性を高めるために合理的な手順を踏むべきである。

争われている監護の事件において，それぞれの親は，司法評価者が他方を好んでいるのではないかと思う傾向があり，好みを暗示するようなことに敏感である。評価者は，これらの懸念に裏付けを与えないように，最初から両親を同様に扱うことが必要である。可能であれば，各親への最初の連絡を同じ日にして，最初の面接を同じ週にすることが有益である。

(6) 子に関する戦略

子との面接を準備する際，評価者は，まず，面接の場所を決めなければならない。精神保健の専門家の事務所は，面接が行われる最も一般的な場所である。両親と紛争から中立的な状況が必要であれば，評価者は，学校や裁判所で子と面接するよう手配することもできる。しかし，裁判所での面接は子に不安を引き起こすかもしれないため，慎重に行わなければならない。一方，学校は，多くの子にとって慣れた場であり，より安心できる状況である。一般的に，弁護士は母または父と結びついていることが多く，中立的ではないことは当然であるから，弁護士の事務所は避ける。それだけではなく，弁護士の事務所は，例

⚠ **留意点**
2歳半未満の年齢の子との個別的な面接からは，得られるものはほとんどない。

えば，学校のカウンセラーの事務所などとは異なって，通常は子にやさしい環境でもない。家庭訪問の際に子に面接する場合もあるが，その環境により，その家庭にいる親とつじつまの合う情報を子が提供するようになる可能性を踏まえてもなおそれを選択するか比較検討する必要がある。その上で，5歳未満の子や特別なニーズを抱えた子とは，家庭で面接するのが望ましいといわれている。さらに，親－子の観察に関するデータを収集する場合に家庭を用いることは，幼い子にとって最も心地よく自然な環境で観察が行われることとなり，親－子の関係に関する最も有益なデータが提供されると思われる。

非常に幼い子と面接するかどうかは，事案に応じて決定される。その一部は，面接者の技術と訓練により，さらに，子の言語，発達，親から離れることに対する心理的な準備性（レディネス）にもよる。子が，親から離れて評価者と1人で会うことができなければ，面接は不可能となるであろう。評価者が面接できないという具体的な年齢はないが，2歳半未満では，個別的な面接から得られるものはほとんどない。しかし，親－子の観察（第5章）は，子の年齢にかかわらず，子の監護評価の重要な部分である。

発達的には，言語を用いたやりとりの対象となるのは学童期の子であり，子に関する訓練を受けた評価者はうまくそれらの子と個別の面接をすることが期待される。この場合，評価者は一般的に少なくとも2回の面接を計画する。前述のように，待合室にいる親から影響を受けることを減らすため，それぞれの親が子を評価者の事務所に一度ずつ連れてくる。そして，子に配慮した空間で面接を行う。

3 | まとめ

依頼された質問事項，料金，評価の見通し，そして役割を明確化し終えると，評価者の準備が完了し，子の監護評価のための舞台が整う。評価者は，両親が弁護士を依頼していれば弁護士に連絡し，両親との約束を取り付ける。これらの段階が満たされれば，いよいよデータ収集を開始できる。

| 第 **5** 章 |

データの収集
Data Collection

第4章で，子の監護評価の土台を築いた。この章では，データの収集過程において必須の事項を概観する。子の監護評価は，裁判におけるさまざまな法的問題を契機に行われるため，依頼される質問事項は無数にあり得る。したがって，すべての状況において必要な情報を適切に得られるような，単一のデータ収集方法は存在しない。しかし，司法精神保健アセスメントのモデルにおいて，ほぼすべての子の監護評価でデータ収集の中核となる方法は，両親との面接，子との面接，親－子の観察，記録調査，参考人からの情報収集である。家庭訪問と心理テストは，それらが評価のための関連情報の補足に役立つ場合に用いられることが多い。

評価におけるデータ収集の段階では，記録化を慎重に行う必要がある。評価者の多くは面接中にノートをとっており，ノート型コンピュータで記録することも増えている（Benjamin & Gollan, 2003）。子の監護評価において面接を電子機器で記録する頻度に関する研究報告はなく（Martindale, 2004; Rohrbaugh, 2008），その使用に関する共通認識も存在しないが，記録化の正確性という利点と，時間や費用の追加コストを比較考量する必要がある。現在の監護評価ガイドラインのいずれも，電子機器による記録を特段には求めていない。性的虐待の疑いを含むアセスメントでは，子の陳述と面接スキルを正確に記録するために，面接を録音または録画するよう，多く

> **ⓘ 情報**
>
> 司法精神保健アセスメントのモデルにおいて，ほぼすべての子の監護評価で中心となるデータ収集の方法は以下のものである。
>
> ・両親との面接
> ・子との面接
> ・親－子の観察
> ・記録の調査
> ・参考人からの情報
>
> 家庭訪問と心理テストは，評価のための情報の補足に役立つ場合に用いられることが多い。

> **最善の実践**
> どのような文書化の方法が用いられても、必ず情報を正確に記録するようにしなさい。

の著書やガイドラインが勧めているが、この実践は、まだ広く承認されているものではない（American Professional Society on the Abuse of Children（APSAC）, 1997; Kuehnle & Kirkpatrick, 2005）。

　どのような文書化の方法を選ぶにしても、情報を正確に記録することは欠かせない。その情報が特に重要な場合には、可能であれば、面接者は被面接者の言葉を逐語的に引用するべきである。被暗示性と信頼性について疑問が生じる可能性が高い場合は、特に子との面接においては、個々の反応を引き出すために評価者が何を尋ねたかを記録しておくことが有益であることが多い。誘導的な質問、面接の反復、発達的に不適切な質問に対して幼い子が脆弱であることについては、しっかりとした文献がある（例えば、Bruck & Ceci, 2009; Kuehnle, 1996）。子の監護をめぐる紛争の中での子の虐待の主張、特に子の性的虐待の主張を査定する際には、記録化や面接について極めて慎重な配慮を要する（Kuehnle & Drozd, 2005）。

1 ｜ 両親に関するデータの収集

　子の監護評価者は、自分なりのデータの収集方法やその順序を構築して日常的に用いており、それらは評価者ごとに異なっている。司法評価を受けるに至った直近の事情から聞き始める評価者もいるし、親個人の経歴や親同士の関係の経過から聞き始める者もいる。一般に、親から集めるデータは、親個人の経歴、親同士の関係の経過、養育の経過、現在の養育における協力的な関係、子に関する情報、現在の争いに関する両親の認識、それについて両親が望む結果を含む必要がある。評価を通して比較的一貫した面接のアプローチを構築することが、質問の順序を検討することよりも重要である。しかし、評価者は、一連の面接を始める前に、インフォームドコンセントについて話し合う必要がある。

（1）インフォームドコンセント

　通常は、最初に自己紹介を行い、尋ねられれば経歴を説明して、評価者がその仕事を遂行するのに適格であることを示す。理想的には、評価者は、最初の面接の前に、料金とインフォームドコンセントに関する文書の写しを依頼人と

その弁護士に送付しておく。評価者は，最初の面接でその文書を確認し，その文書につき，クライエントのどんな質問にも答える（AFCC, 2007）。文書の例は本書（付録BおよびC），Gould & Martindale（2007），Rohrbaugh（2008）に掲載されている。本書で提供する2つの文書例では，説明の長さと範囲は異なるが，共通する特徴もいくつかある。評価者は，評価の依頼者やアセスメントの目的を説明することに加え，面接を受けている親に理解できる言葉で，秘密保持の制限を注意喚起する。例えば，評価は裁判所の目的のために行われ，法的問題に関わる事項については秘密保持が存在しないことを明確にする。心理療法のために精神保健の臨床家と会う場合にごく当然に持つような秘密性への期待と対比しつつ，こうした限界を説明することが有益な場合もある。さらに，司法評価者は，いかなる関係者から提供された情報も裁判所への報告書に記載され，法的手続の中で，他方の親や関係者に読まれる可能性があることを，それぞれの親に伝える。評価者は，参考人に対して，参考人と評価者との会話は，その場でノートに取られて「記録されている」と伝えることを，親に説明する。

　誰が報告書を利用でき，そして，誰が報告書の写しを得ることが許可されるかという疑問に対しても説明するが，その答えは，裁判所の命令や地域の慣行によって異なる。子の監護評価では，報告書は依頼をした裁判所に送られる。報告書の写しを当事者が得られるかどうかは，その地域の実践次第である。多くの司法区では，子からのデリケートな情報へのアクセスを防ぐため，依頼者が弁護士の事務所や裁判所で報告書を読むことは認めているが，写しの入手は認めていない。さらに評価者は，子または障害のある大人が虐待やネグレクトを受けていれば，該当する州の機関に通報しなければならない義務があることを，それぞれの親に知らせる。

　秘密保持の制限を説明した後，評価者は，面接の回数の見込みや対象者といった評価の範囲と手順を，簡単に概説する。両親の多くは，子がどのような状況で，そしてどのくらい面接されるかを知りたがっている。彼らは，一般的に，子にどのように面接の準備をさせたらよいかを心配している。こうした両親に対しては，大人たち（両親や裁判官）が，

> **最善の実践**
>
> インフォームドコンセントの過程の一環として，アセスメントは裁判所の目的のために行われ，例えば，心理療法のために精神保健の臨床家と会う場合には通常秘密保持が期待されるのとは異なり，秘密保持は存在しないことを，評価者は明確にする。また，評価者は通報義務を有しており，子または障害のある大人が虐待やネグレクトを受けていると信ずるに足る理由があれば，適切な州の機関に報告しなければならないことも，それぞれの親に知らせる。

子が両親と時間を過ごす最善の方法を考えており，それを評価者は手助けするのだと子に説明するなど，子の年齢に応じ，簡潔かつ無害な提案をすることが有益である．しばしば，評価者は，両親との面接の大部分を終えてから子と面接し，子の予定にできるだけ都合がよいように面接を設定する．子との面接の回数は，依頼された質問事項，子の年齢，そして評価者の仕事のやり方によって決める．多くの場合，面接は2回行い，親が待合室にいることが不必要な影響を及ぼす可能性を減らすために，それぞれの親に交代で子を連れて来てもらう．評価者は，それぞれの親との最初の面接の時に，家庭訪問を行う可能性があることを伝えておく．

　最初の面接で，司法評価者は，情報を得るために参考人，すなわち二次的な情報源と連絡を取る可能性があることをそれぞれの親に知らせ，開示同意書への署名を求める．スタンダードモデル（AFCC, 2007）は，参考人が専門家でもそうでなくても，すべての参考人に関して開示同意書への署名を得るよう推奨している．子の監護評価のために，どのような種類の，どのくらいの人数の参考人と連絡を取るかの判断は，評価者の実践によって異なる．主に専門家（例えば，小児科医，教職員，心理治療者）に限り，隣人や親族，友人だと生じやすいバイアスを避ける者もいれば（Austion, 2002），連絡を希望する人の一覧をそれぞれの親に求め，希望された人の何人かまたは全員（または，彼らから選択したサンプル）と連絡する者もいる．時には，裁判所の命令で，参考人の数が限定されることがある．参考人が専門家ではなくても，裁判所の関心事に関わる人物，人間関係，目撃した重要な出来事の詳細について，観察に基づく情報を提供できる可能性がある．

　実践によって違いはあるが，少なくとも，すべての評価で，その家族や家族のメンバーを直接知っている参考人数人から，情報を収集する．参考人が健康関連のサービスの専門家であれば，「医療保険の相互運用性と説明責任に関する法律（Health Insurance Portability and Accountability Act）」に準拠した開示同意書を当事者から得ることが重要である．情報源が子に関わる専門家（例えば，小児科医や教師）であれば，両親ともに開示同意書に署名する必要があるが，親個人の医師やセラピストであれば，その親だけの署名で十分である．対象となっている事件が以前の監護命令の変更に関するものであり，一方の親が単独法的監護を有していれば，開示同意書は，法的監護権を有する親の署名で十分である．開示同意書に署名する権限がどの親にあるか明確に分からなければ

（例えば，祖父母が後見人であったり，児童福祉機関が関与している場合），当事者，弁護士または裁判所に，それを問い合わせるべきである。

評価手順に関する最初の説明の際に，評価者は，評価の一部として記録の調査を行うことも親に知らせる。評価者は，当事者に，何らかの記録が弁護士から提出されているかどうか，他のどのような記録が有用か尋ねる。例えば，弁護士が裁判所に上申書と宣誓供述書を送付していれば，評価者は医療と学校に関連する記録を入手することについて，当事者に同意を求めるであろう。

それぞれの親との最初の面接の初めに確認するものは，ほかに，料金，一般的な進行計画，そして，求められた場合の裁判での**証言**に関する問題である。一般的に，料金の支払いは裁判所の命令で割り当てられる。これらは当事者間で分割されることが多いが，裁判所によっては州の基金を利用する。当事者自身が支払う事件では，評価者は，一時間あたりの費用とおおよその総額をはじめとして，費用の見込みについての疑問に答える。その時点で，質問があるかどうかを親に尋ねることは有益である。既に触れたとおり，前述の事項を概説するインフォームドコンセントの説明書や覚書を親に与え，署名を求めることが推奨されている。これら最初の業務を完了した後に，評価者はデータの収集そのものに移る。

(2) 面接で扱うテーマ

表5.1は，親との面接で扱う重要なテーマをまとめたものである。

a. 背景情報

親自身の原家族と子どもの頃の経験に関する情報は，現在の困難についての手がかりとなる。例えば，酔うと虐待的になる父のいる家庭で母が育ったことが分かれば，子がいるときに夫がビールを飲むことへの母の強い反応を，ある程度理解できるかもしれない。評価者は，それぞれの親の原家族について，その構成，ドメスティックバイオレンスを含めた虐待の存在，親ときょうだいの機能を尋ねる。それぞれの親の司法手続きへの関与，精神医学的な経過，医療や教育や職業に関する経歴も入手する。以前の重要な交際関係や結婚に関する情報，親のどちらかには他に子がいるかどうか，そして，もしいればそれらの子，そして以前の配偶者との関係はどのようだったのかも，現在の状況に関する認識に影響するかも

> **❶ 情報**
> 親の個人的な語りは，現在の問題における困難を理解するのに有用な情報となることが多い。

表 5.1 親との面接で取得する情報

- **基礎的な情報（背景情報）**
  - 名前，生年月日，住所
  - 家庭の背景：対象者が育った場所；両親ときょうだいの名前，職業，健康，婚姻歴；特別な問題（身体的虐待，性的虐待，アルコール依存症，物質乱用，精神疾患，社会福祉機関の関与）
  - 拡大家族：所在，健康，評価の対象となっている子とのかかわり
  - 教育／雇用：経歴と現状
  - 身体の健康：主な健康の問題，薬物とアルコールの使用
  - 精神の健康：心理療法，薬物治療，精神医学的診断，入院，現在の精神状況
  - 法的問題：経過と現状（監護の紛争以外について）
  - 宗教：幼年時代／家庭の背景，現在の宗教実践，他方の親との争い／合意の範囲
  - 生活状況
  - 関係の経過：重要な関係，ほかの子との経過と現状

- **現在の監護紛争における配偶者／カップルの関係**
  - 関係の進展／時系列
  - 他の異性関係，余暇時間
  - 就労と家計
  - 役割分担：子の世話，宿題，送迎，家事，家計
  - カップルが紛争をどう扱うか
  - ドメスティックバイオレンス

- **別居後の関係**
  - どのように別居が生じたか
  - コミュニケーション
  - 養育計画

- **養育行動と能力**
  - 子との活動：宿題，送迎，医療，レクリエーション，子の世話
  - しつけの方法
  - 子それぞれに関する理解と認識

- **評価の対象となる子**
  - 名前，生年月日，年齢
  - 性格／気質
  - 健康
  - 活動
  - 友人
  - 学校：学校名，学年，教師，学業成績，能力／強み，弱み／特別なニーズ
  - 親と一緒にするのが好きなこと
  - 親の別居／離婚の理解：子が両親から何を言われたか，子の反応，両親は子をどのように安心させたか
  - 心理療法

- **現在の監護紛争の経過**
- **現在の懸念**
- **最善の結果に関する要望**
- **その他の問題／懸念**

Rohrbaugh (2008) より翻案。許可を得て転載。

しれない経験であり，関連がある。親自身の人生に関する個人的な語りは，現在の問題における困難と行き詰まりの理解に役立つ情報であり，しばしばスクリーニングとして有益な役割を果たす。例えば，10歳の子が自分のライフル銃を持って父と狩りをしに行くかどうかについて，両親が激しく対立して

⚠ 留意点
親に精神保健の症状を尋ねる場合，その目的は診断することではなく，その症状が養育にどのように影響するかを把握することである。

いるとしよう。経歴を語る際に，父は，自分の父との関係は，狩りや釣りに一緒に行くときを除き，遠くてよそよそしかったと説明した。父の語りは，現在の紛争における父の気持ちの強さを理解することを助けてくれる。

現在の心理的機能を確かめるため，親の精神状態をアセスメントすることも，評価の一部となる。家族が解体する結果として，感情的苦痛や行動障害を含む適応障害の症状を示すのは普通のことであるため，その親が通常発揮するベースラインとしての機能と現在の機能を区別するためのデータを聞き出すことは，面接の重要な要素である。依頼された質問事項が親に関する具体的問題（例えば，物質の使用や精神疾患）に関するものであれば，その問題の経過と現状を十分に理解することが必要である。精神保健の症状を調査する目的は，診断することではなく，それらが養育の機能にどのように影響するかを把握することである。

b. 配偶者／カップルの関係

両親の関係の経過を尋ねる際，評価者はそれぞれの親に同じ質問をする。言い換えれば，2番目に面接される親に対しても，最初の親が信頼できる情報を報告したという推測に基づかずに，最初の親と同じ事実を尋ねる。それによって，知覚，記憶そして物語の食い違いが明らかになる。最初に面接をした親は信頼できると考えられ，そして，出来事に関する説明が矛盾するにもかかわらず，2番目に面接をした親も真実を話しているように思われて驚かされることは，新人の評価者が共通して経験することである。依頼された質問事項に関連するものは心に留められ，評価の過程でさらに調査される。一般的には，関係の経過でも最も重要な出来事だけが必要だが，どこでどのように出会ったか，互いに何にひきつけられたか，そして初期の関係／求愛はどのように進んだかについても把握するべきである。「赤信号」が関係の早期から存在したかどうか，あるいは関係の失敗の前兆となる困難があったかどうかについても，尋ねるかもしれない。評価者は，妊娠に関する問題（例えば，計画していたものか，

> **⚠ 留意点**
> ２番目に面接する親から両親の関係を聞くときには，１番目に面接した親に尋ねた質問と同じ質問を尋ねなさい。１番目に面接した親が信頼性のある情報を報告したと決めてかかってはならない。

または計画外のものか），そして，子の出生（または養子縁組）が二人の関係に与えた影響についても調査すべきである。転居，病気，転職など，関係や家族に影響する重要な出来事やストレス要因が記述される。カップルが過去の決定（例えば，育児や家事の責任の分担）の際にどのように話し合ったかに関する情報は，将来の話し合う能力の見込みを理解する助けとなる。当然ではあるが，互いに対して激しい怒りを表す両親は，元のパートナーに対してよりバランスの取れた見方をしている両親に比べて，養育においてうまく協力する可能性は低い（Maccoby & Mnookin, 1992）。裁判官は一般的に，（安全上の懸念など他の状況によって禁忌となるものでなければ）将来における協力的な養育の可能性を高めるような命令にしようと試みるため，これらは重要な問題である。

　婚姻中の紛争や解決方法について調査することは，必要不可欠である。依頼された質問事項に含まれているかどうかにかかわらず，評価者はそれぞれの親にドメスティックバイオレンスが存在するかどうかを尋ねる。ドメスティックバイオレンスは，よく知られているとおり身体上の安全にとって明らかに危険であるほか，大人と子に重要な心理学的影響を与える（第3章を参照）。20州では，加害者に監護権を与えないという反証可能な法的推定が働き，さらに29州ではドメスティックバイオレンスが存在することは子の監護における重要な考慮要素となる（National Center for State Courts, 2008）。ドメスティックバイオレ

> **👍 最善の実践**
> 婚姻中の紛争の性質や解決方法は，調査の重要な領域である。依頼された質問事項に含まれているかどうかにかかわらず，評価者はそれぞれの親にドメスティックバイオレンスの有無を尋ねる。一般的に，ドメスティックバイオレンスのタイプとレベル，子に対する暴力の影響，そして暴力が継続する危険性に関する情報を求める必要がある。

ンスに関する主張が存在するときは，裁判所はそれに関するアセスメントを望むことが多い。

　監護の紛争の文脈においてドメスティックバイオレンスを評価する方法は，他の文献で詳述されている（Austin, 2000; Rohrbaugh, 2008）。一般的に，評価者はその関係における紛争の説明を求め，身体的な暴力が存在したかどうかを尋ねる。身体的な攻撃，危害の脅威，性的攻撃についても尋ねる。このような問題が確認されれば，暴力の最初の例，最もひどい例，そして一番最近の例を尋ねるのが一般的である。最も深刻なタイプのドメスティックバイオレン

スに関連するといわれる特性，例えば，社会的隔離や経済的なコントロールについても尋ねる。どちらの親にも，経験した暴力や，自らが犯した暴力を尋ねる。子の役割と反応，たとえば暴力行動が生じた際の子の所在と年齢，子が積極的に関与したかどうか，そして子への影響についてのそれぞれの親の考えについては，必ず質問する。警官，医療，隣人，友人，または家族の関与などの介入について詳しく聞くこと，そして，誰に告げたかを聞くことは，評価者にその報告の正確さを見分ける資源を手引きする。どちらかの親が保護命令を得ていれば，その出来事と法的文書を調査する。一般的に，評価者は，ドメスティックバイオレンスのタイプとレベル，子に対する暴力の影響，そして暴力が継続する危険性という，ドメスティックバイオレンスの3つの重要な側面に関する情報を求める（Rohrbaugh, 2008）。

c. 別居後の関係

　別居の性質は重要であり，それがどのように起こったかを当事者双方から調査することで，有益な情報を明らかにできるかもしれない。例えば，別居は計画されていたものか，それとも突然の危機によってもたらされたものか，警察が関与しているか。別居がとても悲惨で精神的な外傷を与えるものであれば，別居後の数日から数週間の出来事について，例えば，親が逮捕され拘置所で一夜を過ごしたか，子はその逮捕を目撃したか，翌日に逮捕された親に会うことができたかを尋ねる必要がある。親の語りを通して，評価者は，重大な出来事の間に子はどこにいたか，その時の子の年齢，親の紛争や暴力にさらされたかを尋ねる。他の外傷体験と同様に，外傷的な別離は，離婚後の個人の適応を妨げ，親子関係に影響を与えるような症状をもたらす場合がある（Johnston & Campbell, 1988）。例えば，父と16歳の息子が，母が隣人と抱き合っている情事の場面に遭遇した後に，夫婦が別居したとしよう。父は，母と隣人に対して腹を立て，身体的な攻撃を加えた。警官が呼ばれ，父は逮捕されて手錠をかけられ，拘置所でその夜を過ごした。父は，2週間は子と会うことを禁止するという一時的な保護命令を受けた。父はとても落ち込んだ。息子は母に猛烈に怒り，父が落ち込んでいることや夫婦の別居について母を非難した。この状況では，親の紛争，母と過ごすことの子の拒絶，そしてこの青年期の男子の監護という三つの点に関する裁判所の質問事項を扱う上で，別居の性質は極めて重要である。

　別居後の一連の出来事は，重要な情報である。子は，特に保護命令が出てい

> **最善の実践**
>
> 別居後の養育の経過を尋ねなさい。なぜなら，別居後の出来事は家族のメンバーに長期的な影響を与える場合があるからである。

れば，離れた親と数日または数週間会えないことが多く，その理由を知らない，あるいは理解していない場合もある。子の年齢と状況によっては，子は親がいなくなったのは自分のせいだと考えるかもしれない。そして，子は，見捨てられ感，喪失，当惑，または親に何が起こったのだろうという恐れも感じるかもしれない。残された親は，打ちのめされ，怒り，抑うつ的になって，養育にも影響が出るかもしれない。この時期は，家庭生活が流動的となり，子にとって，混乱し恐ろしい時間であることが多い。別居後の出来事が家族のメンバーに長期的な影響を与える場合があるため，評価者は，評価の時点での養育計画がどのように形作られてきたかを含め，別居後の養育の経過を尋ねる。

d. それぞれの親からの子に関する情報

評価者は，それぞれの親に，未成年の子それぞれを描写し，発達，教育，心理社会面と治療の経過を，現在の機能や具体的な懸念とともに説明するよう求める。子の監護評価者は，子のアセスメントの経験を有し，子に関する情報を得る方法を知っている（その例としてGreenspan & Greenspan, 2003; Sattler, 1998を参照）。しかし，子の監護評価では，見解の違いや矛盾を露わにできるよう，親が現在別居していることが子にどう影響しているかを，同じ質問を用いてそれぞれの親に尋ねる。例えば，アルコール依存の親を有する子の安全に関するアセスメントであれば，親の飲酒が子の安全にどのように影響しているかを説明するようそれぞれの親に求めるであろう。同様に，監護権を持つ親が他方の親の希望に反してその州から子とともに転出することを求める転居の事案[訳註1]では，評価者は転居を許可した場合と許可しなかった場合に子が受ける影響を検討するようそれぞれの親に求める。親の答えは，子のニーズを理解する彼らの能力と，その理解が養育上の判断に与える影響について，潜在的に重要な情報をもたらす。

e. 養育行動と能力

「養育」または育児は，子の教育や世話に関する経験，スキル，資質，そして責任のことをいう（Encarta World English Dictionary, 2009）。それぞれの親の養

訳註1　離婚後に，子を監護する親が就職や再婚などで子とともに離れた地に転居すると，非監護親と子の面会等ができなくなる可能性があるため，非監護親が転居に同意しなければ，監護親は裁判所に転居の許可を求めなければならない。

育への関わりの経過を把握することは，データの収集過程で不可欠なものである。監護と養育スケジュールを争っている親は，一般的に，子の世話に対する自らの関わりの程度を誇張し，他方の親の貢献を最小化する。そのため，評価者は，その親自身の子との関わりと，他方の親の子との関わりを別々に尋ねる。評価者は，過去および現在の子への責任と行動に関する全般的な項目，例えば，哺乳，オムツ交換，入浴，自宅学習，学校への参加，送り迎え，レクリエーション，課外活動，医療などについて，親に尋ねる。直接的な世話行動を示す「手を触れる」かたちでの世話の機能（例えば，入浴，哺乳，身支度，医療，自宅学習の手助け）と，間接的またはサポート的な養育機能（例えば，買い物，洗濯，金銭の支払い，予定を入れること，親と教師の会議に出席すること）を区別することは有益である。また，その親自身の親としての強みと弱みとともに，他方の親の強みと弱みを説明するようにそれぞれの親に求めることも多い。集めた情報は，真実だとは仮定できない。関連する不一致，親の長所や短所が記録され，他の情報収集の方法（例えば，参考人との接触，子との面接，心理テスト）を用いてさらに調査される。

f. 現在の懸念と希望

それぞれの親が抱いている他方の親と養育計画への懸念を，明確に理解することが重要である。一般的に，両親の懸念を詳しく聞くことは，裁判所の命令によって依頼された質問事項に意味と文脈を与える。さらに，その懸念や「扱われるべき問題」は，その家庭を十分には知らない評価者に，目指すべき方向（すなわち，調査の地図）を提供する。親の懸念から仮説が生まれ，残された評価の期間で究明されることもしばしばある。親の懸念が評価の方向付けの役に立つという考えは，子の監護の実践に慣れていない司法専門家を驚かせるかもしれない。訴訟は，子の最善の利益に基づいて裁判官が決定する，または合意を受け入れたときに終了する。家庭と法的領域で両親間の紛争が継続していることは，子の最善の利益の増進とは正反対である。親の懸念は，両親間の紛争の激化に寄与している要因を明らかにする上で役に立つ。したがって，裁判所から依頼された質問事項に関連する親の懸念を理解し査定することは，子の監護評価に欠かせない。一方の親が，他方の親は子に対してあるタイプの世話を提供できないと主張した場合，その懸念の領域がアセスメントの中心となる。例えば，親の一方が，他方の親は糖尿病にかかっている幼い子の医療的なニーズに適切に対応できないので宿泊をさせるべきではないと主張したとすると，

> **❶ 情報**
> 裁判所から依頼された質問事項に関連する親の懸念を理解し査定することは，子の監護評価に欠かせないものである。

評価者はその懸念に関して具体的な情報を引き出す必要がある。そして，これらの懸念の妥当性は，参考人からも検討する。すなわち，糖尿病の場合を例にすれば，医療記録の調査や小児科医および学校の看護師などの調査を行う。

g. 最善の結果に関する要望

それぞれの親が望む結果についても聞く。「子の最善の利益」に焦点があたるように誘導的に質問する（例えば，「ジェフリーの最善の利益は何だと思いますか？」）よりも，中立的な質問（例えば，「どのような結果が最もよいと思いますか？」）をすることが有益である。その答えは，子が何を必要としているか，特に他方の親との関係に何を求めているかを正しく理解する能力，そして，親がそれをより利己的な欲求から区別できるかどうかについて，重要な情報をもたらす。例えば，最善の結果は夫が崖から落ちることだという母の応答は，母にとっては良いかもしれないが，子の思いに共感しているものではない。

(3) 両親への心理テスト

第3章で述べたように，監護評価での心理テストの使用については議論があるが，データからは，大部分の評価者が両親へのテストを行っていることが示されている。主にミネソタ多面人格目録 – 2（MMPI-2）が施行されており，他に常時用いられているテストはない（Quinnell & Bow, 2001）。そうであっても，心理テストは「子の最善の利益についての意見形成に強く関連する中間的な質問事項」に答えることができる（Erard, 2005, p.123），または，その事件で問題となっている司法精神保健の構成概念と間接的に関連するというのが，妥当な立場である（Erard, 2005）。テストは，特に，感情制御，対人関係の感受性，自己評価，感情の幅，対処スキル，そして変化への適応性といった問題を扱う。テストをすることが適切かどうかを議論するよりも，以下の問題を検討する方がより有益である。

1. 扱う必要のある問題や仮説は何か。
2. 多様な情報源から，時間や費用の点で効率的に情報収集でき，これらの問題を確実に査定できる標準化された方法が，テストのほかに存在するか。

3. このような方法が存在しない場合，または特定の法的問題が専門的アセスメントを必要とする場合（例えば，精神疾患の疑い）には，データを引き出す方法が存在するか。Erard（2005）は，「法的問題から生じる最も重要な懸念」（p.125）からテスト（そして他のデータ）によって検証され得るような仮説が生み出された場合に，その懸念についてテストを開始するよう勧めている。
4. 適切な方法が存在するとすれば，当事者はアセスメントの費用を負担する資金があるか。

評価者がある方法を使用することを決めれば，査読（ピアレビュー）がされているか，十分な信頼性と妥当性（特にその評価で意図する目的にとって）を有しているか，市販されているか，そして包括的なマニュアルがあるか（Otto et al., 2003）といった，テストに関する他の要素を検討しなければならない。また，評価者は，自身がそのテストを施行する適格性があるかを自己評価するのがよい。これらの基準を満たすテストは，被験者個人に関する仮説を生み，確証し，または除外するための，実証的で関連のある情報をもたらす可能性がある（Gould, 2005）。

例えば，一方の親が，他方の親の症状は深刻な精神疾患の表れである（そして，他方の親の子との接触を制限すべきである）と主張した場合，適切に選択された心理テストによって，その懸念について検討するための関連情報が得られる。加えて，標準化された心理テストでは，臨床的面接で生じるバイアスの可能性や記述の誤りといった問題は生じない。MMPI-2，ミロン臨床多軸目録-Ⅲ（MCMI-Ⅲ），そして人格査定目録（PAI）などの方法は，反応様式や受検態度に関する尺度を含んでおり（Heilbrun, 2001），質問を受けている人が社会的に望ましいように回答をゆがめた程度（すなわち，「偽のよさ」(Medoff, 2003)）を知ることができるし，被験者が回答を特定の方向にゆがめることが困難な方法もある（例えば，ロールシャッハテスト(Erard, 2005)）。さらに，標準的データ，特に子の監護について争って

> **♣ 最善の実践**
>
> あるテストを使用することを決めれば，テストに関連したこれらの要素を検討する。
>
> ・そのテストは査読（ピアレビュー）がされているか。
> ・十分な信頼性と妥当性を有しているか。
> ・そのテストは市販されているか。
> ・包括的なマニュアルを有しているか。
> ・自身がそのテストを施行する適格性があるか。

> 👍 **最善の実践**
> テストが適切であれば，施行者は，標準化された方法でテストし，慎重に解釈し，その限界を記述しなさい。

いる親に関する標準的データが存在することは，他のアセスメントの方法では不足することの多い比較の基準となる（Bathurst, Gottfried, & Gottfried, 1997; McCann et al., 2001）。

　テストが適切であっても，評価者は標準化された方法で施行する必要がある。例えば，MMPI-2 などの自己記述式のテストを当事者が自宅で行うことは，標準的な実施方法に反しており，結果の妥当性を損なうため，許可すべきではない。当事者が他の部屋や待合室に一人で座り，観察されない状態でテストを行うことさえ，結果を損なう可能性がある（Bow, Gould, Flens, & Greenhut, 2006）。さらに，すべての情報がインターネットで入手できるのであるから，被験者となる人に対して，テストを受ける上での指針を提供しているウェブサイトを調べたり，テストの手順について参照できるものを探したりしたかどうかを尋ねなければならない。被験者がそのようにしていれば，準備された反応が結果の妥当性を低下させる可能性があるため，評価者は，被験者のテストへの反応をそのウェブサイトが推奨しているものと比較するために，関連するサイトを調べる必要がある。テストが採点され，その結果が妥当であると考えることができても，解釈は慎重に行われるべきであり，その限界を記述するべきである。

　子の監護評価において，大人を査定するのに最も一般的に用いられている標準化されたアセスメントの方法のうち3つに，簡単に言及する。

　MMPI-2 は，心理士の大多数に用いられている（Bow et al., 2006; Quinnell & Bow, 2001）。これは自己報告式のテストで，なかでも，向社会的または反社会的な行動傾向，感情を調整する能力，物質乱用の可能性，他者に対する感受性や信頼感，一貫性と信頼性といった，養育の質に関する人格上の構成概念に関連するデータが得られる（Caldwell, 2005; Medoff, 2003）。MMPI-2 の臨床尺度は，一方の親について，養育能力の低下につながるような精神疾患の懸念が主張されている場合に有益である。また，MMPI-2 には，監護について争っている親に関する標準的なデータがある（Bathurst et al., 1997）。

　MCMI-Ⅲ は，利用される頻度が増えている（評価者が報告した監護評価のうち 39%（Quinnell & Bow, 2001））。このテスト（現在のものは第三版）は自己報告式のテストで，大人のパーソナリティ障害の測定を目指している。標準化のサンプルは，感情面および対人面の問題症状を呈している，または，専門家による

心理療法を受けている個人だけで構成されている。パーソナリティ障害の尺度の幾つかは，監護に関する訴訟当事者の精神病理を適切に鑑別することができないため，このテストは，慎重に，そして，ある程度懐疑的な姿勢で用いられるべきである（Widiger, 2001）。子の監護評価での本テストの使用に関する標準化研究では，女性について，同様の所見が見出された（McCann et al., 2001）。McCann et al.（2001）

> **❶ 情報**
>
> 子の監護評価において，大人の査定に最も一般的に用いられる標準化されたテストは，以下のとおりである。
> ・MMPI-2
> ・MCMI-Ⅲ
> ・ロールシャッハテスト

は，子の監護の文脈でMCMI-Ⅲの解釈レポートを用いるときには，「細心の注意」を払うことを提案している。すでに述べたように，両性を含んだ新たな標準データ（性別による相違の修正を意図したもの）は検証されておらず，こうした注意はいまだ妥当である。

ロールシャッハテストは，評価者が報告した評価全体のうち約30％で使用されている（Quinnell & Bow, 2001）。この知覚テストは，被験者の行いを直接観察するもので，自己報告式のテストから得られた結果を補足できる（Erard, 2005）。なかでも，どのように感情を扱いストレスに対処するか，他者のニーズを理解する能力を有するかどうか，環境の変化への対処に適応性があるか融通が利かないかといった事項を含んでいる。これは，他の情報源から生成された仮説を確かめる上で，有用である（Calloway, 2005）。しかし，MCMI-Ⅲのように，監護評価での有益性についてはさまざまな意見があり（Calloway, 2005; Hunsley, Lee, & Wood, 2003），「精神保健上の疑問が示されている場合における監護評価」で使用することが，最も望ましいといえよう（Rohrbaugh, 2008, p.227）。

2 │ 子に関するデータの収集

第2章で述べたように，裁判所は，一般的に，親の機能，子の機能，親−子の相互作用，親同士の関係について情報を集める。これらは精神保健上の構成概念であり，子の最善の利益という基準に関連する要素として認識され，APAのガイドライン（APA, 2009）やAFCCのスタンダードモデル（AFCC, 2007）にも含まれている。加えて，裁判所は，評価者に査定を求めたい具体的問題，例えば子が親と時間を過ごすことを拒否するといった問題を示すであろう。あらゆる面接から，子の最善の利益という基準の一部に含まれる情報が得られる

> **❶ 情報**
> 子は，通常，監護評価の手続において法定代理人を有していないため，子との面接は，子が話を聞かれ，養育計画と法的結果に影響を与えられる唯一の機会かもしれない。

が，子との面接からは，子の経験について他からは得られない情報が得られる。家族，親の別居，そしてそれらに関連した出来事を子がどのように経験しているかを理解し，解明することは，子との面接での最も重要な目的である。通常は，これらの手続において子は法的代理人を有していないため，子との面接は子が話を聴かれ，養育計画と法的結果に影響を与えることのできる唯一の機会かもしれない。司法における子との専門的な面接は，子の臨床的面接の一般的な技術と知識を必要とする。子との一般的な臨床的面接を記述することは本書の範囲を超えるが，多くの文献でこのテーマが扱われている（例えば，Cordell, 2005; Greenspan & Greenspan, 2003; Klykylo, 2005; Sattler, 1998を参照）。評価者は，親の面接と同様に，子の発達的な年齢に応じてこれから起こることを説明し，秘密保持の制限に関して注意を与えることから開始する。

（1）インフォームドコンセント

評価者がその役割と秘密保持の制限を説明する際には，事務所に親と子が一緒にいることが最善である。その場にいることで，親は子が評価者に話すことを暗黙的に許可し，子を支え，子の混乱を解消する。評価者の役割と事務所は子にとって不慣れなものであり，評価者に会うことを子がいくらか不安に感じるであろうことに留意する必要がある。子が誤解している可能性についても敏感である必要がある。例えば，幼い子に対して「ドクター（博士）」だと自己紹介した場合は，注射をするようなドクター（医師）ではなく，心配事，困ったこと，気がかりなことについて子と話をする心配事のドクター，「気持ち」のドクターだと説明することが有益であろう。

次の段階では，親が同席する中で，子の発達に応じて適切なやり方で，秘密保持の制限についてインフォームドコンセントを行う。ここにいる理由をどう理解しているかを，子に尋ねることは有益である。答えられなければ，その説明に際して親の助けを引き出すことができる場合もある。そうでなければ，子の年齢と認知能力に合わせて簡潔に説明すべきであり，その際には，両親が一緒に住めなくなり，子が両親とどのように時間を過ごすべきかを決められない場合は，裁判官が両親とともに決定するということも説明する。裁判官は，最

善の決定ができるよう，評価者が子や家族について知り，裁判官を援助するように求めていることも説明する。裁判官という概念を理解できない未就学児と小学校低学年の子に対しては，裁判官は大人が決められないときに決定を下す人だと説明するか，裁判官という概念を無視することとなろう。「あなたがそれぞれの親とどのように時間を過ごすのがあなたにとって最もよいかを知る手助けをしてほしいと，あなたの両親が私に頼んでいる」と説明することもできる。

> **最善の実践**
> 子の監護評価の一部として面接される理由を子が理解していなければ，子の年齢と言語的能力に合わせて簡潔に説明する。

　評価者は，報告書を書き，そしてその報告書は両親が読むであろうことを説明する。ある情報を両親やその他の人が知ることを望まない場合は，子はその情報を評価者に伝えるべきではない。子が，答えたくない質問を避けられるよう，評価者はそのことをさらに詳しく説明し，例えば「ノーコメント」，「それについては話したくない」と言えることを伝えてもよい。

　さらに，面接の導入において，子が率直に返答することを促し，答えが分からなくても推測で答えないように伝える必要がある。面接者は，面接を進める前に，簡単な質問と言い換えを用いて，幼い子がこのことを理解しているかどうかを確かめることができる。例えば，4歳の子に対しては，「あなたの好きな色は何？」，「あなたは今朝何を食べた？」と尋ね，その後に，子が「分からない」とすすんで言えるかどうかを把握するため「私の好きな色は何？」，「私は今朝何を食べた？」と尋ねることがあり得る。これにより，評価者は，より信頼性の高い答えを引き出すために，質問に答えるルールを子に教えている。

　評価者は，子の年齢と言語的能力に合わせて説明する。1人以上の子に面接する際は，最も幼い子の言葉に合わせると同時に，年長の子を見くびって話していると認識されないようにする。子が何歳から秘密保持の制限に関する注意を理解できるかに，関心を持つ研究者もいる（Condie & Koocher, 2008）。子がその概念を知的に理解したとしても，総じて，自分の生活が両親に対して秘密となっているという経験を持たない前青年期の子にとっては，秘密保持が実際にどのような意味を持つかを知ることは難しい。そのため経験的にそうした方がよいといった程度の意味しかないかもしれないが，そうであっても，面接を受ける子が理解できるような言葉で，秘密保持の制限について子と話し合わなければならない。

秘密保持の制限を説明した後，子との個別の面接を開始するため，親に部屋から退出するよう依頼する。代わりに，親が同席している間に子が評価者や（面接室の）環境に居心地の良さを感じられるようにし，親－子の関係に関する情報を収集するために，個別面接の前に，親－子の観察を行う評価者もいる。どちらがより好ましい順序であるということはないが，普段のやり方を個別の事件に適合させる必要がある。例えば，親に対して腹を立てている青年について親－子の観察のセッションから開始することは，親にまとわりついている4歳の子について個別面接から開始するのと同様に，明らかに不適切な選択である。

(2) 面接で扱うべき話題

子との面接で扱うべき重要な話題をまとめたものが表5.2である。

4歳の子に対する面接と，14歳の子に対する面接では，言語，想像力，認識，注意集中，情緒的な成熟度における発達上の相違を理解した上で，異なる技法，道具，アプローチを用いる必要がある。幼い子との臨床的面接では，評価者と子は床に座り，表現を促すためにパペット（指人形），アクションフィギュア（可動する人形），人形を使用するであろう。年長の子では，評価者と子は一般的に椅子やソファに座るが，面接の間，子は断続的におもちゃで遊んだり，絵を描いたりするかもしれない。初めに，評価者は，学校，友人，子の洋服に関すること，ペット，子が没頭している楽しい活動，子をくつろがせるような事柄を尋ねて，早期に子とのラポールを築こうとする。そうしながら，評価者は，子の発達上の年齢と意欲に沿った方法とペースで質問を開始する。

評価者は，子の全体的な機能について把握しながら，学業，社交，課外活動を含めて，家庭外での子の生活と機能を尋ねる。エレクトロニクス，Facebook，好きな音楽，本，運動，ペットは，青年にとって身近な話題である。面接を，脅かされることのない状況で子が自分自身のことを話す機会にする。評価者は，家族構成や好き／嫌いなどの家庭での生活に話題を転じる。そして，親の別居とその影響に関する子の理解と経験，（過去および現在の）両親間の紛争の性質，現在の家族関係に関する子の考えについて，情報を引き出すような質問をする。現在の養育計画について経験していること，それぞれの親の関わりの得やすさについての認識，親の機能に関する見解も，面接で扱うテーマである。評価者は，裁判所から依頼された具体的な質問事項に関する付加的な領

表5.2 子について得るべき情報

- **子の様子（単独および他の家族の同席）**
  - 活動性の水準
  - 注意持続時間と注意の散漫性
  - コミュニケーション能力：陳述の明瞭性，組織性，構文
  - 身体的な調節機能：身体動作の癖や特性
  - 欲求不満耐性と衝動性
  - 感情面の快適さ，気分の状態，悩みや不安の兆候
  - 限界設定への反応
  - 賞賛への反応
  - 社会的スキルと相互作用：アイコンタクト，表情，声の調子と質，性的または魅惑的行動の存在（および意味）
  - 認知発達：論理的分析の能力，細部を思い出し報告する能力，共感能力，他者の身になる能力
  - 身体的状態：健康，清潔感，衣服の全体的な外観

- **家族のメンバーに関する子の理解と関係**

- **それぞれの親の家（建物および習慣を含む）に関する子の認識**

- **それぞれの親の許容範囲としつけに関する子の認識**

- **別居／離婚に関する子の理解**
  - それぞれの親が別居／離婚について子に何を話したか
  - 別居／離婚における子自身の役割についての認識
  - 別居／離婚を経たそれぞれの親に関する考え
  - 別居／離婚が子の両親，きょうだい，親族，友人との関係にどのような影響を与えたかに関する認識
  - それぞれの親の新たな社会生活が子の生活に与える影響に関する認識
  - 紛争における子の忠誠心

- **子の支援態勢**
  - 子が信頼しているのは誰か（家族のメンバー，教師，友人などで）
  - さまざまな人と一緒にいる時の子の感情表現

- **監護に関する子の希望と選択（間接的に表現されたもの）**
  - 何が最善かを裁判所が決定することに資する情報を子が有しているか
  - 子は，両親のどちらと主に生活することになると想像しているか
  - 裁判官が，子は母／父と一緒に暮らすべきだと決定した場合，子はどのように感じるか
  - 子の3つの願いは何か
  - それぞれの親と過ごす時間を子は変えたいと望んでいるか

- **子の心理的機能**
  - 学校，社会，近隣での子の活動と適応
  - 家族と家の変化に対する子の適応
  - 情緒的愛着を形成し維持する子の能力
  - 子の自己概念，自尊心，不安，恐れ，怒り
  - 子の全体的な気質

Rohrbaugh（2008）から許可を得て転載。

域も調査するように，特に注意を払う。例えば，性的虐待の主張があれば，それ専用のアセスメントに着手するかもしれないし，他の専門家にアセスメントを依頼するかもしれない。一方の当事者の不適切な行動が疑われていれば，その親と過ごす時間について詳細な情報を引き出す。同居親が子とその州から転出したいと求めている転居の事件では，その距離が関係にどのような影響を与えるかに関する見通しを得るために，子が同居していない親とどのように，いつ関わっているかを調査する。

　子の精神保健に関するあらゆる面接と同様に，子の精神状態，全体的な心理社会的な機能，ドメスティックバイオレンスや虐待の経験について質問をすることは重要である。子による監護の選択をどう評価するか，そもそも評価するかどうかは，子の社会面，感情面，知的な成熟，さらに制定法の要件によって異なる。ようやく意見を述べる機会を与えられて，ほとんど促されなくても意見を表明する子もいる一方で，子の考えが家族の助けになるのだと促され，子の選択を反映した養育計画を提案する子もいる。多くの子は，自分が親を選択したと考えることは望まない。司法評価者は，子がそのような状況に陥ることを防ぐよう配慮しなければならない。子との面接で推奨されるさまざまな質問を，表 5.3 に示した（Gould & Martindale, 2007; Rohrbaugh, 2008 も参照）。

(3) 子への心理テスト

　児童および青年に対する心理テストの使用頻度に関する調査結果を除いては，監護の紛争のさなかにいる子に対してアセスメントツールを用いることを理論的に根拠づける文献は少ない。しかし，特に両親が子について異なる見解を持っているときには，心理テストが答えることのできる疑問もあるかもしれない。例えば，Erard（2005）は，テストによって解明され得る子についての懸念を数多く提示しており，その中には，両親の離婚に対処する「認知的，感情的，社会的資源」(p.123)，または，顕在化した未熟さが発達上の遅れの影響を受けたものか状況的なストレスに対する反応なのかどうかといったことが挙げられている。Clark（2008）は，心理テストにより，子の特別なニーズ，個人的な問題，それぞれの親・家族・離婚に対する子の見方に関し，付加的な情報が得られると述べている。一方の親が子の心理的機能への懸念を示し，子が治療を受けることを勧めているが，他方の親は問題を認識しない，または子ではなく一方の親の精神病理が原因で懸念が生じていると主張するといった紛

表 5.3　子との面接での質問例

・親の別居に関する子の経験を引き出すための質問例

1. 親はどういうふうにして離婚の話合いをするようになったの？　驚いた？　それとも、そうなると思っていたの？　今、両親はどうなっているの？［両親間の紛争の査定］

2. 私はね、親が離婚を話し合っているたくさんの子とお話をしているの。その子たちは、それがその子にとってどうだったかを教えてくれたよ。それで、あなたにとっては、どうだったかな？［もし答えがなければ］悲しかったり、腹を立てたり、別に大丈夫だったと言う子もいたけど、どれに似ているかな？

3. 親が別々に住んでいることで、いちばん良くないことはなに？　いちばん良いことはなに？

4. 家族の絵を描いてください。［紙を数枚とクレヨン／色鉛筆／マーカーを渡す。誰が含まれているかを書きとめ、それぞれについて尋ねる。描かれていない者がいれば、「あなたのお母さん（お父さん、きょうだいなど）はどう？」と尋ねる。］

5. 誰と一緒に住んでいるの？［他方の親］とはいつ会っているの？　お母さん／お父さんと会いすぎだと思うかな、少なすぎると思うかな、それとも、ちょうどいい時間で会っていると思うかな？［他方の親についても同じ質問をする］。この予定／計画は、あなたにとってどう？　もし変えることができるなら、何を変えたいかな？

6. この［離婚／別居］は、あなたにどう影響したの？　離婚についてもしあなたが何か変えることができたら、何を変えたい？［両親が元に戻ることと答えた場合は、両親が別居したままの場合に変えたいと望むことを尋ねる。］

・家族関係に関する情報を引き出すための質問例

7. お母さん／お父さんといちばん一緒にしたいことはなに？

8. あなた自身についていちばん好きなところはなに？　あなた自身のことについて変えることができるなら、何を変えたいかな？　あなたのきょうだい／お母さん／お父さんについて、いちばん好きな点はなにかな？　あなたのきょうだい／お母さん／お父さんについて変えることができるなら、何を変えたいかな？［他方の親についても同じ質問をする。］

9. あなたが困ったり気持ちが乱れたりしたときは、誰のところに行くことが多いの？　それはなぜ？

10. 腹を立てることは、誰でもあることだよね。あなたは、腹を立てたときはどうするの？　それをすると何が起こる？　お母さんは、腹を立てたときは何をするの？　お母さんがそうした時には、何が起こる？［きょうだいを含む家族の全員についてこのように尋ねる。代わりに、「家族の中で一番腹を立てるのは誰？その人が腹を立てた時には何が起こる？」と尋ねることもある。］

表 5.3 子の面接での質問例（続き）

11 お母さんはどんなふう？ お父さんはどんなふう？
12 家の中での中心は誰かな？
13 家で誰か怪我をしたことがあるの？ 何が起こったの？
14 願い事が3つかなうとすれば，何を望むかな？
15 裁判官に伝えたいメッセージはある？ 裁判官に直接話ができたとしたら，なにか言いたいことはあるかな？

・子の精神状態に関する情報を引き出すための質問例

16 ［青年に対して］あなたの気分はどう？ 普段は幸せな気分？ それとも，悲しい気分，怒っている気分，不安な気分，それ以外の気分かな？
17 いちばん恐ろしいのは，どんなこと？
18 望むことをなんでもできるとすれば，何をしたい？
19 親友はいるかな？ たくさん友だちがいる方か，少しはいる方か，それとも，あまり多くない方かな？
20 悲しいときにはどうする？ 腹を立てたときは？ 不安なときは？ よくそうなっちゃうかな？ 時々かな？ それともあまり多くないかな？

争は，頻繁にみられるものである。このような場合，心理テストによって客観的な情報が付加され，そうした情報は，状況の本質を両親の双方に教えるとともに，裁判所に提出する勧告の参考になる。

　法的問題に関する質問事項に答えるため，心理テストによるデータを用いると決めれば，査定する問題に応じて，多くの選択肢がある。最も一般的なアセスメント技法は，さまざまな描画法（人物，家，木，家族）だが，司法上はそれらから結論を導き出す実証的基盤が存在しないため，仮説の生成や，子との面接や観察を補助するものとして使用するべきである（Rohrbaugh, 2008）。対人関係，家族，自己認識を扱う技法としては，文章完成法のほか，絵画統覚検査（TAT），幼児・児童用絵画統覚検査（CAT），ロバーツ統覚テストなどの物語の投映がある。文章または物語のどちらの場合においても，評価者は面接においてテスト結果と関連する反応を探すべきだが，スコアリングの標準化の限界のため，司法に関連する推論を行う際は，非常に注意深く行う必要がある（Medoff, 2003）。よく用いられる標準化された方法は，ロールシャッハテストと

MMPI-A（14-18歳）であり，どちらも特に精神病理が疑われている場合の児童および青年の感情面の状態を査定するのに有益である。

> ⚠ **留意点**
> 子の監護評価者は，妥当性がほとんどない，あるいは，まったくない方法から結論を導いてはならない。

アッケンバック実証に基づく評価システム（Achenbach, 2010）は1歳半から18歳を対象とし，コナーズ評価尺度（Conners, 1997）は6歳から18歳，小児行動評価システム第2版（Reynolds & Kamphaus, 2004）は2歳から25歳，そして児童性格検査（Lachar & Gruber, 2001）は5歳から19歳を対象とする。これらは，両親に加えて，教職員からも情報を引き出すという利点があり，異なった情報源の間での比較を可能にする。子の機能に関する幅広い描写を提供しており，両親が子の精神保健のニーズに関して異なった考えを有する場合には，特に有益である。Quinnell & Bow（2001）に記述されているように，監護評価におけるアッケンバックとコナーズによる児童の行動尺度の利用頻度は，1997年から約6倍に増加した。子の困難について幅広くスクリーニングするアセスメント技法のほかに，小児抑うつ尺度（Kovacs, 1992）などの，特定の問題のアセスメントに適合した多くの方法が存在し，これらは選択的に用いることができる。しかし，小児抑うつ尺度，そしてその他の行動尺度は，項目の透明性の問題から，司法上の使用には限界がある。

3 │ 親－子の相互作用の査定

(1) 場面設定

子の監護評価においては，親子同席場面での観察や面接も行う（AFCC, 2007; APA, 2009）。こうした観察の場所としては，評価者の事務所や家族の自宅があり得る。重要なことは，評価者は，家族内および家族間の比較が可能となるように，一貫性のある実践を展開することである。評価者の事務所で観察を行う利点は，利便性があること，時間や費用の節約になること，安定性があることであり，評価者は信頼性をもって，家族力動を観察対象となる家族間で比較することができる。もちろん，主な不利益には，家庭での観察が普段の状態により近いのに対して，事

> ♣ **最善の実践**
> 家族内および家族間での比較ができるように，観察を行う際は，一貫性のある実践を展開させなさい。

務所は観察にとっては不自然な場面であることである。

(2) 評価者の役割

家族の観察のセッションの間は，事務所の隅やワンウェイミラーの背後に座る，または，家庭内に控えめに居ながら，定められた時間内は子と一方の親の相互作用を観察するというように，観察者の役割を厳密に守る評価者もいる。一方で，面接者としての役割を取り続け，開かれた質問を行い，そのセッションでの家族の相互作用を記録するという，関与しながらの観察を行う評価者もいる。また，子の年齢や事件の特性に基づいて，これらの観察のモデルの中間に分類されるやり方をする者もいる。一般的なアプローチは，年長の子には面接しながら家族の観察を行うのに対し，幼い子と小学校の子については静かに観察するというものである。年長の子にとっては純粋な観察は不自然であり，居心地の悪さを感じやすい。この領域に関して公表されているガイドラインは，どちらが家族の相互作用を査定するのに優れた方法であるかは示していない。しかし，ガイドラインは，評価者は十分に検討してアプローチを選択し，個々の事件ごとに全般に一貫したアプローチをとるよう注意喚起している。

(3) 事務所での親-子の相互作用の観察

事務所で親-子の相互作用を観察する場合には，前もって，予定をわかりやすい言葉で親に説明するのが通常である。子と親が一緒にいる面接が初めてであれば，評価者は自己紹介し，インフォームドコンセントを行い，子と親に予定を伝える。Rohrbaugh（2008）は，年齢に応じた親-子の観察の選択肢を検討し，構造化された方法と構造化されていない方法を示した。例えば，あまり構造化されていないセッションの終わりには，一緒に絵を描くこと，休暇の計画を立てること，組み立て式のおもちゃで何かを作ること，一緒に片付けることなどを親子に求めることがあり得る。親-子の観察時間の長さはさまざまだが，30分から90分が典型的である。以前のテキスト（例えば，Schutz et al., 1989）は，長時間で，構造化され，かつ頻回の親-子の観察を行うことを勧めていた。しかし，近年のテキスト（例えば，Rohrbaugh, 2008）は，APAのガイドライン（2009）とAFCCのスタンダードモデル（2007）と同じく，2回の観察，それぞれの親と1回ずつの観察をすることを勧めている。これらのモデルと同様に，大部分の心理士は評価の過程で親-子の観察を行っていると報告してい

る（Bow & Quinnell, 2001）。

（4）家庭訪問

子の監護評価において，家庭訪問を行うことは必須ではない。心理士のうちおよそ3分の1が家庭訪問を行っていると報告しているとの調査結果（Bow & Quinnell, 2001）があるが，第3章で述べたように，実際に行っているのはもっと少ないかもしれない（Horvath et al., 2002）。家庭訪問を計画するのであれば，両方の親の自宅を見に行くべきである。面接と観察の機会にもなるよう，子が在宅しているときに行くことが望ましい。子が乳幼児の場合，事務所での面接や観察は，発達や関係性についてのデータ収集という点であまり有効でないため，家庭での観察によって得られるものは特に大きい。

一方の親が他方の親の住居の問題点を主張していれば，示されている懸念について査定するため，家庭訪問は不可欠である。親と子を観察する機会が得られることに加え，家庭訪問により，寝室の様子，遊び道具の種類，安全性，自宅における刺激や秩序の程度といった関連情報が見出せることがある。親が家族の写真から他方の親の写真を切り取っていること，自宅に他方の親の写真がないこと，その逆に，子と両親の写真が子の寝室に残っていることは，注目に値する。事務所での面接で，両親からこのような質的情報を得られることはまれである。子に自宅の中を案内するよう頼むことは，家族と評価者のどちらにとっても「緊張をほぐすもの」としてよいことである。子は家庭での食事の場面で，最もその子らしく振る舞う可能性があり，その他の場面よりも家族力動をより明らかにできるため，食事の時間に親と子を訪ねることを好む評価者もいる。

家庭訪問は，観察される者にとってはストレスの多い経験となる。評価者がくつろげていれば，関係するもの全てにとってより心地よいものとなる。他人のプライベートな空間に初めて評価者が足を踏み入れる際に，ぎこちなさを感じることは珍しくはないが，時間とともに気楽なものとなる。さらに，評価者それぞれが家庭訪問のやり方やフォーマットを発展させれば，よりいっそうの一貫性と気安さがもたらされる。まとめると，家庭訪問は貴重な情報を豊富にもたらす可能性があるが，実際には，家庭訪問は子の監護評価において一

> **▲ 最善の実践**
>
> 家庭訪問を計画するのであれば，各親の自宅を見に行くこと，そして，家庭訪問が家庭での観察となるよう子がいる時に行くことが賢明である。

律に行われるものではない。

4 | 参考人からのデータの収集

　監護評価者は，通常，家庭外の人（「参考人」と呼ばれることが多い）が子の監護評価の主要な要素に関連する情報を持っているかもしれない場合に，その人から情報を得る。これらの参考人は，主に，両親や子と専門的な関係を持っている人であり，医師，セラピスト，教師が挙げられるがそれらに限られない。こうした専門家は，おそらく紛争の結果には利害関係を有しておらず，バイアスによって情報が損なわれる可能性は低いであろう（Austin, 2002）。しかし，評価者は，専門家の情報が不完全かもしれないこと，クライエントを擁護するかもしれないことに留意する必要がある。参考人の第二のグループは，友人，隣人，その他専門家としてではなく子と関わる人（例えば，コーチ）から構成される。それぞれの親は，紛争の結末について意見を持つ情報提供者のリストを提出する（促さなくても，提出されることがしばしばある）。こうした情報提供者の意見は，紛争について彼らが知っていることに基づいている。これらの人たちは，彼ら自身が目撃した両親と子の行動を容易に証言する。情報提供者の第三のグループは，家族のメンバー，元の配偶者，大切な人（恋人）であり，彼らは通常当事者に関するバイアスを有している。彼らの意見はあまり有益ではないが，特定の出来事に関する観察や情報が妥当なこともあり得る。関連する出来事（どちらの親からも報告されたもの）を見たり聞いたりし，目撃したものを証言できる場合が，最も有益であろう。

　電話であれ面接であれ，参考人から聴取をするときは，この情報交換では秘密保持はなされず，評価者がその場で記録（または録音）し，その情報が裁判所への報告書の一部となることを伝える。参考人から証人になることについて尋ねられれば，評価者は，わずかだがその可能性があることを伝える必要がある。子の監護評価の最善の実践に参考人との接触が含まれることは，この領域での共通認識となっている。

♦ 最善の実践

家庭外の人（「参考人」）が監護評価に関連する情報を持っているかもしれない場合は，その人から情報を得なさい。これら参考人には，医師，セラピスト，教育関係者，コーチ，友人，隣人，家族のメンバー，元の配偶者，大切な人（恋人）が含まれる。子の監護評価の最善の実践に参考人との接触が含まれることは，この領域での共通認識となっている。

5 | 記録調査によるデータの収集

評価者は，当事者や子に関する文書を調査する。子の監護評価者に関する調査研究では，全ての事件で何らかの記録を調査していることが示されている（Bow & Quinnell, 2001）。調査対象となる文書としては，特に，法的記録（例えば，申立書，宣誓供述書，裁判所の命令書，保護命令，以前の裁判所の決定），教育・精神保健・医療の記録，児童保護記録，以前の監護評価，そして刑事上の記録がある。原本を紛失する責任を負わないよう，原本ではなくコピーを取得する方がよい。時おり，当事者の一方または双方が，婚姻の経過を記載した文書，日記のコピー，当事者間の電子メールや手紙を提出する。電子メールなどの提出は，価値があるものとなる場合があるが，一方の親が，他方の親の不道徳な行為の証拠として，その親が第三者に送った電子メールを提出することもある。他の形態の記録として，写真（幸せな家族の写真が一般的である），家族の相互作用や家屋（通常はかなり乱雑なもの）のビデオ，電子的な記録（例えば，ボイスメール）といった，フィルムや電子画像がある。親に対しては，彼らが提供した文書は全て報告書に記載されるため，他方の当事者もその記録を得ることができると伝える。

> **❶ 情報**
>
> 調査研究では，監護評価者は，利用可能な場合，法的文書（申立書，宣誓供述書，裁判所の命令書，保護命令，以前の裁判所の決定），教育・精神保健・医療の記録，児童保護記録，以前の監護評価，そして刑事上の記録を調査していることが示されている。

まとめると，データ収集は，子の監護評価の集中的で実際的な部分である。両親との面接，子との面接，家族の観察，参考人との接触，そして記録調査は，ほぼ全ての子の監護評価に含まれる5つの要素である。また，子の監護評価の多くで，心理テストや家庭訪問も行われている。大量の情報を集め終えると，いよいよ，司法評価者はそのデータをまとめ，解釈するという課題に直面する。

| 第**6**章 |

解釈
Interpretation

　この章では，解釈の参考になる法的および倫理的問題に留意しつつ，解釈の枠組みを示す。新たに子の監護評価を行うことになった評価者の多くは，大量の情報を統合し理解するという課題に気力をくじかれる。経験を積んだ評価者は，十分に包括的で，しかし過度に詰め込みすぎではない意見を裁判所に提出するため，収集した情報について考えぬく方法を確立している。

1 │ 解釈を向上させるための情報整理の戦略

　アセスメントで得られたデータを解釈するには，多くの方法がある。ひとつは，そのデータを，依頼された質問事項と制定法の要件に留意しつつ，データを4つの要素（親，子，適合性，親同士の関係）に整理することである。以下の事件を例にあげて説明する。父が10歳の息子の監護権を求めて申立てを行い，裁判所が評価を命じた。母と参考人は，父が過去に暴力を振るった可能性があることを理由に，子の安全について懸念を示した。警察の報告書と参考人からは暴力のエピソードが述べられ，母は父への恐れを示し，母のセラピストは母がPTSDと抑うつ状態にあるとの診断を報告した。父は，女性の肩を持つ司法システムによって不十分に扱われてきたと，怒りをもって主張した。そして，子はほとんど話さず，家族の関係を尋ねられると，その場を離れたいと述べた。一緒にいる場面を観察したときは，子は母に一緒に絵を描くよう指示し，母の努力をたたえていた。評価によって，長期にわたるドメスティックバイオレンスなどの暴力のエピソードが十分に記録化されていることが明らかとなっ

表 6.1　解釈のモデル

	面接／心理テスト
親A：強みと弱み	［＋］共感的，協調的 ［－］抑うつ的，依存的
親B：強みと弱み	［＋］「やればできる」という態度 ［－］怒りを爆発させる，他人を非難する
子のニーズと能力	精神保健と学校の問題，親がその問題に協力することへのニーズ
親－子の「調和」の適合性	父は子に大人の問題を伝える，母は養育的だが子を常に登校させることができていない
両親間の紛争／協力のレベルとタイプ	父は，母が父と話すのを拒絶していると報告し，母は連絡をとると危険だと述べる

た。評価者は，依頼された質問事項（子の監護に関連する問題），母の懸念（父と一緒にいる時の安全性），制定法の要件（最善の利益の重要な要素である親のドメスティックバイオレンスの鑑別）に基づいて，データを解釈する。評価者は，父の養育の弱点，この事件では怒りに関する著しい問題を報告するとともに，父の強み，例えば「やればできる」という態度と養育費の支払いを報告した。母の強みと弱みも，ドメスティックバイオレンスの二次的な症状かもしれない慢性的な抑うつ状態も含めて，同様に報告された。子のニーズは，特に養育に影響を与えるものとして記述された。この事件では，10歳の男の子は学校での落第，反抗的な行動，双極性障害との診断を受けた経過がある。子は，精神医学上および教育上のシステムと協調して動くことができ，子のニーズを代弁し，最後まで一貫してやり遂げる親を求めている。親同士の関係は葛藤と怒りが特徴であり，そのため，共同監護は危険をもたらすであろう。

　上記のデータを整理する方法として表6.1を用い，評価者は子の監護評価に中心的な領域を検討して，それとともに，制定法の要件，事件の個別性を検討した。評価者は，裁判所からの質問事項に照らし，家族の現在と過去の生活における心理的な「事実」を分析した。多様な情報源（面接やテスト，観察，参考人，記録調査）から集められたデータは，表6.1の枠に記入する材料と

🔸 最善の実践

家族の現在と過去の生活における心理的な「事実」をまとめ，それらを裁判所からの質問事項に照らして分析することが任務である。

観察	参考人	記録調査
受動的		
約束に遅刻したり約束をすっぽかす	［－］小児科／学校は，父は一貫性がなく破壊的だと報告した	
不安そうであり，部屋から去り，両親について話すのを避ける	母といるときは遅刻が多いと教師は報告した	学校の評価，子の心理評価
父子関係は緊張しており，母子関係は温かい		
両親が揃ってクリニックにいる，または怒りを伴って連絡をしているときは，張り詰めた雰囲気である	学校は，学校行事での両親間の紛争を報告した	保護命令，記録されたドメスティックバイオレンスの経過

なった。どの「親の特性」と「子のニーズ」を特に取り上げるべきかについては，依頼された質問事項，他方の親が示す懸念，制定法の要件，そして関連する個別の問題が参考となった。

2 │ 解釈のヒント／ガイドライン

(1) 仮説の生成と分析

一連の評価のプロセスが展開するのに伴って，仮説が生まれ，それが調査を適切な方法に導く。家族機能に関する仮説は，以下のような情報源から導き出される。

- 裁判所の依頼理由
- それぞれの親が他方について表した懸念
- 臨床的な面接と観察
- 参考人
- 心理テスト
- 記録調査

> **最善の実践**
> 評価の過程では，そのプロセスが展開するのに伴って生じる仮説により，適切な調査方法に導かれるであろう。

例えば，先ほどの事件において，母が示した懸念やドメスティックバイオレンスを認定する報告書からは，子の養育において自身の怒りを統制する父の能力についての仮説が得られるであろう。母の精神保健について父が懸念を示しているため，評価者は，息子からの養育上の要求へ対処する母の能力やエネルギーについて検討することになるが，母の抑うつはドメスティックバイオレンスの二次的なものである（そのため母が安全感を得られれば，母の機能は向上する）可能性も検討することになる。この文脈において，ドメスティックバイオレンスの領域に関する研究の知識は，両親が同居していた時の子への虐待の存在も調査するよう，評価者を方向づけることになろう。

子に精神保健と教育上の重要なニーズがあれば，評価者は，このような気質と行動面の課題を持つ子を扱うそれぞれの親の能力について，仮説を生成することになろう。ドメスティックバイオレンスがあるとすれば，学校やサービスの専門家が息子のニーズを確実に満たせるように，親同士が協力する能力があるかを問うであろう。このような状況では，両親が相反する目的を持って行動すると，子にとって極めて有害になる。仮説はアセスメントの参考になり，報告書でどの問題に言及するかを明確にする。これらの仮説から，主要な問題が浮かび上がり，それについての解釈や印象が形成される。

(2) 代替仮説の検討

あらゆる司法評価と同様に，評価者は自身の解釈を修正または変更するような，仮説を反証する情報を探し求める。アセスメントの間，司法評価者は，可能性がある仮説を棄てることはない。評価者は，収集した非常に多くの情報の中でも，裁判所から尋ねられた法的な質問事項，司法精神保健の基本的な構成概念のどちらか，またはその両方に関連するデータに焦点をあてるべきである。これらのデータは，「核心的な質問事項に関連がなくてはならない」(Gould, 2004)。評価者は，関連する「事実」をたどり，もっとも意味がある情報のパターンや組合せを見出して，心理‐法的な質問事項と家族機能の性質に関する既存の仮説に，回答を与える。独立した情報源によって補強された情報（すなわち，収束的妥当性）は，そのようなデータから導き出された結論の信頼性を向上さ

せる。確証バイアス[訳註1]を最小にするため，重要な仮説を列挙し，それぞれの仮説を裏付けるデータおよび反証するデータをリストにするといった一覧表形式のアプローチ（すなわち，賛否の列挙）を用いて，仮説を検証することが有用である。

> ⚠ **留意点**
> 養育に対して及ぼし得る影響という観点から，出来事を重み付けなさい。最初は個々の重要な問題と思えるものも，養育にはあまり影響を与えないかもしれないし，問題がなさそうなその他のものも，関係している子にとっては有害かもしれない。

(3) 親の問題が養育に与える影響についての検討

我々には，家庭の問題や出来事を，我々自身にとっての深刻さや重大性に応じて，より大きくまたはより小さく重み付けする傾向がある。しかし，子の監護評価者は，養育に及ぼす影響という観点から，そのような出来事を重み付ける必要がある。最初は重要な問題と思えるものも，養育にはあまり影響を与えないかもしれないし，問題がなさそうなその他のものも，関係している子にとっては有害かもしれない。一方の親が処方された薬を乱用することは，子が他方の親と一緒にいる時に限られるものであれば，さほど重要ではないかもしれない。また，親が魅惑的な服を着用し，新しいパートナーに対して不適切な好意を示すというような親のデートに関する懸念は，これらの行動が青年期の子を当惑させ動揺させるのでない限り，取るに足りないものかもしれない。

(4) 子の特別なニーズ／発達段階が親の養育スキルに求めるものの検討

親の養育に対する子のニーズは，多次元的で動的なものである。食事，住まい，保護，教育と社会化に関する社会的期待は誰にでも共通するが，両親に求められる資質は子によって異なる。また，同じ一人の子でも，発達段階や生活状況の変化に応じて，その親には異なる資質が求められるであろう。アスペルガー障害を持つ8歳の子には，特別な介入が必要であり，子を代弁して守ることができ，かつ一貫している親が求められる。鎌状赤血球貧血にかかった15歳の子は，その疾患を絶えず見守り，医療上の節制を遵守し，子が苦しみながら病院にいるときに支え，可能な場合には年齢相応の自立を促すことのできる親を必要とする。卓越した音楽や運動の能力といった特別な関心や才能を持つ子は，子にとってのその価値を理解し，子の能力をサポートするための時間，

訳註1 ある仮説を確かめる際に，自分が抱いた先入観や信念を肯定する情報を重んじて追求するが，これに反するような情報は軽んじ，黙殺する傾向を指す。

> **情報**
> 親の養育に対する子のニーズは，多次元で動的なものである。そして，親－子の適合性の分析を可能にするため，個々の子のアセスメントは，その子に最も関連する養育スキルを明らかにする。

関心，エネルギーを有する親と一緒にいることが最善である。子のアセスメントによって，その子との関連が最も深い養育能力が明らかになり，それによって，親と子の適合性の分析が可能となる。

(5) 親と子の適合性の検討

親と子の適合性は，子の監護評価の主要な要素である。評価者は，裁判所や当事者が挙げた具体的な懸念を取り扱いながら，子のニーズ／スキルと，それらのニーズを満たす，または，それらのスキルをサポートする親の能力の一致度を分析する。相対的な親の能力と子のニーズ／スキルの組合せが一致していることは，「調和」とみなされる。臨床的には，調和は，子の肯定的な発達を促す可能性が高く，リスク／利点の分析における保護因子である。反対に，子のニーズ／スキルに対する不適合という意味での相対的な親の欠陥は，「不調和」とみなされ，子の健全な発達を阻害する可能性の高いリスク因子である。これは，本質的に，親－子の相互作用を考慮した，非数学的で臨床的な計算である。

特殊な才能について上に挙げた例では，一方の親の予定の忙しさと生活の秩序立ての困難さは，特定の活動に子を一貫して参加させる能力に影響するであろう。その結果，そうした活動において子が仲間に遅れをとり，やる気が失われ，そうでなければ自尊心と個人のスキルの重要な源泉となり得たはずのものを，止めたいと望むことになってしまうかもしれない。他の例として，中度から重度の注意欠陥多動性障害（AD/HD）がある6歳の男子の父は，登校日に薬物治療を受けさせていたが，母は子と過ごす週末には服薬を継続せず，母による世話のもとでの子の非常に活動的で衝動的な行動に結びついている可能性があった。週末は服薬の「休日」だというのが医療上の指示であれば（実際，そうであることが少なくない），母がこのうまくいかないやり方を続けてきたのか，あるいは，その指示をした医者に助言を求めたのかを調査することになるであろう。

> **情報**
> 両親と子の適合性は，子の監護評価の主要な要素である。

現在の機能は，部分的には，過去の養育の実践と幼少期からの子の発達に基づく。そのため，養育と子の発達を生活史の観点から見ることは，親と子の適合性の検討において重要である。さらに，それぞ

れの親は，異なる発達段階にいる子のニーズによりよく適合する，別のスキルを持っているかもしれない。例えば，ロドリゲス婦人は，秩序を好み几帳面であり，9歳のロバータの複雑な特殊教育サービスを常にうまく調整している。一方，シルバー婦人の細部への注意深い気配りと 16 歳のレイチェルの生活の大部分の面への関与は，子が幼い間は養育上の強みであったかもしれないが，現在では，親子間の葛藤を引き起こしている。レイチェルのもっと自立したいという要求は，発達的に適切なものである。

同じ養育の要素において両親を比較できることは多い。例えば，子の扱いにおいて，スミス氏の指示的なスタイルは，厳しさや不当な罰に頼ることなく，6歳のダンがその年齢の男子に典型的な衝動と欲求不満を扱う手助けとして効果的である。反対に，スミス婦人の自由放任的な養育スタイルは，ダンが自己調節を学習する手助けとしては効果的ではなく，実際のところ，まさに彼女が取り除きたいと考えている行動自体をかえって促進しているように見える。スミス氏の規律のスタイルと子に特有のニーズに規律を適合させる能力は，彼の養育上の強みである。一方，スミス婦人の自由放任的なスタイルは，明確な構造と予測可能性を必要とするダンには効果的ではなく，おそらく欠陥のあるものである。

(6) 養育における現在の協力関係の検討

最善の利益の判断に関わる家族機能の重要な側面は，別居または離婚後に，他方の親と協力するそれぞれの親の能力である。これには，それぞれの親が，安全である限り子と他方の親の関係を促進する，あるいは少なくともそれを妨げないことへの意欲と能力があることが含まれる。時に「フレンドリー・ペアレント」の原則と呼ばれ，子の最善の利益の標準的要素として重要であり，26 州の制定法で明記されている（付録 A を参照）。協力する能力は，以下のような変数からなる。

- 婚姻中または同居中に，どのように両親が協力していたか（すなわち，生活史的な観点）
- 離婚後に経験している課題は何か
- 両親が有する子の養育における価値，そして，子にとっての目標は何か

> **❶ 情報**
> 子の最善の利益という基準に関する，家族機能の重要な側面は，別居または離婚後に，他方の親と協力する各親の能力である。

・互いの養育実践に敬意を示しているか，意見が一致しないことを嫌な思いをせずに受け入れられるか

　例えば，適切なしつけに関する両親の考えが反対であれば，おそらく，その関係にすでに存在している紛争を，よりいっそう悪化させる。彼らは，お互いの養育がしつけの上で不適切だと互いに非難し，他方の養育は子の最善の利益に反していると信じる。対照的に，親が他方の親は寛大すぎると考えても，他方の親の方法を変えようと試みたり，非難したりせず，行動に対する合理的かつ柔軟な基準を維持することにするかもしれない。評価者は，両親が子を育てるにあたって，どのように互いに同調し，互いに対立し，互いに独立して行うかを検討する。そうすることによって，評価者は，両親の関係が養育と子の適応にどのように影響するかについての仮説を形成できる。

(7) 文化背景と民族背景を含む特別な問題の検討

　特別な問題としては，法的問題に関連して家庭に影響する外的条件のみならず，民族的，文化的な側面がある。例えば，ジョーは13歳男子で，主に母と生活しているが，多くの趣味や関心を父と共有している。ジョーが父と一緒に住みたいと強く要望したことにより，父は監護権の申立てを行った。当初，母はこの要求を検討する意思があったが，母方祖母がそれを厳しく非難し，子は母と一緒にいるものだと母に伝えたことによって，その態度は一変した。Johnston & Campbell（1988）は，このように親族，地域社会，または法律の専門家が特定の結果を求めて強い圧力を及ぼし，敵意のレベルを増加させ，ことによると交渉による解決を不可能とする状況を，「部族の戦い（tribal warfare）」と呼んだ。評価者は，依頼された質問事項にとって重要となりえる近親者以外の要素にも，敏感である必要がある。

　他方の親が新たな恋人関係を築くのに伴って，以前は協力的であった親が敵対的になることは，珍しくはない。逆に，親の人生に新たに加わった人物の意見が，以前には柔軟で協力的であった養育の取決めに影響することもあり得る。子の監護評価においては，環境面の事情も重要なことがある。例えば，子を養育している親が川岸や繁華街に住んでいる場合，6歳の男の子の安全性に懸念が示されるかもし

> **情報**
> 別居後に生活環境（例えば，新しいパートナーや転居）が変化することにより，親の紛争が生じる可能性がある。

れないが，同じ親が閑静な地域のフェンスで囲われた庭のある家に住んでいれば，そのような懸念は示されないであろう。後者の危険のレベルは，前者よりも少ないように見えるであろう。また，養育計画と監護の取決めは，生活環境からも影響を受ける。例えば，親が大掛かりな出張を伴う仕事をしていれば，その親は同居する親としてはあまりふさわしくないであろう。

(8) 控えめに解釈すること

子の監護のアセスメントに対して最も頻繁になされる批判は，評価者はデータの範囲を超えて，十分な実証的な裏付けのない意見を述べる傾向があるということである (Melton et al., 2007)。第2章で，これらの評価における心理学的情報の役割を扱い，解釈的な意見よりも叙述的な記載のほうが，より実証的な裏付けがあることに言及した。解釈的な意見のためには，妥当性に乏しく十分な科学的裏付けのない推論を高次に展開することが必要となる (Tippins & Wittman, 2005)。こうした限界のため，叙述的なレベルによる推論を超えてデータを分析することには，慎重である必要がある。しかし，評価者は，研究の知見を含む複数の情報源によって裏付けられた仮説は，妥当性が高いと見られることから，より信頼することができる (Gould, 2004)。倫理的な基準を守って解釈を控えめに行う場合には，他の説明や結論を支持する可能性のある情報についても検討し，結論の限界を説明する。

要約すると，この章では，監護評価で収集したデータの解釈または説明の枠組みを提示した。データの分析を体系的に行うことは，家族機能に関する複数の仮説のうちどれが入手したデータに最も適合しているかを評価者が理解し，司法精神保健上の構成概念や制定法の要件について判断する上で有用である。次章では，司法評価者の最後の2つの機能，報告書の作成と法廷での証言を取り上げる。

> ⚠️ **留意点**
>
> 子の監護のアセスメントに対して最も頻繁になされる批判は，評価者は十分な実証的な裏付けのない意見を述べる傾向があるということである。

> 👍 **最善の実践**
>
> 解釈のヒント／ガイドラインには以下のものが含まれる。
>
> ・仮説の生成と分析
> ・代替仮説の検討
> ・親の養育上の不足が与える影響の検討
> ・養育スキルへの要求という観点からの子の特別なニーズ／発達段階の検討
> ・両親と子の適合性の検討
> ・養育における現在の協力関係の検討
> ・文化背景と民族背景を含む特別な問題の検討
> ・控えめに解釈すること

| 第**7**章 |

報告書の作成と法廷での証言
Report Writing and Testimony

1 | 裁判所への報告書

　心理-法的な報告書には，争われている法的質問事項に関連する心理面，行動面の問題について評価者が収集した情報が記載される (Melton et al., 2007; Schutz et al., 1989)。報告書には，アセスメントの過程(すなわち，その手法)を記載するとともに，評価の内容をデータの欄に，データの解釈や分析を考察／結論の欄に，心理-法的な質問事項に関する意見を勧告の欄に，それぞれ詳しく記載する。

(1) 一般的な考慮事項

　Gould & Martindale (2007) は，報告書は，「人が現実の世界でどう行動したかの理解の助け」(pp.14-15)となる「生活史上の事実」や「心理的な事実の認定」に焦点をあてるべきだが，非難するような，あるいは，精神病理に焦点をあてるようなやり方で記載すべきではないと戒めている。親は通常，結婚生活に関する事実を，痛みを伴って暴露し合う。そのため，監護に関する報告書の情報は，しばしば非常に私的なものであり，感情的に傷つきやすい時期にいる一方または双方の親にとって，恥ずかしく，または痛みに満ちたものとなる可能性がある。にもかかわらず，親の懸念や主張が法的質問事項に関連していれば，関連性こそが司法評価を取りまとめる際の中核となる原則なのであるから (Heilbrun et al., 2009)，評価者はそれら懸念や主張を取り扱わなければならない。評価の終了後も何年にも渡って，両親は互いに，そして子と，何らかの関係を維持し続ける可能性が高い。そのことを考え，これらの懸念に対して，感情を

> ⚠ 留意点
> 評価者は，正確な報告と無加害，すなわち「(不必要な) 害を与えない」という倫理上の原則の間の緊張状態に巻き込まれていると感じることが多い。

交えずに事実に基づくアプローチをすることで，非難されている者が抱くかもしれない個人的に侮辱されたという感覚を，和らげることができる。

そのため，司法評価者は，正確な報告と「(不必要な) 害を与えない」(APA, 2002, Principle A) という倫理上の原則の間の緊張状態に取り組まなければならない。怒りや感情を掻き立てるが関連性はない懸念（例えば，養育能力を損なわない浮気）は，詳しい調査をせずに簡潔に記載してよい。さらに，評価者は，そのような懸念を，非難をしている親特有の（そして，しばしば侮辱的な）言葉で表現してはならない。法的問題に関連のない情報は省略すべきであり，その代わりに，評価者は，結論を左右しない問題を取り上げない理由について，簡潔に説明してもよい。正確な報告と親の傷つきやすさの間にある緊張状態に対処するため，Rohrbaugh (2008) は，報告書は「繊細かつ公平な態度で家族のメンバー個々の強みと弱みを記述することにより，家族のメンバーそれぞれの尊厳を守るかたち」(p.323) で情報を提示するよう促している。

裁判所，あるいは，訴訟後見人 (GAL) や子の代理人といった裁判所が指定する者に報告書を提出した後，評価者は，報告書がどう用いられるかを管理できない。当事者と弁護士は，好ましい結果を追求するためにその内容をどう用いるか——和解の交渉の手段，あるいは，正式な事実審理での証拠のどちらとして用いるか——を決めるであろう。報告書には，公開されると当事者や子の福祉に悪影響を与える可能性のある私的な情報が含まれることが多い。そのため，司法評価者には，当事者を保護するために，規則，あるいは，その地域の司法区の実践と裁判所の命令に積極的に従って報告書を提供する責任がある。それらの規則等が不確かな場合，評価者は裁判所の指示なく報告書を公開しない。しかし，一般的には，その規則はかなり単純である。裁判所が評価を命じたのであれば，報告書は裁判所へ提出するか，裁判所が指名したものに送ることとなる。

(2) 報告書の意図された機能

報告書は多くの目的に役立ち，その目的のすべてが子の監護の報告書をどのように構成し，記述するかに影響する。主な5つの目的が考慮に値する。

① 報告書は**記録機能**を有する。報告書は，用いた方法，収集した関連データを，分かりやすく開示する（Melton et al., 2007）。第2章で記述したように，この機能を果たすことは，報告書の中心的な役割である。その際には，裁判所からの法的質問事項と関連する構成概念が，評価の方法や内容を方向付ける。この機能を，Heilbrun et al.（2009）は，「司法精神保健アセスメントの本質」（p.109）であるとした。言い換えれば，報告書の第一の目的は，読み手に，アセスメントで評価者が何をして何を知ったかを伝えることである。
② 報告書は，**体系化機能**を有する。報告書において，司法評価者は，情報に順序をつけ，裁判所からの法的質問事項に関連するデータを選び出す必要がある（Melton et al., 2007）。
③ 第6章で検討したように，報告書は**解釈機能**を有する。報告書は，裁判所からの法的質問事項の背後において，報告された「事実」が心理面・行動面の機能（すなわち「監護に関連した構成概念」）（Tippins & Wittman, 2005）にどのような意味を有しているかを，読み手に説明する。
④ 報告書は，**証拠機能**を有する。正式な事実審理に進んだ場合，報告書は訴訟手続での証拠書類となるであろうし，弁護士が評価者を証人として尋問する際の主な基礎資料となる。報告書が専門家の証言の中心となるが，事実審理では，一方または双方が評価者を証人として呼び出し，ノート，記録，心理テストの結果を含むすべての資料を裁判所に持参するように求める可能性もあることに司法評価者は注意しておくべきである。そのため，「司法審査の可能性に備えるために，最高の質で」記録を保管することも必要である（Kirkpatrick, 2004, p.66）。
⑤ 報告書が，**助言機能**を有する場合もある。報告書は，裁判所と評価者の実践や事件の状況に応じて，勧告を含むこともある。

(3) 報告書の意図されていない機能と影響

子の監護の報告書は，少なくとも4つの意図されていない機能や効果を持つ可能性がある。
① 報告書は，しばしば，**調停機能**を有する。報告書は，当事者が子に関する紛争を解決する

> **❶ 情報**
> 子の監護の報告書は多くの機能を提供しており，それには以下のものがある。
> ・記録機能
> ・体系化機能
> ・解釈機能
> ・証拠機能
> ・助言機能

ための基盤として役立ち（Melton et al., 2007），実際に，正式な事実審理での証拠として用いられるよりも，この機能として役立てられる方が多い（AFCC, 2007; Bow, Gottlieb, & Gould-Saltman, 2011; Maccoby & Mnookin, 1992）。報告書は，訴訟手続を進めること，または，正式な事実審理手続をせずに紛争を解決することのどちらが良いかという費用対効果の分析に用いるデータを，当事者に提供する。また，報告書は，養育計画の一連の解決策も提供し，両親は結果を自己決定する際にそこから選択することができる。ある研究では，子の監護評価の結果を聞いた後，71％の事件が解決していた（Ash & Guyer, 1986）。しかし，感情的，経済的に疲弊する正式な事実審理に比べ，和解の方が家族にとって好ましいと大多数の者が同意するとしても，司法評価者は，和解を評価の目標だと捉えないよう留意しなければならない。評価者は，評価を綿密に行い，司法上の健全な原則に従い，両親や子が聴取されることを保障し，その事件が裁判に至った場合を想定して余すことなく記述する。それによって，意図されていないが，歓迎される和解協議に貢献する（AFCC, 2007）。

② 報告書は，**第三者への情報としての機能**を有することがある。これが生じるのは，例えば，裁判所が子，親または家族のセラピストに対して報告書を配付することを許可した場合である。さらに，報告書は，離婚後の当事者に対する意思決定において一定の権限を有するペアレンティング・コーディネーター[訳註1]やスペシャル・マスター[訳註2]にとって，重要な指針となり得る。

③ 報告書は，**癒しや回復の効果**を有することがあり得る。報告書を読んで，当事者の一方または双方は，関係の失敗や子のニーズに関して新たな理解を得るであろうし，それは「離婚の行き詰まり」を乗り越える助けになるであろう（Johnston & Campbell, 1988）。両親が互いの養育の強みや子に対する肯定的な影響を報告書で読む場合，報告書は両親を感情的に回復

訳註1 精神保健または法律の専門家が任命され，時宜にかなう方法で紛争解決を促し，子のニーズについて両親に教育し，また，当事者や裁判所の事前の承認に基づいて裁判所の命令または任命契約の範囲で決定を下すことにより，紛争性の高い両親が養育計画を実施できるように援助するもの（AFCC, Guideline for Parenting Coordination, 2005）。

訳註2 法的決定の遵守等を監督する法務官を幅広く指すが，一部の州ではスペシャル・マスターの規定を適用してペアレンティング・コーディネーターと同様のアプローチを行っている。(AFCC, Parenting coordination: implementation issues, 2003)

させるものとなり得る。
④ 報告書は，**否定的または有害な影響**も有することがあり得る。怒りをあおる情報を含まないように最善の努力をしたにもかかわらず，当事者が知らなかった新事実や，自尊心を傷つけ，長引く痛みを意図せずして残す情報を，監護評価者が報告するかもしれない。感情が傷ついた当事者は，自尊心を回復する方法を手続の中では見出せないため，こうした報告は，無自覚のうちに解決を困難にし，子をめぐる紛争を刺激し，必要以上に訴訟を長引かせるかもしれない。

> **❶ 情報**
>
> 子の監護の報告書の**意図されていない**機能や効果として考えられるのは，以下のものである。
>
> ・報告書は，しばしば，**調停機能**を有する。
> ・報告書は**第三者への情報としての機能**を有することがある。
> ・報告書は，**癒しや回復の効果**を有することがあり得る。
> ・報告書は，**否定的または有害な影響**も有することがあり得る。

作成者である監護評価者が関連すると考えた情報やその報告のあり方は，直接的にこれらの意図されていない機能や影響につながっている。親が報告書を読むであろうから，互いに相手が他方についてどう言ったかを知った上で，育児における何らかの協力関係を持ち続けていく可能性がある。それゆえに，報告において敬意を払った言葉を用いること，不必要で関連がない，または怒りをあおる主張を避けることは，最も重要な効果をもたらす。「それぞれの親の肯定的な素質を強調しながら，家族システムに敬意を示し，かつ，養育計画を励ますように」（Gould & Martindale, 2007, p.15）報告書を作成することによって，この可能性が高められる。

（4）読み手の考慮

報告書には，少なくとも3種類の読み手がいる。報告書をこれら3種類の読み手全てが理解できるものにすることが，書き手としての評価者の責任である。

① 裁判所または裁判所が指定した者

裁判所または裁判所が指定した者こそが，評価の依頼元かつ第一の依頼人（Kirkpatrick, 2004）と

> **♣ 最善の実践**
>
> 報告書の意図されていない効果は，評価者が関連すると考えた情報やその報告のあり方に，直接的に関連する。両親の双方が報告書を読んだ上で育児における何らかの協力関係を持ち続けていく可能性があるため，報告書で敬意を払った言葉を用いること，そして不必要で関連がなく怒りをあおる主張を避けることは，両親の関係の悪化を防ぎうる。

して報告書を所有し，また，評価者はこれらの者のために報告書を作成する。加えて，正式な事実審理手続では，報告書は証拠の重要な一部となり，評価者に対する主尋問と反対尋問の基礎となる。事実審理に至るのは離婚する家庭の 2 ％未満のみ（Maccoby & Mnookin, 1992）であり，裁判所は，その立場の重要性にもかかわらず，当事者の中で報告書を読む機会がもっとも少ない（Felner, Rowlison, Farber, Primavera, & Bishop, 1987）。子の監護評価を受けた家庭のうち実際に事実審理手続の最後まで経験するのが何パーセントかを示すデータはないが，臨床的な経験では，10分の1よりも少ないと思われる（Melton et al., 2007）。このようにまれではあるが，事実審理は法的手続の論理的な結末であり，評価者は，「評価に伴って証言録取，審問または訴訟期日での証言があり得ることを，常に見越しておくべきである」（Heilbrun, 2001, p.13）。

② **訴訟当事者**

訴訟当事者は，通常は両親であり，報告書の第二の，そして最も可能性の高い読み手である。彼らは，司法評価者がどのくらいよく自分たちの話を聞き，自分たちと子の問題を理解し，包括的な評価を行ったかを知ることに，最も強い関心を持っている。近年，本人申立てで訴訟を行う当事者の数が急増するにつれて，この読み手を尊重することがより重要になっている。そのため，作成者は「明確で簡潔な用語を用い，そして，専門用語，法律用語，あいまいな抽象概念，通俗化して意味の変わった心理学用語，当事者についての軽蔑的な用語は用いない」（Schutz et al., 1989, p.94）。通常，親または子に，診断され記録された精神医学的疾患があれば，報告書でそれに言及するが，精神医学的な診断を下すことは避ける（Rohrbaugh, 2008）。司法評価者が，診断されていない，複数の心理的・行動的な問題を親や子に発見した場合，評価者の役割は診断することではなく（Gould & Stahl, 2000），その症状とそれが親子関係にどう関連しているかを記述することだというのが一致した見解である。なお，こうした場合，評価者は，子の監護評価の過程の一部または報告書での勧告として，正式な診断手続（例えば，心理テストや精神医学的評価）を求めるかもしれない。

③ **当事者の弁護士**

当事者の弁護士も，最後の重要な読み手であるが，上記のとおり，監護の紛争の渦中にある両親が弁護士に代理されていないことが増えている。弁護士は，評価が公平で徹底しているか，情報と結論が自らの依頼人の立場を支

持するか，所見のどの側面が和解交渉で有利かに関心を持っている。反対に，自らの依頼人の立場が支持されない側の弁護士は，証言録取や法廷での事実審理において司法評価者の所見を非難しようとするため，報告書の欠点に関心を持つであろう。司法評価者が勧告を行った場合は，どちらの側も，その意見がデータによって合理的に裏づけられる判断に基づいているかどうかを知ろうとする。

> **❶ 情報**
> 子の監護の報告書には，少なくとも3種類の読み手がいる。
> 1 裁判所または裁判所が指定した者
> 2 法的行為の当事者で，一般的には両親
> 3 当事者の弁護士

これら3種類の読み手のすべてに理解できる言葉で，報告書を作成するべきである。

(5) 報告書の内容

子の監護の報告書の内容を整理するのには，多くの方法がある。しかし，ほぼ全てのやり方で，特定の基本的な情報が取り上げられている。以下は，考えられる整理の枠組みの一つである。

a. 評価の概要説明

アセスメントの概略を提供するため，報告書の最初の1〜2ページには，以下のような基本的なデータを示すことが理想的であろう。

- その家庭について依頼した裁判所
- 問題に関する法的質問事項や依頼の理由
- その家庭の基本的な構成
- 評価者の活動の概要
- 面接の日時とその長さ
- 参考人との面接の日時とその長さ
- 調査した文書の一覧
- 紛争の背景に関する要約
- 依頼時点の養育計画

b. 親のデータ

それぞれの親について，報告書は次の事項を取り上げるべきである。

- 他方の親に対する主な懸念
- 他方の親が述べた懸念に対する回答
- 個人の生物・心理・社会的な経過
- 異性関係の経過
- 配偶者と争いがあった事項とドメスティックバイオレンス
- 両親の同居中および別居中の養育とそれに関する協力の経過
- 心理テストを実施した場合は，心理テストのデータ
- 特別な事情（例えば，文化的／民族的な問題）の有無とその影響
- 紛争について望んでいる結果

こうした情報は，それぞれの親が他方の親に対して現在抱いている懸念を理解し報告するための背景情報となり，また，親としての強みや課題の有りようについてのデータにもなる。これは，「彼は／彼女は……と言った」とするデータ収集のアプローチをやむなく受け入れたもののように思われるかもしれないが，両親の話は他の情報によって確認されるべき多くの仮説を提供するに過ぎないことに留意が必要である。「説得力のある話だという理由だけでは，真実ということにはならない」（Gould & Stahl, 2000, p.408）。このデータの欄には，別居前および別居後のドメスティックバイオレンスの報告，両親の精神医学または物質乱用の問題，子に対する虐待に関する懸念といった，特別な問題も取り上げるべきである。報告書には，他の親や他の情報源が示す懸念に対する，当事者それぞれの回答も記載することになろう。

c. 子のデータ

報告書においては，子の発達の経過と現在の機能的な状態，そして，子の適応に関する現在の懸念（第二の心理－法的な構成概念）を要約して記載する。第5章で述べたように，報告書には，子それぞれについて，以下の情報を取り上げるべきである。

- 重要な発達の経過
- 社会的スキル

- 自己調節の能力を含めた感情面の発達
- 知的／学業的な能力
- きょうだいとの関係を含めた，家庭での適応状態
- 特別な発達上のニーズや特別な能力
- 両親の別居に関する子の理解と経験
- 心理テストを実施していれば，心理テストのデータ
- 子の現在の懸念と希望
- 子に関する親の懸念

d. 参考人と記録のデータ

- 専門家および非専門家との面接の要約
- 関連する記録の要約（例えば，医療記録，学校記録，法的記録など）

e. データの解釈

　報告書の考察／解釈の欄では，子のニーズと能力が，親の養育の強みと弱み，子のニーズを満たす能力とどのように相互作用しているかを検討する。これは，APA（2009）のガイドラインにおける第三の心理－法的な構成概念（適合性）と一致する。例えば，親の精神病理やその他の疾患が主要な懸念であれば，司法評価者は，親がその状況に対処しつつ，親としてどう機能しているかを説明する。考察の欄では，協力して紛争を処理する親の能力（これは，第四の心理－法的な構成概念でもある。）にも焦点をあてる。現在ある親の紛争が，養育と子の適応にどう影響するかを説明することは，必要不可欠である。養育における協力は，離婚後の子の適応を予測するのに重要であり，法的監護権のタイプを決定する際の考慮要素のひとつでもある。

　監護評価に関する本の著者の多くは，解釈は控えめに行うことを推奨している。また，養育や子の発達の問題は，「そうした特徴が，事件に関する確実な情報と専門職としての特別な知識に基づき，監護についての推論（養育能力の低下，親の手に負えない子の行動上の問題など）と確実に関連すると推定できる**場合に限って**［この点強調］，司法臨床家の結論

> **❶ 情報**
> 考察／解釈の欄では，報告書は，子のニーズと能力が，養育の強み，弱み，そして子のニーズを満たす能力とどのように相互作用しているか（適合性）を検討する。

> **♣ 最善の実践**
> 一方の親が経済的な責任を負わなかった，あるいは，家を小ぎれいにしなかった場合は，道徳的，または「性格」の問題を他方の親が取り上げるかもしれない。取り上げる親にとってはこれらの問題が重要かもしれないが，養育や子への影響に明らかな関連がない限りは，アセスメントには重要ではない。

において強調される」べきと勧めている（Tippins & Wittman, 2005, p.197）。多くの著者（Emery et al., 2005; O' Donahue & Bradley, 1999）は，「誤った推論」（Tippins & Wittman, 2005, p.198）を裁判所に伝えること，また，調査の焦点となる法的事項とは無関係の親や子の特性を報告することに，懸念を示している。すでに述べたように，司法評価者は両親と子に関して大量の情報を収集するが，関連性こそが重要な問題なのである。どのような行動やスキルが，司法精神保健上の構成概念や裁判所が命じた質問事項と関連しているのだろうか。例えば，婚姻生活において不貞がある，あるいは，親が経済的な責任を負わなかったとか家を小ぎれいに維持しなかった場合，道徳性または「性格」の問題を両親が取り上げるかもしれない。取り上げる親にとってはこれらの問題が重要かもしれないが，養育や子への影響に明らかな関連がない限りは，アセスメントには重要ではない。

f. 勧告

第2章の評価における心理学的情報の役割に関する項で，報告書や証言において，裁判所からの法的質問事項に対する最終的な結論についての意見を提示するか否かという問題を検討した。この点の実情を簡潔に言うならば，大部分の評価者は，報告書または証言において法的質問事項に対して勧告を示しており，これは裁判官および弁護士の期待と一致している（Bow, et al., 2011; Bow & Quinnell, 2004; Redding, Floyd, & Hawk, 2001）。しかし，司法分野の学者の大部分は，こうした実践のあり方は専門性の範囲を超えていると，強く警告している。我々専門家の綱領でも，この点は議論になっている。アメリカ児童青年精神医学会（AACAP）（1997a）は，勧告の提供を積極的に推奨している。AFCC（2007）は，評価者がこのような意見を提出するのであれば，「確実な原則と方法」に基づいてそうするように促している。APA（2009）は，この問題の統一見解は得られていないことを簡潔に述べた上で，評価者がこの議論を認識し，この問題に関する自らの立場を説明できるようにすることを促している。AFCC（2007）のように，APA（2009）も，意見を提出する場合は，意見が「正しい心理学的データ」（p.18）に基づくこと，そして，子の最善の利益に焦点をあてることを推奨している。

勧告を行うという助言者的役割をとることを支持する者（Fridhandler, 2007; Stahl, 2005）は，評価者は家族力動を最も詳細に理解しており，子のニーズに優先順位を付けることができ，正しい臨床的な決定をするために臨床的データと現在の科学的知識を統合する経験を持っていると考えている。加えて，証言における勧告または意見は，裁判所が考慮する幅広い証拠のひとつに過ぎないが，その有用性は「専門家の報告に潜在する危険性にまさる」ものであり，「現在の制度の枠内では最善の」ものである（Dessau, 2005, p.268）としている。

　しかし，こうした見解とは逆に，多くの研究者は，勧告における意見は本質的に価値観を含んだ問題に関するものであり，それを裏付ける実証的，臨床的な基盤が十分ではないと結論している（Emery et al., 2005; Grisso, 2005; Heilbrun, 2001; Tippins & Wittman, 2005）。我々は，法的に関連する能力（すなわち，養育の強みと弱み）は説明できるかもしれないが，それがどのような水準であれば，あいまいであることの多い「最善の利益」という法的基準を「十分に」満たすものかを知ることはできない。Melton et al.（2007）によれば，こうしたことについての意見は，「常識や個人の倫理的価値に基づく判断」から成り立っている（p.605）。Heilbrun（2001）は，こうした判断には政治や地域社会の価値観も含まれ，精神保健の専門家の領域を超えると述べている。最終的な結論について意見を述べることに反対する者は，評価（その多くは勧告を含んでいる）に疑義が呈されないまま取り扱われることがしばしばあるのに注目している。それらは裁判外での解決を促進する道具になっている（Ash & Guyer, 1986）ため，所見は，意見の真の価値や根拠を疑われないまま，法的結果に非常に大きな影響を与え得る。

　この議論を踏まえると，裁判所が勧告を求めた場合，または，評価者がその実践において勧告を行う場合には，意見の欄に以下を含むことができよう。

・何が子の「心理学的な最善の利益」にかなうかの提案
・可能な養育計画とそれに付随するリスクと利益
・裁判所から示された法的質問事項に関する意見（例えば，どちらの親が監護権を持つべきか，監護権のタイプはどうか，子と転居することを許可するべきか）。
・治療やアセスメントの補充などのその他の関連する勧告

勧告の根拠は，報告書の検討／解釈の欄で明確に説明されなければならない。Heilbrun（2001）は，法的質問事項に対して意見を示す場合，評価者は，その意見は法的質問事項に対する臨床的な意見で，「助言的」なものに過ぎないことを読み手に注意喚起するような「注意書き」を含めるべきと述べている（p.225）。こうした実践がどの程度広まっているかは分からないが，最終的な結論について意見を提供することに関して，思慮深い検討を行うことの重要性が強調されている。

司法評価者が法的質問事項への最終的な結論に直接に言及しないのであれば，「……であれば，……である」という一連の可能性の形で裁判所に勧告を提出することが選択肢の一つである。この枠組みでは，評価者は，裁判所が下すかもしれない具体的な法的決定（例えば，単独監護や共同法的／身上監護）に対応する各種の養育計画を，それぞれの選択にあり得るリスクと利益を含めて提示する。こうすることにより，司法評価者は，家庭について明らかになったデータと，それを具体的選択にどう適用するかを裁判所に伝える。この方法は，唯一最善の結論というものは存在しないという考えに立つものであり，現在の限られた知識の中でできるだけ多くの情報を報告書のさまざまな読み手に提供するものである。

まとめると，結果の選択肢におけるリスク／利益の一覧を裁判所に提示することは，現在の「最善の実践」に一致する。子の監護の結果を予測することに関する研究には限界があるため，リスク／利益の分析は未だ慎重でなければならない（Tippins & Wittman, 2005）。さらに，両親の相違が明確ではなければ（すなわち，どちらも適切な能力がある，または，どちらも重要な不足があると，評価者が理解すれば），最終的な法的質問事項（すなわち，「最善の利益」）の基礎となる心理－法的な構成概念（例えば，どちらの親が子にとって**より**「適切」か），あるいは，最終的な法的質問事項そのもの（すなわち，どちらが監護権を得るか）に関して意見を提出するべきではない。そうした場合には，一方の親が他方の親にまさるとは，実証的根拠に基づいては言い難いためである。実際のところ，問題は，「結果の予測がつかないほど接戦である」ということな

> **⚠ 留意点**
>
> 評価において法的問題に勧告を行うことに関しては長年の論争があり，それを解決する共通認識は未だ形成されていない。裁判所に対して勧告を行う場合は，勧告が助言的な意見であると示唆すること，「心理学的な最善の利益」に焦点をあてること，必要に応じてデータと明らかに関連する異なった意見をそのリスクと利益をとともに提示すること，意見では控えめであることが望ましい。

のだ。最善の結果が明らかではない事件において，最終的な結論に関する勧告を提出するのであれば，意見の的確性を担保するためには，必要に応じて一貫性のないデータも受け入れ，意見は助言的なものに過ぎないと明示し，代案も提供することで唯一の

> 🌿 **最善の実践**
> 「結果の選択肢におけるリスク／利益の一覧」を裁判所に提示することは，現在の最善の実践に一致する。

最善の結論ではないことを示し，現在の実践を反映しているが実証的妥当性は担保されていない方法論に基づく意見であると述べなければならない。最も重要なことは，「裁判所が意見の根拠を理解し，その事件の事実にふさわしい決定を裁判所自身が下せるように，意見の理由付けを明確に示さなければならない」（Kruh & Grisso, 2009, p.186）ということである。

(6) 報告書作成を成功させるための助言

a. 読みやすさ

良い報告書は読みやすい。読みやすさを向上させるため，報告書の構造をはっきりさせ，評価の主要な部分の見出し（例えば，親1，親2，子それぞれ，参考人，テスト，記録，検討／結論，勧告）と，これらの大カテゴリ内で取り上げる事項に小見出し（たとえば，親の経歴，親同士の関係の経過，養育の経過，子の発達の経過）をつける。このような構造化により，読み手は関連データを探しやすくなり，司法評価者の思考をたどるための認知的な見取り図を持つことができる。さらに，構造によって，データの報告，解釈の提供，勧告の作成が明確に区別される（APLS, 1991, §13.02; AFCC, 2007, §12.2）。この構造に沿うため，作成者は，データ欄に解釈や結論を含めるべきではなく，また，結論の欄で新たなデータを加えるべきではない。

報告書がとても長い場合，報告書の表紙に目次をつけることは，読み手の利用しやすさを高める。報告書の構造の詳細な例は，Rohrbaugh (2008) に示されている。Melton et al. (2007), Schutz et al. (1989), Bricklin (1995) といった他の論者は，心理-法的な報告書の簡素なアウトラインを提示している。付録Dは，筆者が使用している書式である。

> 🌿 **最善の実践**
> 良い報告書は読みやすい。読みやすさを向上させるため，評価の主要な部分の見出しと，これらの大カテゴリ内で取り上げる事項の小見出しをつけることで，報告書を構造化する。長い報告書には，目次をつけなさい。

b. 使いやすさ

良い報告書は，使いやすいものである。そのため，

> **❶ 情報**
> 報告書を作成する際は、裁判官と弁護士が、養育の強みと弱み、子の発達の経過、親－子の観察、そして子との面接によるデータに関心を持っていることを考慮しなさい。

報告書には問題となっている法的事項を十分に扱えるだけの長さが必要だが、読み手の気力をそぐほど長くてはならない。弁護士の多くは、徹底的で詳細な報告書は、事件が解決する機会を高めると考えている（Bow et al., 2011）。Bow & Quinnell（2004）の調査は、心理士は、法律の専門家が好むよりも長い報告書を作成する傾向があると示している。報告書の長さは、事件で得たデータや正確な文書作成への倫理的基準によって定まるのがほとんどである。しかし、記述に当たって、読み手それぞれのニーズを心に留めておくことは有用である。評価者が報告書を作成するときにワープロの行番号機能を用いれば、弁護士は証言の際に報告書の文章に言及しやすくなる。裁判官や弁護士が重要と考える情報を、司法評価者が報告書に含めたかどうかも、使いやすさを左右する一要素である。Bow & Quinnell（2004）の調査によれば、裁判官や弁護士などの読み手は、報告書で最も重要な5つの要素のうち3つを、①養育における強みと弱みの要因、②子の生活歴のデータ、③子との面接による情報であると考えている。Bow et al.（2011）の弁護士に対する調査も、同様の所見を示しているが、上位5つの要素のうちのひとつに、親－子の観察によるデータを挙げている。これらの要素は、APA（2009）のガイドラインで推奨されている監護に関する構成概念、そしてAFCC（2007）のスタンダードモデルとAACAP（1997）の実践指標で扱われている要素に一致する。裁判官と弁護士が重んじている他の2つの重要な要素は、監護に関する勧告と養育計画に関する勧告である。

　使いやすさの他の側面に、理解のしやすさがある。分かりにくい専門用語や専門的な述語の量は、文と語彙の複雑さ、法律の専門家や当事者が報告書を理解できる程度に直接的に影響する。Harvey（1977）は、指導や見直しを経ても、心理学的な報告書の作成者は、12年生[訳註3]以下の理解力で理解できるように所見を説明することは非常に難しいことを見出した。ワープロのプログラムには、報告者が作成する文章の学年レベル、そして、その文章の読みやすさを確認する読みやすさ指数の機能がある。

訳註3 日本では高校3年生を指す。

c. 透明性

　良い報告書には，評価の過程の透明性が反映されている（AFCC, 2007; APA, 2009）。透明性の表れのひとつは，評価者がデータを収集するために何を行ったかを記述する，その明快さと完全さである。最近の研究で，Bow et al.（2011）は，評価の手順を報告することは，弁護士にとって，子の監護の報告書の最も重要な側面であることを示した。この目的を満たすため，司法評価者は，読み手が評価の手順を容易に把握できるよう，すべてのデータ源を一覧にまとめる。その第一歩が行ったすべての面接を日時順でリスト化し，そこに，被面接者，面接の日時と長さを記載することである。この欄には，面接した参考人に関する同様の詳細や，司法評価者が調査した文書の一覧も記載する。文書の入手先の名称，それをいつ調査したかを明記する評価者もいる。これにより，報告書の読み手や検討者が，アセスメントそのものの時系列を理解できる。家庭訪問や心理テストは文書化されるべきであり，司法評価者がそれらを記載しなかった場合，司法区によっては，その理由の説明が必要となるであろう。

　評価者の意見の背後にある論拠も，読み手にとって透明であるべきである。読み手が一連の論拠をたどり，どのデータとデータ源が意見の基礎となっているかを理解できなければならない。作成者は，観察による事実と関連する心理－法的な概念を関連付けるべきである。親や子の機能に関する観察や報告の何がこれらの概念を裏付けているかは，読み手にとって明白であるべきである。例えば，評価者が結論の欄に「モラレス氏は養育的な親であり，子のニーズを適切に予測し，困難な受け渡しの場面で子を援助できる」と記載するのであれば，データ欄にこの考えを裏付ける行動面の記述があるべきである。「息子を迎えるとき，モラレス氏はぬいぐるみとジュースボックスを持参している。これについて，モラレス氏は，ジョーは母から離れるのにしばしば不安になり，息子を落ち着かせるためにこれらが役立つと説明した」というのが，その例である。

d. 信頼性

　良い報告書は信頼性を有する。第1に，報告書には裁判所の命令を記述するが，それには，裁判所名，裁判官，日付，裁判所が評価者に査定と報告を求めた主題や質問事項が含まれる。紛争の背景の概容を記載することで，評価の文脈，その方法の詳細，面接とテストに費やした時間，面接やテストの順序，面接をした相手とその方法（すなわち直接か電話か），調査した記録の一覧を，ひ

> ⚠ **留意点**
> 報告書では，インフォームドコンセントに言及しなさい。評価の目的，そして，当事者，子，参考人に対する秘密保持はないことに関して説明したことを，記録しなさい。インフォームドコンセントの同意書に署名がなされた場合は，それにも報告書で言及する。秘密保持の制限について注意を与えることを評価者が忘れていたと認識され，その結果，報告書が証拠採用を拒否されることになる可能性を避けるため，この情報を報告書に含めることは非常に重要である。

とつのページで示すことができる。評価者が徹底的な評価を行ったことを読み手が認識できれば，行われた作業を信頼しやすくなる。

第2に，報告書は，インフォームドコンセントに言及する。司法評価者は，当事者，子，参考人に評価の目的と秘密保持がないことを説明したことを，報告書に記述する。インフォームドコンセントの同意書に署名がなされた場合は，それについても報告書で言及する。秘密保持の制限について注意を与えることを評価者が忘れていたと認識され，その結果，報告書が証拠採用されないことになる可能性を避けるため，この情報を報告書に含めることは非常に重要である。

第3に，報告書では，検討対象となった仮説について，代替的な説明を検討し，または，そうした説明の中で軽視できないものは率直に認める。これは，評価者の思考過程の透明性を裏付け，評価者の信頼性に寄与する。上述の例を続けると，母であるモラレス女史は，父はジョーに対して無愛想で，必要以上に厳しく，そのことは家族の友人が観察して確認していると説明するかもしれない。評価者は，これら一見矛盾する情報を調和させるか，または，少なくともこれらを報告書に記載する必要がある。矛盾した情報が報告書から除外されると，評価者自身の事件に関する仮説に一致した事実**のみ**を強調している，さらに悪くすると，その仮説は紛争の一方当事者から提案されたものであると思われてしまうため，紛争の一方の側がバイアスの存在を疑うリスクが生じる。

e. 専門性

良い報告書は，専門的な方法で情報を提示する。報告書は重要なビジネス文書であり，つづり，文法，句読法の一般的なルールを守るために作成者が払った努力が，その体裁に反映されるべきである。報告書は評価者の能力を表し，作成者の評判や後の生活にも影響する。報告書は，評価者自身の姿の間接的なプレゼンテーションとなるため，これをできるだけ良い印象にすることは，評価者自身の最善の利益にかなう。

> ℹ **情報**
> 良い報告書は，読みやすく，使いやすく，透明性，信頼性，そして専門性がある。

すでに述べたように，紛争の当事者双方は報告書を裁判の証拠書類や証拠として提出するかもしれない。この場合，報告書は，司法評価者を尋問する基礎となるであろう。信頼できる方法を用い，徹底的に評価を尽くし，結論を適切に文書化して，きちんと整理して報告すれば，こうした報告書は，時おり行われる正式な事実審理における司法評価者の証言を容易にしてくれる。この証言の問題を，次に取り上げたい。

2 | 証言

司法評価の他の領域と同じく，証人としての評価者は公平な評価者として機能し（AFCC, 2007, §P.2; APA, 2009, §5），これは，一方の側が雇った評価者か，裁判所が中立的な評価者として指名したかにかかわらない。また，証人としての評価者の機能は，「裁判官が情報に基づいた監護の決定をすることを支援するための」情報を提供することである（Meyer & Erickson, 1999, p.20）。したがって，**専門家証人**の証言は，法律家が手続の中で関連する心理的情報を得る方法の一つである。Lubet（1998）は，「疑いの余地なく，教師こそが専門家証人の最善の模範である」（p.9）と主張しており，その理由として，最良の教師は分かりやすい授業をし，それが信頼性を高めることを挙げている。これに呼応して，Brodsky（2004）は，専門家の証言は「振る舞いのあり方」の一形態であり，最善の証人はコミュニケーションスキルの改善にどう取り組み，活動したかを自覚している良い教師のようなものであると述べている。

専門家証人は，収集した心理学的情報の範囲にとどまるべきであり，これらのデータの範囲を超えた結論や意見の提供は差し控えるべきである。専門家は，方法やデータの限界についても，裁判所に伝える（AFCC, 2007, §12.4; APA, 1994, p.679）。データの限界，方法の限界，あるいは知る能力の限界を認めることは，実際には，証人としての信頼性を高めるであろう（Brodsky, 2004）。

(1) 子の監護に関する証言は，一般的な専門家証人の証言とどう異なるか？

すでに述べたように，専門家証人の役割は，異なる司法領域であっても類似している。他の論者（Brodsky, 1999, 2004; Gutheil & Dattilio, 2008; Lubet, 1998; Tsushima & Anderson, 1996）は，証言の多くの領域を十分に含む形で，専門家証人として倫理的かつ有能に活動する方法を説明している。しかし，子の監護評価における

証言には，それ特有の側面も幾つか存在する。

a. 証言する機会の少なさ

まず重要なことは，監護評価者が証人として呼ばれるのは，評価を行った事件の 10％程度に過ぎないということである（Melton et al., 2007）。Maccoby & Mnookin（1992）は 3 年間にわたる研究の結果，監護に関して争う者が正式な事実審理の最後まで至る数は非常に少なかったと述べた。紛争性が最も激しい事件が，正式な事実審理まで進む可能性が最も高いということは，共通に認識されている（Maccoby & Mnookin, 1992）。個々の事件でこのことを予測する方法はないが，裁判所記録の量および当事者から裁判所への接触頻度が，紛争の程度についての一定の指標となる。

> **⚠ 留意点**
> 事実審理での証言は，子の監護評価者としての役割のうち最もストレスの多いものである。専門家証人として呼び出される機会が少ないことは，自らの仕事へのフィードバックを得る機会を失うことにつながる。評価者が，自らのスキルに自信を持てるほど頻繁に裁判所へ出向くことはないであろう。

証言は，評価者の役割のうち最もストレスの多いものであるため，子の監護の訴訟で証言する機会が少ないことは，専門家の生活をよりくつろいだものとする可能性がある。しかし，法廷や証言録取での反対尋問は，仕事の成果物（そして，それを提示し，擁護する能力）の強みと弱みを見出すひとつの方法であり，証言の機会が少ないことは，自らの仕事へのフィードバックを得る機会を失うことにつながる。他に，証言の機会の少なさがもたらす不利な点としては，評価者が自らのスキルに自信を持てるほど頻繁に裁判所へ出向くことはなく，そのため証言のストレスがいっそう増加しているということが挙げられる。

b. 証言録取 —— 証言の他の形式

前述のように，監護の紛争が事実審理に至る頻度は低いため，証言のスキルと経験を得るのは難しい（Dessau, 2005）。しかし，証言のスキルを磨く他の機会，すなわち，口頭による証言録取 ——「すべての当事者が証人の証言にアクセスできるようにするために，裁判の前に作成される宣誓の上での供述書」（Lubet, 1998, p.138）—— が存在する。それは，公判前のディスカバリー（開示手続）[訳註4] の一部であり，双方とも他方に対して情報と証拠を明らかにしなければならない。証言録取では，一方当事者の弁護士 —— 通常は報告書が不都合

訳註 4 正式な事実審理前に，その準備のため，法廷外で当事者が互いに事件に関する情報を有利，不利を問わず，原則，全面的に相手に開示する手続で，証言録取（deposition）のほか，質問書（interrogatories），文書等の提出（production of documents or things）などの方法がある。

である当事者――は，評価報告書とその正しさを主張する司法評価者の能力の強みを査定し，弱みを調べるため，司法評価者を呼び出して供述を求めることができる。専門家証人は，証言録取の場で弁護士をつける権利があるが，費用がかかるものであり，通常は必要ではない。しかし，非常に紛争性が高く，訴訟となっている事件において，感情をうまく押さえ込むのが難しい場合は，専門家証人が法的援助者の同席を希望することもあるかもしれない。

> **情報**
> 証言録取は，法廷での証言よりもルールが少ないため，ストレスの多いものとなり得る。しかし，証言録取は，その事件の法廷での証言の練習をし，弁護士のスタイルを把握し，自らの報告書の強みと弱みに関する感覚を得るよい機会である。

法廷での事実審理よりも証言録取の方がルールは少ないため，質問者は，質問を行う際により幅広い裁量の余地がある。質問に関するルールがないことにより，法廷における証言（そこでは，弁護士は証言による情報をいかに証拠にできるかという面でより制約がある）よりも，証言録取の方がストレスの多い状態となり得る。証言録取が行われる利点は，証人が，弁護士の反対尋問のスタイル，弁護士が尋ねるであろう質問の種類を事前に把握できることである。証言録取の他の特徴は，大部分の事件において，どちらの側も弁護士が代理しているということである。証人を呼び出す弁護士が質問の大部分を行うが，その後，他方の弁護士も手短に証人を尋問する機会を持つ。

c. データの独自性

子の監護のアセスメントを他の司法評価から区別するものは，データの性質である。複数のメンバーが時間の経過の中で相互作用している家族システムが，精査する対象となる。感情的かつ敵対的であることが多い手続の真っ只中では，両親間の紛争が激しくなり得る。両親の立場はより極端になり，それぞれが現時点での理解を反映させて過去を解釈し直すかもしれない。親による報告も，裏付けが困難な場合がある。

別の言い方をすれば，家族やカップルのシステムにおける複雑さ，互いへの影響，相互作用を反映したデータが多い。否定的に見える彼らの行動も，挑発行為やパートナーの行動に対する反応であり得る。このようなことは，一方が他方のドメスティックバイオレンスを主張する際に時折生じる。配偶者やパートナーの一方は，例えば，他方の不貞が明らかになったことへの反応として不貞についての情報を子と共有するなど，本来の性格に反して，不適切な行動に出るかもしれない。評価者は，こうした相互作用を理解し，相互作用を家族の

歴史の文脈に置き，法的問題に関連がある場合に裁判所に説明するという課題をこなさなければならない。

d. 報告から事実審理までの時間

子の監護の訴訟は，評価の対象である家族システムが流動的であるという点で，他の多くの司法領域と異なる。司法評価者が評価を完了してから正式な事実審理まで何カ月もかかるかもしれないし，関連する力動／問題も変化するかもしれない。監護評価から長期間が経過した場合，当事者や裁判所は，その情報は「古くなった」，あるいは期限切れだとして，情報の更新を求めるかもしれない。したがって，司法評価者が，一方の親に不利な意見をすでに表明した家族について評価を更新することは，起こり得ることである。このような事件では，評価を更新するための面接に際して，両親の一方または双方が評価者の中立性を疑問視したり，用心深くなったり，あるいは敵対的にさえなったりするかもしれない。

e. 役割特有の中立性 —— 裁判所のための証人

大部分の事件では，監護評価者は裁判所に任命され，あるいは訴訟後見人（GAL）や法定後見人といった裁判所が指名した人のために働く（Kirkpatrick, 2004）。これにより，裁判所の傘の下で評価を行うこととなり，責任が司法に準じて免除されるため，手続のストレスが軽減されることは重要である（Kirkland et al., 2006）。このような免責特権は，不満を持った訴訟当事者による金銭的な損害賠償訴訟から司法評価者を守るが，評価者が所属する専門家委員会（または，不服申立ての手続が存在する裁判所）への不服申立てからの安全までは保障しない。これらの不満は，監護評価のガイドラインが示されてから報告される頻度が減っているが，APAに対する倫理的苦情としては，年毎に異なるものの，二番目または三番目に多い状態が続いている（APA, 1991-2007）。

f. 証言における弁護士との協力がないこと

中立的評価者が，証言の準備において双方の弁護士と協議を行うことはほとんどない。証人としての評価者にとって，弁護士が直接尋問で何を尋ねるかを前もって知ることは有益だが，このような公判前の協議は，評価者が会った弁護士の側の訴訟当事者に肩入れしていると解釈され得る可能性があり，避けられることになろう。AFCC（2007, §4.4）のスタンダードモデルは，係争中の事件では，一方当事者のみとのコミュニケーションを避けるよう注意を与えている。

g. 仕事へのフィードバックの不足

使い古された表現ではあるが，評価や証言へのフィードバックがなくては，何が有効に働き，何が有効でなかったかを知ることは困難である。証言は教育的な働きであるのと同時に，職務の遂行でもある（Brodsky, 2004）が，フィードバックがないため，それぞれの領域のどこが効果的だったかを理解することは困難である。証言後に批評してもらうために，仲間に事実審理を傍聴してもらうことは，有益である。しかし，訴訟における子の監護の領域そのものが，この種のフィードバックに不向きである。大部分の事件では，当事者は法的手続のどこかで和解するため判決まで進まず，そして，判決となっても弁護士は通常，評価者の仕事ぶりにフィードバックを与えない。監護評価者は和解が成立したことも知らない場合が多く，そして，他の機会（例えば，継続的な教育，学際的な組織）で弁護士と定期的に接触していなければ，その事件の解決にあたって評価のどの側面が有効だったかの情報を得ることは困難である。監護や養育計画について勧告した場合でも，当事者が合意した計画に評価者の勧告がどの程度反映されたかを知ることができるとは限らない。評価が解決を援助したという印象をもつことは多く，それを支持するデータもある程度は存在するが（Ash & Guyer, 1986; Maccoby & Mnookin, 1992），評価がどのように解決に関わったかを明確に示す情報は得られないのが通常である。評価者は，積極的に離婚合意書の写しを弁護士に求め，あるいは，裁判所で公開されている記録を見てもよい。フィードバックの不足への更なる改善策として，経験のある仲間に自身の仕事の批評を求めることは，この分野の新人の誰にとっても有益である。

> **❶ 情報**
> 司法評価者は，離婚合意書の写しを弁護士に求める，または，裁判所で公開されている記録を見ることで，積極的にフィードバックを得ることができる。この分野の新人の誰にとっても，経験のある仲間に自身の仕事の批評を求めることは有益である。

(2) 証人のタイプ

一般的に，裁判手続で証言する証人には，事実に関する証人と専門家証人の2つのタイプが存在する。事実に関する証人（「素人の証人（lay witness）」とも呼ばれる）は，「証人が個人的に知覚した（見た，聞いた，触った，味わった，匂いを嗅いだ）ものだけを証言する」ことが認められる（Ewing, 2003, p.58）。一般的に，裁判所は，事実の証人が「感覚知覚を根拠として導かれる合理的な意見や結論」を出せる場合を除き，意見や結論を表明することを禁止する（Lubet,

判例法

Frye v. United States (1923)

・事実認定者を超える「特別な経験」や「特別な知識」を有する証人 ── 今日（1974 年連邦証拠規則以後）は「専門家証人」となっている ── という考えを導入し，明確化した。

1998）。事実の証人は，一般的な知識の領域内の問題について証言できるのである。一方，専門家の証言に関しては，1923 年以前は，その資格を裁判所が十分だと考え，そして，提示された証言そのものを有益だと考えた場合に，専門家証人が証言できた（Flens, 2005）。しかし，**Frye v. United States**（1923）は，事実認定者（trier of fact）訳註5 の「一般的経験や一般的知識の範囲を質問が超える場合」，証人が「特別な経験」や「特別な知識」を有するかどうかを統一的な方法で決定する必要があると判示した（at 1014）。さらに，この判決では，専門家が証言において頼りにする根拠としての知識，特に新しい科学的な証拠を導入する場合の知識については，その専門家が所属する「科学コミュニティーで一般的に承認されている」必要があるとした。**Frye 判決**は約 50 年にわたって影響力を持ち，広く「一般的承認の基準」と呼ばれている（Flens, 2005）。

1974 年，**連邦証拠規則（Federal Rules of Evidence：FRE）** は，連邦の裁判でいう専門家は，「知識，スキル，訓練経験，または教育」を有し，証言するテーマについて専門家として適格な者だと正式に定義した（FRE 702）。ここでいう専門性は，科学的または技術的な知識だけではなく，すべての「専門化した」知識の領域を含む（Ewing, 2003）。FRE は，専門家による証言は，「事実認定者が証拠を理解する，あるいは，その問題における事実を決定することの支援」も目的の一つであるとも記している（FRE 702）。そのため，FRE の下では，専門家証人の採用に関して主要な問題が 2 つある。ひとつは証人が専門的な知識を有するか，もうひとつは，その知識は裁判官や陪審員にとって有益であるかである。以上を要約すると，まず初めに Frye 判決が，次に FRE が専門家証人の法的過程への関与の基盤を築いた。もっとも，後に 1990 年代になって，連邦最高裁判所は専門家の関与基準をさらに洗練させることになる。子の監護評価において，第 4 章で推奨したスキルの多くを監護評価者が有していれば，その者の報告書と証言は，家庭裁判所で承認される可能性が高い。

訳註5　事実認定を行う者，すなわち陪審裁判の時は陪審（jury）を，陪審なしの裁判のときは裁判官を指す。

(3) 専門知識の問題

Frye 判決は，まだ 16 州とコロンビア特別区で確立された法であり続けているが（Bernstein, 2002），他の州の大部分では，連邦最高裁判所の **Daubert v. Marrell Dow Pharmaceuticals** (1993)^{訳註6} に取って代わられている。**Daubert 判決**における判断は，科学的証拠の承認基準をより柔軟なものにすることを意図しており（S. M v. G. M., 2005），「連邦証拠規則（FRE）は，連邦裁判において専門家の科学的証言を承認する基準を示している」と判示した (at 579)。さらに，同判決は，第一審の裁判官が「科学的証言の基礎となっている論拠や方法論が，科学的にみて妥当（すなわち，法的観点からの信頼性）であり，その問題の事実に適切に適用され得るか（すなわち，妥当性）を判断する」ことを求めている (at 580)。

> **≡ 判例法**
>
> *Daubert v. Marrell Dow Pharmaceuticals (1993)*
>
> ・この判決は，科学的証拠の承認基準をより柔軟で，科学的に妥当なものにすることを意図している。第一審の裁判官がこのような証拠の門番であり，承認するのに十分な妥当性があるかどうかを判断する。

それが測定しようとするものを正確に測定できる場合，その方法論には信頼性が認められる (Flens, 2005) が，その方法で引き出された情報に妥当性が認められるとは限らない。すなわち，その事件の問題には適用できないかもしれない。信頼性と妥当性という両方の要素が必要である。司法がこのような証言の信頼性と妥当性を検討する際には，4 つの司法上の考慮要素がその判断に影響する (Medoff, 2003)。

1. 証言の根拠となる理論や技法は検証可能か
2. そのテーマは査読（ピアレビュー）され，刊行されているか
3. 既知のまたは潜在的な誤りの割合は許容可能であり，実施方法を統制する基準があるか
4. 技法や方法は科学的コミュニティーにおいて一般的に受け入れられているか

Gould (2005) は，「子の監護の事件で，Daubert 基準による検討がなされる

訳註6 原文では Daubert v. Dow Chemical Pharmaceuticals（1993）と表記されているが，一般には，Daubert v. Marrell Dow Pharmaceuticals（1993）として紹介されている。

ことはほとんどない」(p.59) と記した。私信 (2010.5.8) では，司法評価のあり方が全体として Daubert 基準による検討の対象にされることは想定しづらいと述べている。代わりに，訴訟当事者は，面接の要素といった，評価の一要素の検証を求める可能性が高いであろう (Matter of W. v. J., 2005)。判例法の研究は，その種の例をいくつか明らかにしている（例えば，Robb v. Robb, 2004; Smith v. Tierney, 2005)。司法評価のあり方全体についてこのような法的検討を行うとすれば，Daubert 判例の 3 つの考慮要素に肯定的に答えることができるであろう。2 番目の考慮要素については，例えば，無数の記事において監護評価の司法的性質が扱われ，査読（ピアレビュー）や刊行の対象となっており，それには，アセスメントの強みや限界も含まれている。「行動科学と法（Behavioral Science and the Law）」，「家庭裁判所レビュー（Family Court Review）」，「子の監護ジャーナル（Journal of Child Custody）」，「アメリカ司法心理学ジャーナル（American Journal of Forensic Psychology）」，「アメリカ精神医学と法協会ジャーナル（Journal of the American Association of Psychiatry and the Law）」といった学会誌は，このような評価に関する無数の問題を扱っている。3 番目の考慮要素の後段（すなわち，実施方法を統制する基準）については，司法精神保健アセスメントの方法は，心理学と精神医学の領域で確立された基準と一致している（Margo M. v. Martin S., 2006）。4 番目の考慮要素については，監護評価は心理学，精神医学，ソーシャルワークの分野を含む司法精神保健の領域で一般的に受け入れられており，これらの領域のすべての専門家が子の監護評価者として働き，前者 2 つの専門家組織は実務家のためのガイドラインを公表している。

加えて，子の監護評価は弁護士と裁判所から必要とされ続けている。しかし，3 番目の考慮要素の前段――誤りが生じる割合――については，「特定の指標が正確かどうか測定可能な，正しい結果を有する研究」(Heilbrun, 2001, p.108) が存在しないため，これに肯定的に答えることはできない可能性が高い。監護評価の結果に関するデータがない（そして，対照群が得られる見込みがなく，そうした結果に関する研究が可能かどうかについて疑問がある）ため，Daubert 基準による審査の対象にはならないのである。最後に，理論や技法の検証可能性という Daubert 基準の第 1 の考慮要素に答えるのは困難であろう。現在まで，司法精神保健的な評価モデルが裁判所に信頼できる情報を提供するという共通認識は一定程度形成され

> ❶ 情報
> 監護評価の中で Daubert 基準による審査に最ももろいと思われるものは，心理テストの実施に関するものである。

ているが，こうしたモデルを他のものと体系的に比較したものはない。

　監護評価の中で，Daubert基準による審査にもっとももろいと思われるものは，心理テストの実施である（Flens, 2005）。これらに関しては，第3章で述べたように，さまざまな検査方法の信頼性や妥当性に関して大量の文献があり（Flens & Drozd, 2005; Medoff, 2003），監護評価における特定のテストの使用に関するデータも増加している。文献と判例法を調べたところ，控訴審での審査を通過したのは，たとえあるとしても少数であることが明らかとなっている（Medoff, 2003; Meloy, 2007; Otto, 2000）が，個別の事例によると，きちんとした研究と根拠のしっかりした標準化に基づく心理テストはこのような課題に持ちこたえており，一方で監護評価に特化したツール類はそうなっていないことが示されている（Bow, Gould, Flens, & Greenhut, 2006）。したがって，心理テストが評価の重要な部分を占め，結論の形成に当たって単独または過度にそれに依拠するのであれば別だが，そうでない限り，複数の情報に基づく方法論に準拠した子の監護評価者は，証言の採否をめぐってDaubert基準による審査に直面する可能性は少ないと結論付けるのが妥当である。しかし，評価者が証人として直面する可能性のある審査がもうひとつ，すなわち，必要な専門性の基盤を有しているかどうかという問いが，まだ残されている。

(4) 専門家の適格性

　予備尋問（voir dire）^{訳註7}と呼ばれる手続を通じ，訴訟当事者は，知識，訓練，教育，経験に基づき特別の専門知識を有すると称する証人の適格性について，質問することができる。一般に，主尋問を行う弁護士がこの手続を開始する。弁護士の目的は，証人の信憑性を高め，「証人の専門家としての適格性を示し，意見を証言できるようにする」ために，専門家の訓練と経験の妥当性を強調することである（Ewing, 2003, p.61）。そして，反対側の弁護士は反対尋問を行い，証人の適格性に関する質問をする（Tsushima & Anderson, 1996）。ここでの目的は，証人の適格性を疑わせる，または，事実認定者がその証言に与える重み付けを減らすことである。裁判官は，証人が意見を提供するのに必要な専門的知識を有するかどうかを判断する権限を持っている。しかし，実際には，裁判所が司法評価者を任命した場合，その評価者が証人となる時に，同じ裁判所が，そ

訳註7　陪審員や証人の候補者に対し，偏見または当事者等との関係の有無などを確かめ，その適格性を検討するためになされる尋問手続。

> **❶ 情報**
> 裁判官は，証人（子の監護評価者を含む）が意見を提供するのに必要な専門的知識を有するかどうかを判断する権限を持っている。

の評価者の専門家としての適格性を否定することはまれである。双方の弁護士や当事者が，その専門家の任命に事前に同意していれば，その可能性はなおさら低いであろう。一方の側が雇った専門家の適格性は，裁判所が選任した者や双方が同意した者よりも，疑いを抱かれやすいと考えられる。評価者が家庭の何らかの側面を査定する際に，その者が十分な能力を有する領域（それは予備尋問で確認される）から乖離していたことが明らかとなれば，報告書に関する証言の特定の部分が批判される可能性がある。

以下に述べることの多くは主に反対尋問に関することだが，裁判における主尋問の価値も強調したい。主尋問の間，専門家証人は一般的に，専門性の根拠を説明し，その事件における問題理解を伝え，準拠した方法論について説明し，結論とは適合しない情報も含めて所見を報告し，これらの所見が心理-法的な構成概念とどのように関連しているかを論証する機会を持つ。反対側の弁護士から方法論上の弱点について質問されるのを先取りして防ぐ手段の一つとして，主尋問であえてこれらの弱点を検討する場合もある（Kruh & Grisso, 2009）。データが有意義かつ興味深いものになるように，主尋問が上記の問題に関して裁判所を教育する機会となることは，最も重要である。

(5) 有能に証言をするための助言

ここでは，有能に証言をする上で役に立ち，証言の信憑性を高めるための提案をいくつか行う。

a. 準備すること

信憑性を保つために最も重要なことのひとつは，専門家証人が，自身が行った評価に関して豊富な知識をもっていると，裁判所が理解することである。これは，その事件における当事者に関する基本的な事実，裁判所の命令や法的質問事項の詳細，用いた方法の基礎，そしてアセスメントにおけるデータを熟知していることを意味する。準備不足のように見えること，または，尋問する弁護士から求められた基本的な情報をぎこちなく探し回ることほど，専門家の「信憑性」を減じるものはない。準備に当たっては，評価の内容と関係書類を熟知することが必要である。

b. ただ質問にだけ答えること

これは，証人にとって，おそらく最も重要なガイドラインである。尋問する弁護士の裏をかこう，次の質問に先手を打とう，あるいは，いかに知的かを示そうとすべきではない。ある意味で，複雑な法的手続の中では非常にシンプルな任務である。

c. 証人席で集中力を保つこと

裁判において1日中注意を持続することは，思っている以上にエネルギーを必要とし，多くの評価者は証言の日の最後には疲れ果てている。ただ単に質問を聞き，できるだけ簡潔に答えることは，自己規律とスタミナを必要とする。

d. 回答を明確にすること

証言を行う際の宣誓[訳註8]に忠実であるためには，明瞭さが不可欠である。明瞭であるために，証人は，弁護士が何を尋ねているかを理解する必要がある。同じ言葉でもその言外の意味は変わり得る（Loftus & Palmer, 1974）ことから，質問の意味は，報告書におけるのと同様に法廷においても重要である。経験や意見を最も正確に反映した回答ができるように，注意深く聞き，質問や質問中の言葉の明確化や繰り返しを求める責任が証人にはある。質問の明確化を求めることには，以下の効果がある。

・第一に，少なくとも一時的に，力のバランスを弁護士から証人に移す（証人は，単に受動的な回答者ではない）。
・第二に，反対尋問の質問のパターンや流れに割り込むことができる。
・最も重要なことであるが，質問者に明確化を求めることによって，証人が尋ねられた質問だけに答えることを容易にする。

e. 複合または複数の質問に注意を払うこと

混乱した場合，専門家証人は，質問者が複数の質問をしていると丁寧にコメントし，最初に答えてほしいと考えているのはどれかを尋ねるべきである。時には，これに対して弁護士が1つの質問を選んでも，改めて，証人から弁護士にその質問の言い直しを求める。この実践は忍耐と集中力を要するが，的確かつ正確に答える上で有用である。これは力関係も変化させる。すなわち，少な

訳註8 米国の法廷では，証言に際し，証人は，「真実そのものだけをありのままに」（"the truth, the whole truth and nothing but the truth"）述べることを神に誓う。

くともその瞬間は証人に力を与え，考える時間をいくらかもたらし，そして最も重要であるが，より明確な情報を裁判所にもたらすことになる。

f. 正直であること

専門家証人は，「真実を述べる」ことを宣誓する。しかし，尋問中に，報告を間違えた，見落とした参考人がいる，主張の裏付けに失敗した，あるいは，実際には手元にあった情報を報告書に書き落としたことに気づく時がある。これらの失敗は気恥ずかしいものだが，大抵の場合，まじめで倫理的な評価者の仕事全体を傷つけることはない。間違いに気づき，それについて尋ねられれば，誤魔化した回答をするべきではない。Brodsky（2004）は，こうした誤魔化しを「作話（confabulation）」と呼び，「無責任で不十分」だとした（p.22）。結論と矛盾するデータに直面したら，柔軟にそれを認めるべきである。何かを間違える，または忘れている場合は，それを素直に認め，(尋ねられ，可能であれば)説明し，手続を進めるべきである。証人席で過度に自分を守ろうとすることは，間違いを認めること以上に信憑性を傷つけるため，自分自身や評価手続の不完全さを受け入れなければならない。

(6) 証言 —— 必要だがストレスの多い仕事

子の監護の司法評価者は，仲間と報告書を共有して見直したり，裁判所でお互いを観察したりしない限り，仕事に対する建設的な批評を受けることがほとんどない。そのため，証言録取や法廷での証言は，信頼性のある方法論，明確で説得力のある文章表現，論理的な思考の価値を学習する重要な手段である。また，ストレスのある状況で自身の仕事の方法や所見を伝える技術とともに，即断即決する能力を向上させる。証言は，家族の複雑な問題，特に監護評価というストレス下における家族の問題を評価すること自体の限界を理解する上でも有用である。司法評価者の自己認識がどの程度であっても，厳しい反対尋問を終える時には，次回の評価で改善できるものを必ず得ているであろう。それは，プライドを傷つけるのと同時に，啓発的なものとなり得る。評価の開始時点から反対尋問の対象となる可能性があると意識しておくことにより，以下のようにする動機が高まるであろう。

👍 最善の実践

証言を行う場合，
・準備すること
・ただ質問にだけ答えること
・証人席で集中力を保つこと
・回答を明確にすること
・複合または複数の質問に注意を払うこと
・正直であること

・重要な問題に対して適正な注意を払い，訴訟当事者に配慮しながら評価を行う。
・どの事件も，司法評価者に対する反対尋問を経て事実審理の最後まで進むと仮定して，仕事を行う。
・関連情報を首尾一貫して分かりやすい方法で記載し，読みやすい報告書を作成する。
・知っていることだけではなく，知らないことについても注意を払う。
・それが生じるかどうかに関わらず，尋問の準備を行う。
・証言しなければならなければ，周到に準備する。

こうした評価の対象となる両親と子は，賭しているものが非常に重大であり，このようにする価値は十分にある。

3 | おわりに

　家族関係に重大な影響を受けるクライアントのことを考えると，経験の浅い子の監護評価者は，証言台で有能にふるまう必要性とともに，大変な責任の重さと正しく役割を果たすことへのプレッシャーを感じるであろう。経験によれば，法廷で証言することによって得られる見識のひとつは，監護の司法評価者は，数カ月または数年続く，複雑で，時には曲がりくねった法的手続の要素のひとつに過ぎないということである。評価者，特に裁判所から任命された評価者は，法システムの手先，そこにおける孤独な駒のように感じられる場合がある。また別の機会には，解決の重要な要素のように感じられることもあろう。
　にもかかわらず，裁判所や弁護士は通常，子の監護の司法評価者の役割を尊重するであろう。裁判所は評価者が提供した情報を尊重し，それが解決や自己決定という目標に有益であることを期待するし，もし決定を下すとすれば，その策定にあたり報告書や証言の一部を用いるであろう。評価者にとって，自身の仕事がどの程度までその事件で重要であったか，その事件における当事者が報告書を良いと考えたかどうかすら，常に明らかになるとは限らない。法律関係者から受け取る評価の唯一の表れが，新たな依頼や任命である場合も時にはある。そのため，子の監護評価者には，最高の水準に向けて熱意を保つことを可能にするための行動規範が必要である。法的手続の中で実際に何が起こるか

に関わらず，専門家のガイドライン，裁判所の規則，現在の最善の実践のいずれもが，専門家による適切な仕事についての認識の基盤となる。我々は，本書が，専門家の羅針盤となり，そして，その結果として有能さの感覚を生み出すひとつのモデルとなることを期待する。

付録
Appendix

付録 A ｜ 50 州での監護の要素

検索表

1. 親と子の関係の経過
2. 子の気質，年齢または発達上のニーズ
3. それぞれの親の，他方の親との関係を促進する意欲や能力
4. 家庭，学校，地域社会への子の適応
5. それぞれの親の別居前の養育割合
6. 子の住居の安定性と安定した環境で子が生活した期間の長さ
7. 関係者すべての心的，身体的な健康
8. 他方の親と協力し，情報を伝える親の能力
9. 子の生活に関与するそれぞれの親の能力（例えば，活動，教育）
10. 監護に対するそれぞれの親の希望
11. 説明を受けた上で，結果について子が望むこと（明記されている場合は年齢）
12. きょうだいや大切な人との関係
13. ドメスティックバイオレンス（1 ＝要素，2 ＝推定）
14. 子の虐待／ネグレクトの証拠
15. 愛情，好意，指導を与える能力
16. 犯罪歴
17. 子のニーズを優先させる親の能力
18. 養育計画の地理的な実行可能性
19. 親の道徳的な適格性
20. 基本的なニーズをまかなう能力（例えば，食事，住居，医療ケア，安全性）
21. その他の関連要素
22. それぞれの親の仕事のスケジュール
23. 親の物質乱用の問題
24. 子の性別

	1	2	3	4	5	6	7	8	9	10	11	12	13	14	15	16	17	18	19	20	21	22	23	24	各州に特有のその他要因
アラバマ	●												2						●	●		●			
アラスカ	●	●			●	●				●			1				●			●					
アリゾナ		●	●	●		●				●	●	●	1												
アーカンソー										●			2				●								
カリフォルニア			●			●				●			2												
コロラド		●	●	●		●				●			1												
コネティカット		●	●	●	●	●	●	●	●	●	●	●	1												子の文化的背景，親の教育プログラムの完了
コロンビア特別区	●					●				●			2												
デラウェア									●	●	●		2		●										
フロリダ			●	●	●	●	●	●		●			2				●	●	●						離婚後に予想される責任分担，子の友人や世話をしてくれる人に関する知識，一貫した日課の提供，訴訟からの子の保護
ジョージア		●	●	●		●		●			●(14)		1		●		●					●	●		住居環境（安全性と養護性），環境の安定性
ハワイ		●	●			●	●						2				●		●						虐待を保護する法律の悪用，訴訟からの子の保護
アイダホ		●				●				●	●	●	2				●								
イリノイ		●		●	●					●	●	●	1			●									
インディアナ	●	●											1									●			
アイオワ		●	●	●	●	●	●		●				2					●	●						親の監護者としての適性，親との交流が欠如することの子への影響，共同監護に関する親の合意／反対
カンザス		●		●	●					●	●	●	1												
ケンタッキー		●				●				●	●		1												すべての事実上の監護者による世話
ルイジアナ				●									2												
メーン		●	●	●	●		●			●			1	●						●					当事者それぞれの意欲，紛争解決手続を利用する方法と意欲，単独法的監護の効果

	1	2	3	4	5	6	7	8	9	10	11	12	13	14	15	16	17	18	19	20	21	22	23	24	各州に特有のその他要因
メリーランド													1												判例法で決定されている要素
マサチューセッツ							●						2												子の福祉
ミシガン	●		●	●		●	●				●		1		●				●	●	●				
ミネソタ			●	●	●	●	●			●	●		2		●										主たる養育者（推定ではない），家庭環境（提案も含む）の安定性，子の文化的背景
ミシシッピー											●(12)		2												
ミズーリ		●		●	●					●	●	●	2												有意義かつ継続的な交流に対する子のニーズ，親として機能することへの当事者それぞれの意欲，転居の意思
モンタナ		●	●							●	●		1									●			親が出産関連費用や養育費の支払いをできているかどうか，各親との頻繁で継続的な交流の存在
ネブラスカ	●										●		1												

	1	2	3	4	5	6	7	8	9	10	11	12	13	14	15	16	17	18	19	20	21	22	23	24	各州に特有のその他要因
ネヴァダ	●	●	●			●	●			●	●	●	2												両親間の紛争のレベル
ニュー・ハンプシャー		●	●	●				●					1	●	●	●				●	●				子と他方の親の関係に対する親の支援の3パターン，子と大切な人との関係，親の服役
ニュー・ジャージー	●	●	●				●				●	●	1					●			●				身体的虐待からの安全性，子の教育の質と継続性，親の適合性，子の数
ニュー・メキシコ	●			●			●				●	●	●												
ニュー・ヨーク													1												
ノース・カロライナ													1												最善の利益と福祉，子の安全性
ノース・ダコタ	●	●	●	●						●			2		●				●	●	●				家庭環境の安定性，最善の利益に影響を与える同居者と子の関係，拡大家族，悪意の虚偽の申立て
オハイオ		●		●	●	●		●			●	●	1												養育費の支払いの経過，転居
オクラホマ													2												

	1	2	3	4	5	6	7	8	9	10	11	12	13	14	15	16	17	18	19	20	21	22	23	24	各州に特有のその他要因
オレゴン	●			●									2	●											主たる養育者の優先（適合性のある場合），子に対する関心と態度，既存の関係を継続することの望ましさ
ペンシルヴァニア			●								●		1							●					
ロード・アイランド													1												
サウス・カロライナ													1												
サウス・ダコタ													2												
テネシー					●		●	●				●(12)	1							●					
テキサス		●	●									●(12)	2		●										
ユタ		●										●	1						●						
バーモント	●	●	●				●						1		●					●					主たる養育を行っていた者との関係の質，年齢／発達から見て適切な場合は他の重要な人物との関係
ヴァージニア	●	●	●		●		●				●	●	1							●					
ワシントン	●	●		●						●	●	●								●					当事者の自発的な合意
ウエスト・ヴァージニア					●		●			●		●(14)	1												福祉に必要であれば，当事者の事前の合意，（ALIの）近似ルール，きょうだいの結びつき
ウィスコンシン	●	●	●	●									2								●			●	交流の定期的／有意義な期間，保育の利用可能性，当事者のデートや同居の関係
ワイオミング	●	●	●		●								1					●		●	●				各親の相対的な能力と適合性，親の責任を引き受ける意思，親子のコミュニケーション

付録B｜第二著者（ロバート・A・ジーベル）の個人開業での覚書の例

あなたの子の監護評価について

　親A＿＿＿＿　vs　親B＿＿＿＿＿（事件番号＿＿＿＿＿番）の事件について，＿＿＿＿＿裁判所は，＿＿月＿＿日の命令書において，命令書に記載された理由に基づき，あなたとあなたの子に評価を受けるよう命じました。以下は評価の重要な点を簡潔に説明したものです。

一般的手続

■評価の**第一段階**では，あなただけとの長時間の面接を1～2回，または，1時間半～2時間の面接を2～4回に分けて行い，その後あなたと子の観察をします。そして，（子の年齢に応じ）子だけとの面接，あなた方それぞれとの面接，そして，適切であれば，通常は子がいる時にそれぞれの住居へ家庭訪問をします。面接前の子への説明としては，例えば，「評価者は，子が離婚後に親のそれぞれとどのように過ごすか，両親が考え出すことを手助けする仕事をしている」という旨を伝えます。また，子に対して，評価者は，誰と一緒に住みたいかを子に尋ねることはない（このことを懸念している子もいます）と伝えてもよいでしょう。このことは，子が重荷に感じるべきものではありません。

　評価者は，子の年齢や理解力に応じた言葉で，秘密保持が制限されていることを説明します。4～6週間の間に，並行して，他方の親とも同様のスケジュールで面接を進めることを目指します。背景情報をどのように報告するか，質問にどの程度細かく回答するかは両親で非常に異なるため，厳密に同じ時間を双方に費やすことは約束できません。必要があれば，子と改めて面接することもあります。

■一般的に，個別の面接では，現在の問題と懸念，結果に対する希望，個人・夫婦・養育の経過を，通常はこの順序で扱います。心理テストを受けること，子に関する行動のチェックリストを記入することを依頼することもあります。また，刑事，医療，精神医学，治療の記録を評価者が閲覧することを

許可するよう依頼します。秘密保持の項で以下に説明するように，この情報は開示対象となる可能性があるため，権利放棄への同意署名をするかどうかは，弁護士や（もし現在もいるのであれば）治療者と話し合うべきです。このような個人情報に対する評価者の関心は，裁判所からの質問事項に関連するものに限られます。評価者が秘密性のある（個人的な）情報を報告書で用いれば，他方の親の弁護士もこれらのデータを閲覧することを望む可能性があります。

■ 関連文書，電子メール，手紙，報告書などを評価者に提出することが歓迎されます。しかし，これらを有する場合は，提出することについてあなたの弁護士に知らせなければなりませんし，あなたやあなたの弁護士は他方の当事者やその弁護士にこれらの文書を知らせなければなりません。

■ アセスメントの**第二段階**では，評価者は，教師や医師などのあなたやあなたの子にかかわりのある専門家，そして，あなたが名前を挙げた他の人々のうち理由にもとづいて選択された人と話し合います。次の項で説明するように，これらの話合いは，「記録に残る」ものです。これにより，評価者はより独立した情報源からの，あなたやあなたの家族に関する付加的な情報の収集が可能となります。評価者があなたと関わりのあった専門家と話し合うためには，情報提供を許可する同意書面が必要です。評価者は，最も関連があると考える情報源を選択することができます。あなたが挙げたリストから選択した専門家以外の方には，同意署名と情報を記載した文書を送付しますが，話し合うことについては，あなたから先に許可を得てもらいます。一定の例外を除き，一般的には，家族のメンバーはほとんど有益ではなく（バイアスを有する可能性が高い），専門家は通常最も有益であり，友人，同僚，隣人はその中間となります。評価者は，事件にとってあなたが重大かつ重要と考えるやりとりや出来事を家族が目撃したといった説得力のある理由がある時に限り，家族と話し合います。「電話がなかなかつながらない」ことは避け難いため，これは手続の中で最も困難な部分となることが多いです。

■ 情報の大部分を収集した後，手続の**第三段階**では，収集した情報の矛盾している面を明確にするために，最終的な面接を1～2時間行います。この時，他方の親のあなたに関する主張を聞き，回答する機会が得られます。その後，評価者は報告書を完成させ，裁判所に提出します。

適用される法規則

- アセスメントの過程では，評価者はあなたが提供した情報の一部または全てを他方当事者と共有し，報告書を構成する際にこれらの情報を用います。すなわち，全てが「記録される」こととなり，それには，子との会話，手紙，電子メール，あなたが記載したこれまでの経過，関連する参考人との話合いが含まれます。専門家ではない者は巻き込まれたくないと希望するかもしれないため，このような者に照会先となることを依頼する時には，このことを知らせておく必要があります。審問や事実審理での証人として呼ばれる可能性もあります。したがって，少なくとも現在の訴訟の範囲では，あなたやあなたの子が報告したことには，精神保健の専門家が一般的に有している**秘密保持**は適用されません。さらに，さほど多くはありませんが，あなたの子が虐待やネグレクトにより苦しんでいる，または，苦しむ危険性があると信じるに足る合理的な根拠があれば，評価者は**通報義務のある報告者**として法に従って適切な機関（例えば，州の児童保護サービス（Child Protection Services（CPS）））に通報する義務があります。CPS が，虐待やネグレクトの危険が子にあるという第三者からの主張に基づき，あなたの家族について評価者に問い合わせた場合は，評価者は CPS が調査している事項に関する質問に答えなければなりません。ただし，報告書を CPS に提供することについては，裁判所の命令を求めることとなります。この評価は，医療保険の相互運用性と説明責任に関する法律（Health Insurance Portability and Accountability Act（HIPAA））による精神保健サービスではありません。
- 評価者から尋ねられた質問の全てに答えることが推奨されますが，あなたが選択するのであれば，特定の質問に答えない権利があります。刑事上の手続（保護命令への違反など）が進行中または近い将来にあり得る場合，答えることで告訴が有罪となるような質問に対しては，答えない権利があります。弁護士がいる場合は，まず，この種の懸念について相談してください。
- 児童虐待の問題を除き，上述のとおり，評価者が行う調査や評価の役割は，**あなたの法的手続に介入することではありません**。他方の当事者の行動に関する懸念があれば，文書または面接で評価者に知らせてください。何らかの行動が必要だと思われた場合は，弁護士がいるのであれば，弁護士と相談してください。

■評価者は，専門家として果たすべき責任を遵守しながら，あなたの事件の問題を適切な同僚に相談する権利があります。その中においては，評価者はあなたの身元を保護し，これらの同僚はあなたのプライバシーを守ります。
■州の規則によっては，評価者が子の治療者と連絡を取るのに，裁判所の命令を必要とするかもしれません。幾つかの州では，秘密保持の除外を認めるべきかどうかを評価し勧告するために，専門家を任命することが求められます。
■誰が費用を支払うかに関わらず，評価者は裁判所のために活動します。裁判所の慣例と命令に基づき，評価者は報告書の写しをあなたに与えませんが，裁判官が報告書を弁護士に送付することを許可した場合は，弁護士の同席の下で報告書を読むことができるかもしれません。自分自身で手続を遂行している場合は，どこで報告書を読めるか，どこで報告書の写しを入手するかについて，裁判所の職員に確認してください。

評価にかかる費用と支払い方法

■裁判所が子の評価の費用を負担するのであれば，裁判所がほかの取決めをしない限り，あなたには費用を支払う責任はありません。あなたが評価の費用の全てまたは一部を支払う場合は，評価を開始するための着手金が $ ＿＿ 必要です。評価者が最初の着手金を使い切った場合は，仕事の完了に必要と見積もられた追加の着手金を請求します。明細は評価の最後にお渡しします。評価者の一時間当たりの現在の費用は $ ＿＿ で，評価には通常20〜30時間かかります。個別の状況により，評価にかかる時間が平均より長いか短いかは変化します。評価にかかる日数は，最初の事務所での面接から平均約90日ですが，個人の状況（例えば，旅行，病気）または事件の状況（例えば，法的な遅れ，複数の関係者との接触，非常に複雑な事実様式）により，見積もられた期間から変わることがあります。あなたが支払うべき費用の割合は，裁判所によって決定されています。
■あなたが評価の完了前に評価を終わらせる場合は，経費と裁判所への報告書を作成するのにかかる費用を差し引いた着手金の残額をお返しします。評価者は調査の進行に伴って報告書にデータを入力するため，返金額は，調査が止まった時点でかかっていた費用を反映します。裁判所の命令に基づく調査であるため，調査を終わらせるには，裁判所の命令か双方当事者と弁護士（弁

護士が代理している場合）が署名した同意書が必要です。
- ■評価にかかる費用として，すべての電話（5分単位），文書の閲読，対面での面接，文書による通信の時間，テストの材料やスコアリングの費用，移動時間（そして旅費），弁護士との協議，そして報告書の作成について，評価者の現在の料金に基づいて請求します。報告書の作成は，面接時間について費用がかかることが多いものです。
- ■24時間前までに連絡することなく約束をキャンセルした場合は，上記の費用割合で，その面接に確保していた時間の費用を請求する権利が評価者にあります。

宣誓証言や評価者による証言を希望する場合

- ■証言録取をする場合，報告書の完成後であれば，裁判所による支払方法は適用されません。あなた（またはあなたの弁護士）が裁判所が必要とする以外の問題について証言録取または審問に評価者を呼び出す場合，その着手金（1週間前，または，証言録取や聴取の開始前に支払われる）には，準備時間の費用，旅費，手続にかかると見積もられる時間（1時間当たり＄＿＿＿）が含まれます。評価者を呼び出した手続にかかった時間が，着手金でまかなわれるものよりも長かった場合は，その延長時間の費用が請求されます。裁判所が検討している問題に関して，あなたが事実審理における証言のために評価者を呼び出した場合は，少なくとも1週間前までに1時間当たり＄＿＿＿の着手金（準備と移動時間も含む）を支払っていただきます。その方法は，事実審理の際に裁判所が証人への支払方法を変更しない限り，評価そのものについての裁判所による支払方式によって支払われることになります。どちらの弁護士が評価者の出廷を望んだかにはかかわらず，評価者は裁判所の証人であると考えられます。アセスメントにかかる時間が着手金で予測されていたよりも短かった場合は，評価者は残金を預託し，その事件が解決した，または事実審理に進んだ旨の文書を受け取った時点で，預託された残金は還付されます。最後に，評価者はあなたと裁判所に，かかった時間と活動の明細を提供します。

　上記の文書を読み，評価の性質，評価の手続，必要な時間と費用，秘密保持の欠如について評価者から説明を受けたことを，以下に署名して証明します。

評価に関してあらゆる質問をする機会を持ち，評価の過程のいつでも追加の質問ができることを理解しました。評価者が，参考人に対し，彼らに連絡した理由を簡単に伝えることを許可します。私は，裁判所が評価に必要と見積もられる費用の＿＿＿％，すなわち＄＿＿＿の支払いを求めていること，そして，評価者は活動の終結時に明細を私に渡し，そして規則によって写しを裁判所に提出することを理解しました。評価に関する支払いを行う手順についても，評価者から説明を受けました。私は，評価者が，求められているとおりに報告書を裁判所に提出し，裁判所が命令によって許可した者に報告書の写しを渡すことに同意します。

当事者 ＿＿＿＿＿＿＿＿＿＿　　　**日付** ＿＿＿＿＿＿＿＿＿＿

司法評価者 ＿＿＿＿＿＿＿＿＿＿　　　**日付** ＿＿＿＿＿＿＿＿＿＿

付録 C｜第一著者（ジェリ・S・W・フールマン）のクリニックでの覚書の例

子と家庭司法センター覚書

1. ＿＿＿＿州＿＿＿＿裁判所＿＿＿＿裁判官の命令により，（**評価者**）＿＿＿＿が（**親**）＿＿＿＿と（**親**）＿＿＿＿の子に関する評価者に任命されました。評価者を任命した命令は，＿＿＿＿を調査し，そして／または，評価するよう指定しています。

2. ＿＿＿＿月＿＿＿＿日の命令書で，裁判所は，評価者の活動に対する費用を＿＿＿＿の方法で支払うよう指定しています。

3. （州／地区）から費用が支払われない限り，評価の開始前に着手金が必要だというのが，評価者の方針であり実践です。必要な費用は，＄＿＿＿（各当事者）です。支払いは小切手で，＿＿＿＿に，遅くとも当事者のどちらかとの最初の面接までに支払ってください。

4. 評価者の活動に対する一時間当たりの費用は＄＿＿＿です。活動に対する費用に，全ての当事者との面接，子との面接，記録調査，移動時間，参考人との面接，当事者や参考人との電話連絡，その他の打合せ，報告書の準備に費やされる時間が含まれますが，これだけには限定されません。評価／調査の完了前に着手金分を超過した場合は，評価者が見積もる追加時間分の追加の着手金が必要となります。

5. 当事者のどちらかまたは双方が，評価者が証言録取や裁判所での証言を行うことを選択すれば，その当事者は準備の時間，ドア・ツー・ドアの移動時間，証言録取や裁判所での証言にかかる時間について，一時間当たり＄＿＿＿の費用を支払わなければなりません。証言録取のために見積もられた費用は，証言録取や法廷審問の予定の 72 時間前までに支払ってください。

6. この依頼で行う全ての活動が完了した際に，評価者はこの評価で行った全ての活動と，これらに関する費用を当事者に詳しく説明します。

7. 事前に受領した費用が評価にかかったコストを上回っていた場合は，各当事者の支払分に比例して，その費用を返還します。

8. 評価者は，両親，子，その他の当事者と一連の予定を立てて，評価を行います。互いに合意できる時間で予定が組めるように努力しますが，評価者の予定の柔軟性に限界があること，裁判所の予定は尊重されなければならないことはご理解ください。

9. 評価者は裁判所の目的のために評価を行う精神保健の臨床家であり，法的問題に関する秘密保持はありません。評価者と共有した情報は，他方当事者とも共有され，裁判所に対する報告書にも全体または一部が含まれます。子や参考人などから得た情報も，同様に報告書に記載されます。報告書のどの情報を当事者に提供するかを最終的に決定するのは裁判所です。弁護士を選任している場合は，弁護士は報告書の閲覧を許可されるでしょう。自ら手続を行っている，すなわち弁護士を選任していない場合は，報告書の閲覧許可を裁判官に求めなければなりません。裁判所が命じない限り，評価者が裁判所以外に報告書の写しを提供することは許可されていません。

10. 精神保健を提供する者と同様に，評価者は通報義務を有しており，子や障害を有する大人が虐待やネグレクトを受けていると信じるに足る理由がある場合は，安全を確保するために関係機関に報告しなければなりません。

11. 私_____，と私_____は，本文書の条件を読み，理解し，同意しました。本文書に関して質問する機会を持ったことを示すため，下記に署名します。

_____ 日付：_____

_____ 日付：_____

評価者

_____ 日付：_____

付録 D｜子の監護の報告書のひな形（マサチューセッツ医療大学子と家庭司法センターより）

家族：＿＿＿＿＿＿＿＿＿＿

事件番号：＿＿＿＿＿＿＿＿＿＿

本報告書は，現在の法的問題の範囲では守秘されており，裁判所の許可なく公表してはならない。

報告書の日付：＿＿＿＿＿＿＿＿＿＿

評価者：＿＿＿＿＿＿＿＿＿＿

面接対象となった家族：＿＿＿＿＿＿＿＿＿＿

父：＿＿＿＿＿＿＿＿＿＿　　母：＿＿＿＿＿＿＿＿＿＿
生年月日：＿＿＿＿＿＿＿＿＿＿　　生年月日：＿＿＿＿＿＿＿＿＿＿
年齢：＿＿＿＿＿＿＿＿＿＿　　年齢：＿＿＿＿＿＿＿＿＿＿

子の名前：＿＿＿＿＿＿＿＿＿＿
生年月日：＿＿＿＿＿＿＿＿＿＿
年齢：＿＿＿＿＿＿＿＿＿＿　年数：＿＿＿＿＿＿＿＿＿＿　月数：＿＿＿＿＿＿＿＿＿＿

依頼の理由

家族＿＿＿＿＿＿＿＿＿＿は，＿＿＿＿＿＿＿＿＿＿区家庭裁判所の＿＿＿＿＿＿＿＿＿＿裁判官による＿＿＿月＿＿＿日の命令書により，心理学的な評価を受けるよう命じられた。裁判所は，［例えば，婚姻日，別居日，現在の紛争といった背景情報の概要を簡潔に記載］に関連する問題（加えて＿＿＿＿＿＿＿＿＿＿）を評価者が調査し，裁判所に報告書を提出するよう命じた。

活動の日時		
日時	活動	時間

関係する弁護士

［氏名］，＿＿＿＿＿＿＿の弁護士

参考人

・氏名，所属機関，事件との関係

記録調査

・法的記録
・医療記録
・教育記録
・その他

秘密保持の制限に関する説明

　各親との最初の面接の初めに，評価の性質と目的を話し合った。評価者は，裁判所が［子の名前］の利益に基づいた決定をすることを支援するために，裁判所の命令によって活動する［心理士，精神科医，ソーシャルワーカー］であることを両親に説明した。両親は双方とも，評価の状況と秘密保持の制限を理解したようであり，関与に同意し，インフォームドコンセントの説明に署名した。［子の名前］には，年齢や発達状況に適した言葉で，秘密保持の制限があることを伝えた。参考人にも秘密保持の制限について評価者から同様に伝えた。

［A］と［B］の関係の経過

1. どのように，いつ，どこで出会ったか。互いに何にひきつけられたか。
2. 当初の関係性
3. 子が生まれたことの影響
4. 関係の悪化と別居
5. ドメスティックバイオレンス

別居後の経過

1. 生活の具体的な態様，養育計画
2. 重要な出来事
3. 評価が行われる理由を含む法的手続の経過

■親 A

行動観察：

個人史：

1. 原家族：気質，家族の心理／健康の問題，ドメスティックバイオレンス／虐待，法的問題，他のストレス要因，両親／きょうだいとの現在の関係
2. 教育歴（しつけの問題，特殊教育などを含む）
3. 心理／医療／物質使用／法的経過
4. 職歴
5. 関係の経過
6. 現在の生活状況
7. 養育の経過（関係する子の養育への関与）

心理テスト（該当する場合）：

親の懸念と希望：

■親 B

［上記の親 A と同じ］

■子 1

発達の経過：

心理テスト（該当する場合）：

行動観察：

子との面接：

■子 2

［上記の子 1 と同じ］

家庭訪問，子と各親の観察：

参考人調査の要約：

（選択された）記録調査の要約：

結論

1. 依頼の理由と簡潔な背景事情の説明
2. 親Aの強み，弱み，裁判所と他方の親が挙げる問題
3. 親Bの強み，弱み，裁判所と他方の親が挙げる問題
4. 子の発達状況，強み，ニーズ，愛着，裁判所そして／または他方の親が挙げる問題
5. 養育能力と子のニーズの適合性
6. 両親間の関係（養育において協力する能力）
7. 裁判所が挙げる具体的問題（前の項で触れていない場合に記載する）
8. 以上を関連付けた総合的論述，裁判所が挙げる問題への言及

勧告（含める場合）：

氏名：＿＿＿＿＿＿＿＿＿＿

肩書：＿＿＿＿＿＿＿＿＿＿

参考文献

Abidin, R. (1995). *Parenting stress index* (3rd ed.) Odessa, FL: Psychological Assessment Resources.

Abidin, R., Flens, J., & Austin, W. (2006). The Parenting Stress Index. In R. Archer (Ed.), *Forensic uses of clinical assessment instruments* (pp. 297-328). Mahwah, NJ: Lawrence Erlbaum Associates.

Achenbach, T. M. (2001). *Child behavior checklist.* Burlington: University of Vermont.

Achenbach, T. (2010) *Achenbach system of empirically-based assessments.* Research Center for Children, Youth, & Families, Burlington, VT.

Ackerman, M. (2005). Transfusion maybe, laid to rest, no: A response to the Mary Connell review of the Ackerman-Schoendorf Scales for Parent Evaluation of Custody (ASPECT). *Journal of Child Custody, 2*(1/2), 211-214.

Ackerman, M. (2010). *Essentials of forensic psychological assessment* (2nd ed). Hoboken, NJ: Wiley.

Ackerman, M., & Ackerman, M. (1997). Custody evaluation practices: A survey of experienced professionals (revisited). *Professional Psychology: Research and Practice, 28,* 137-145.

Ackerman, M., Ackerman, M., Steffen, L., & Kelley-Poulos, S. (2004). Psychologists' practices compared to the expectations of family law judges and attorneys in child custody cases. *Journal of Child Custody, 1*(1), 41-60.

Ackerman, M., & Schoendorf, K. (1992). *ASPECT: Ackerman-Schoendorf Scales for Parent Evaluation of Custody-Manual.* Los Angeles: Western Psychological Services.

Ackerman, M., & Steffen, L. (2001). Custody evaluations practices: A survey of family law judges. *American Journal of Forensic Law, 15,* 12-23.

Ahrons, C. (1981). The continuing coparental relationship between divorced spouses. *American Journal of Orthopsychiatry, 51*(3), 415-428.

Ahrons, C. (1994). *The good divorce: Keeping your family together when your marriage falls apart.* New York: Harper Collins.

Amato, P. (2001). Children of divorce in the 1990's: An update of the Amato and Keith (1991) meta-analysis. *Journal of Family Psychology, 15,* 335-370.

Amato, P., & Booth, A. (2001). The legacy of parents' marital discord: Consequences for children's marital quality. *Journal of Personality and Social Psychology, 81*(4), 627-638.

Amato, P., & Gilbreth, J. (1999). Nonresident fathers and children's wellbeing: A meta-analysis. *Journal of Marriage and the Family, 61,* 557-573.

Amato, P., & Keith, B. (1991). Parental divorce and the well-being of children: A meta-analysis. *Psychological Bulletin, 110*(1), 26-46.

Amato, P., Loomis, L., & Booth, A. (1995). Parental divorce, marital conflict, and offspring well-being during early adulthood. *Social Forces, 73,* 895-915.

American Academy of Child and Adolescent Psychiatry. (1997a). *Practice parameters for child custody evaluation.* Retrieved February 10, 2009, from http://www.aacap.org/galleries/PracticeParameters/Custody.pdf

American Academy of Child and Adolescent Psychiatry. (1997b). *Practice parameters for forensic evaluation of children and adolescents who may have been sexually abused.* Retrieved February 24, 2010, from http://www.aacap.org/galleries/PracticeParameters/Forensic.pdf

American Academy of Psychiatry and the Law. (2005). *Ethics guidelines for the practice of forensic psychiatry.* Baltimore: American Academy of Psychiatry. Retrieved February 25, 2010, from www.aapl.org/ethics.htm

American Law Institute. (2000). *Principles of the law of family dissolution: Analysis and recommendations.* Washington, DC: American Law Institute.

American Professional Society on the Abuse of Children. (1997). *Practice guidelines: Investigative interviewing in cases of alleged child abuse*. Chicago: American Professional Society on the Abuse of Children.

American Psychiatric Association. (2009). *The principles of medical ethics with annotations especially applicable to psychiatry*. Washington, DC: American Psychiatric Association.

American Psychological Association. (1991-2007). Reports of the ethics committee. *American Psychologist, 48*-63.

American Psychological Association. (1994). Guidelines for child custody evaluations in divorce proceedings. *American Psychologist, 54*, 677-680.

American Psychological Association. (2002). Ethical principles of psychologists and code of conduct. *American Psychologist, 57*, 1060-1073.

American Psychological Association. (2009). *Guidelines for child custody evaluations in family law proceedings*. Washington, DC: American Psychological Association. Retrieved April 14, 2010, from http://www.apa.org/practice/guidelines/child-custody.pdf

American Psychology-Law Society. (1991). Specialty guidelines for forensic psychologists. *Law and Human Behavior, 15*(6), 655-665.

Appel, A., & Holden, G. (1998). The co-occurrence of spouse and physical child abuse: A review and appraisal. *Journal of Family Psychology, 12*(4), 578-599.

Archer, R., Buffington-Vollum, J., Stredny, R., & Handel, R. (2006). A survey of psychological test use patterns among forensic psychologists. *Journal of Personality Assessment, 87*, 84-94.

Ash, P., & Guyer, M. (1986). The functions of psychiatric evaluation in contested child custody and visitation cases. *Journal of the American Academy of Child Psychiatry, 25*, 554-561.

Association of Family and Conciliation Courts. (1994). Model standards of practice for child custody evaluation. *Family and Conciliation Courts Review, 32*, 504-513.

Association of Family and Conciliation Courts. (2007). Model standards of practice for child custody evaluation. *Family Court Review, 45*(1), 70-91.

Association of Family and Conciliation Courts. (2009). *Guidelines for brief focused assessment*. Retrieved February 18, 2010, from http://afccnet.org/pdfs/BFA%20TF%202009%20final.pdf

Austin, W. (2000). Assessing credibility in allegations of marital violence in the high-conflict child custody case. *Family and Conciliation Courts Review, 38*(4), 462-477.

Austin, W. (2002). Guidelines for utilizing collateral sources of information in child custody evaluations. *Family Court Review, 40*(2), 177-184.

Austin, W. (2008a). Relocation, research and forensic evaluation, Part I: Effects of residential mobility on children. *Family Court Review, 46*(1), 137-150.

Austin, W. (2008b). Relocation, research, and forensic evaluation, Part II: Research in support of the relocation risk assessment model. *Family Court Review, 46*(2), 347-365.

Austin, W., Kirkpatrick, H., & Flens, J. (2010). Gatekeeping and child custody evaluation: Theory, measurement and applications. Association of Family and Conciliation Courts, 47th Annual Conference. Denver, Colorado, June 3, 2010.

Ayoub, C., Deutsch, R., & Maranganore, A. (1999). Emotional distress in children of high conflict divorce. *Family and Conciliation Courts Review, 37*(3), 297-314.

Baker, A. (2007). Adult children of parental alienation syndrome: Breaking the ties that bind. New York: Norton.

Bala, N., Hunt, S., & McCarney, C. (2010). Parental alienation: Canadian court cases 1989-2008. *Family Court Review, 48*(1), 164-179.

Bala, N., Mitnick, M., Trocmé, N., & Houston, C. (2007). Sexual abuse allegations and parental separation: Smokescreen or fire? *Journal of Family Studies, 13*(1), 26-56.

Bala, N., & Schuman, J. (1999). Allegations of sexual abuse when parents have separated. *Canadian Family Law Quarterly, 17*, 191-243.

Baris, M., & Garrity, C. (1994). *Caught in the middle: Protecting the children of high conflict divorce*. New York: Lexington Books.

Bathurst, K, Gottfried, A., & Gottfried, A. (1997). Normative data for the MMPI-2 in child custody litigation. *Psychological Assessment, 9*(3), 205-211.

Baumrind, D. (1967). Child care practices anteceding three patterns of preschool behavior. *Genetic Psychology Monographs, 75,* 43-88.

Bauserman, R. (2002). Child adjustment in joint-custody versus sole-custody arrangements: A meta-analysis. *Journal of Family Psychology, 16*(1), 91-102.

Beardslee, W., Versage, E., & Gladstone, T. (1998).

Children of affectively ill parents: A review of the past 10 years. *Journal of the American Academy of Child & Adolescent Psychiatry, 37,* 1134-1141.

Benjamin, G., & Gollan, J. (2003). *Family evaluation in custody litigation: Reducing the risks of ethical infractions and malpractice.* Washington, DC: American Psychological Association.

Ben-Porath, Y., & Flens, J. (October 2010) *Using the MMPI-2-RF (Restructured Form) in child custody evaluations.* Institute at AFCC Regional Conference, Cambridge, MA.

Benjet, C., Azar, S., & Kuersten-Hogan, R. (2003). Evaluating the parental fitness of psychiatrically-diagnosed individuals: Advocating a functional-contextual analysis of parenting. *Journal of Family Psychology, 17*(2), 238-251.

Bernstein, D. (2002). Disinterested in *Daubert*: State courts lag behind in opposing "junk" science. Washington Legal Foundation, 12(14). Retrieved February 17, 2009, from http://www.wlf.org/upload/ 6-21-02Bernstein.pdf

Block, J., Block, J., & Gjerde, P. (1988). Parental functioning and the home environment of families of divorce: Prospective and concurrent analyses. *Journal of the American Academy of Child & Adolescent Psychiatry, 27*(2), 207-213.

Bow, J., Gould, J., Flens. J., & Greenhut, D. (2006). Testing in child custody evaluations: Selection, usage, and Daubert admissibility: A survey of psychologists. *Journal of Forensic Psychology Practice, 6*(2) 17-38.

Bow, J., Gottlieb, M., & Gould-Saltman, D. (2011). Attorneys' beliefs and opinions about child custody evaluations. *Family Court Review, 49*(2), 301-312.

Bow, J., & Quinnell, F. (2001). Psychologists current practices and procedures in child custody evaluations: Five years after American Psychological Association guidelines. *Professional Psychology: Research and Practice, 32,* 261-268.

Bow, J., & Quinnell, F. (2002). A critical review of child custody evaluation reports. *Family Court Review, 40,* 164-176.

Bow, J., & Quinnell, F. (2004). Critique of child custody evaluations by the legal profession. *Family Court Review, 40*(2), 164-176.

Bramlett, M., & Mosher, W. (2002). *Cohabitation, marriage, divorce, and remarriage in the United States (Vital and Health Statistics Series 23 No. 22).* Hyattsville, MD: National Center for Health Statistics.

Braver, S., Ellman, I., & Fabricius, W. (2003). Relocation of children after divorce and children's best interests: New evidence and legal considerations. *Journal of Family Psychology, 17*(2), 206-219.

Bray, J. (1991). Psychosocial factors affecting custodial and visitation arrangements. *Behavioral Sciences and the Law, 9,* 419-437.

Bricklin, B. (1989). *Perception of Relationships Test manual.* Furlong PA: Village Publishing.

Bricklin, B. (1990a). *Bricklin Perceptual Scales manual.* Furlong, PA: Village Publishing.

Bricklin, B. (1990b). *Parent Awareness Skills Survey manual.* Furlong, PA: Village Publishing.

Bricklin, B. (1995). *The Custody Evaluation Handbook: Research-Based Solutions and Applications.* New York: Bruner-Mazel.

Brodsky, S. (1999). *The expert expert witness: More maxims and guidelines for testifying in court.* Washington, DC: American Psychological Association.

Brodsky, S. (2004). *Coping with cross-examination and other pathways to effective testimony.* Washington, DC: American Psychological Association.

Brown, T. (2003). Fathers and child abuse allegations in the context of parental separation and divorce. *Family Court Review, 41,* 367-380.

Bruch, C. (2006). Sound research or wishful thinking in child custody cases: Lessons from relocation law. *Family Law Quarterly, 40*(2), 281-314.

Bruck, M., & Ceci, S. (2009). Reliability of child witnesses' reports. In J. Skeem, K. Douglas, & S. Lilienfield (Eds.), *Psychological science in the courtroom: Consensus and controversy* (pp. 149-171). New York: Guilford.

Budd, K (2005). Assessing parenting competence in child protection cases: A clinical practice model. *Children and Youth Services Review, 27,* 429-444.

Budd, K., Clark, J., & Connell, M. (2011). *Evaluation of Parenting Capacity in Child Protection.* New York: Oxford University Press.

Byrne, J., O'Connor, T., Marvin, R., & Whelan, W. (2005). Practitioner review: The contribution of attachment theory to child custody assessments. *Journal of Child Psychology and Psychiatry, 46*(2), 115-127.

Caldwell, A. (2005). How can the MMPI-2 help child

custody examiners? *Journal of Child Custody, 2*(1/2), 83-117.

California rules of court. Retrieved February 18, 2010, from http://www.courtinfo.ca.gov/rules/index.cfm?title=five&linked=rule5_220

Calloway, G. (2005). The Rorschach: Its use in child custody evaluations. *Journal of Child Custody, 2*(1/2), 143-157.

Calloway, G., & Erard, R. (2009). Introduction to the special issue on attachment and child custody. *Journal of Child Custody, 6*(1/2), 1-7.

Capaldi, J., & Crosby, L. (1997). Observed and reported physical aggression in young, at-risk couples. *Social Development, 6,* 184-206.

Carlson, M., & Mclanahan, S. (2006). Strengthening unmarried families: Could enhancing couple relationships improve parenting? *Social Service Review, 80*(2), 297-321.

Carnes, C. (2000). *Forensic evaluation of children when sexual abuse is suspected* (Third Edition). National Children's Advocacy Center: Huntsville, AL.

Caspi, A., Henry, B., McGee, R., Moffitt, T., & Silva, P. (1995). Temperamental origins of child and adolescent behavior problems: From age 3 to age 15. *Child Development, 66,* 55-68.

Cavallero, L. (2010). UMASS Family Court Clinic: Brief, focused assessment model. In C. Erickson (Ed.), *Innovations in court services* (pp. 95-136). Madison, WI: Association of Family and Conciliation Courts.

Ceci, S., & Bruck, M. (1993). Suggestibility of the child witness: A historical review and synthesis. *Psychological Bulletin, 113*(3) 403-439.

Ceci, S., Kulkofsky, S., Klemfuss, J., Sweeney, C., & Bruck, M. (2007). Unwarranted assumptions about children's testimonial accuracy. *Annual Review of Clinical Psychology, 3,* 311-328.

Chassin, L., Curran, P., Hussong, A, & Colder, C. (1996). The relation of parent alcoholism to adolescent substance abuse: A longitudinal follow-up study. *Journal of Abnormal Psychology, 105,* 70-80.

Chemtob, C., & Carlson, J. (2004). Psychological effects of domestic violence on children and their mothers. *International Journal of Stress Management, 11*(3), 209-226.

Cherlin, A., Furstenburg, F., Chase-Lansdale, L., Kiernan, K, Morrison, D., & Teitler, J. (1991). Longitudinal studies of the effects of divorce on children in Great Britain and the United States. *Science, 252,* 1386-1389.

Cicirelli, V. (1991). Sibling relationships in adulthood. *Marriage and Family Review, 16,* 291-310.

Clark, C. (2008). Psychological testing in child and adolescent forensic evaluations. In E. Benedek & D. Schetky (Eds.), *Child and adolescent forensic psychiatry* (pp. 67-81). Washington, DC: American Psychiatric Publishing.

Clark, D., Moss, H., Kirisci, L., Mezzich, A., Miles, R., & Ott, P. C. (1997). Psychopathology in preadolescent sons of fathers with substance use disorders. *Journal of the American Academy of Child & Adolescent Psychiatry, 36,* 495-502.

Clark, H., Jr., & Estin, A. (2005). *Cases and problems on domestic relations* (7th ed.). St. Paul, MN: Thompson/West.

Clawar, S., & Rivlin, B. (1991). *Children held hostage: Dealing with programmed and brainwashed children.* Chicago: American Bar Association Press.

Cochran, R. (1991). Reconciling the primary caretaker preference, the joint custody preference, and the case-by-case rule. In J. Folberg (Ed.), *Joint custody and shared parenting* (pp. 218-240). New York: Guilford.

Coffman, J., Guerin, D., & Gottfried, A. (2006). Reliability and validity of the Parent-Child Relationship Inventory (PCRI): Evidence from a longitudinal cross-informant investigation. *Psychological Assessment, 18*(2), 209-214.

Collins, W., Maccoby, E., Steinberg, L., Hetherington, E., & Bornstein, M. (2000). Contemporary research on parenting: The case for nature and nurture. *American Psychologist, 55*(2), 218-232.

Condie, L. (2003). The psychology of parenting. In *Parenting evaluations for the court: Care and protection matters* (pp. 85-131). New York: Plenum.

Condie, L., & Koocher, G. (2008). Clinical management of children's incomplete comprehension of confidentiality limits. *Journal of Child Custody, 5*(3/4), 161-191.

Connell, M. (2005). Review of the "Ackerman-Schoendorf Scales for Parent Evaluation of Custody" (ASPECT). *Journal of Child Custody, 2*(1/2), 195-209.

Conners, K. C. (1997). *Conners' Rating Scales-*

Revised. New York: Multi-Health Systems.

Coolahan, K., Fantuzzo, J., Mendez, J., & McDermott, P. (2000). Preschool peer interaction and readiness to learn: Relationships between classroom peer play and learning behaviors and conduct. *Journal of Educational Psychology, 92*(3), 458-465.

Cordell, C. (2005). Psychological assessment of children. In W. Klykylo & J. Kay (Eds.), *Clinical child psychiatry* (pp. 21-47). New York: Wiley.

Courtwright, D. (1982). *Dark paradise.* Cambridge, MA: Harvard University Press.

Cox, A., Thorpe, G., & Dawson, R. (2007). Review of the Personality Assessment Inventory (2nd ed.), Retrieved November 7, 2010 from *Buros Mental Measurement Yearbook* database.

Cui, M., Durtschi, J., Donnellan, M., Lorenz, F., & Conger, C. (2011). Intergenerational transmission of relationship aggression: A longitudinal study. *Journal of Family Psychology, 24*(6), 688-697.

Cummings, E., Davies, P., & Campbell, S. (2002). Developmental psychopathology and family process: Theory, research, and clinical implications. *Journal of the American Academy of Child & Adolescent Psychiatry, 41*(7), 886.

Cummings, E., Schermerhorn, A., Davies, P., Goeke-Morey, M., & Cummings, J. (2006). Interparental discord and child adjustment: Investigations of emotional security as an explanatory mechanism. *Child Development, 77*(1), 132-152.

Darnall, D. (1998). *Divorce casualties: Protecting your children from parental alienation.* New York: Taylor Publishing.

Davies, P., & Cummings, E. (1994). Marital conflict and child adjustment: An emotional security hypothesis. *Psychological Bulletin, 16*(3), 387-411.

Davis, S., & Bottoms, B. (2002). Effects of social support on children's eyewitness reports: A test of the underlying mechanism. *Law and Human Behavior, 26*(2), 185-215.

Deering's California codes annotated, (2010). Albany, NY: Lexis Nexis.

Depner, C., Leino, E., & Chun, A. (1992). Interparental conflict and child adjustment: A decade review and meta-analysis. *Family and Conciliation Courts Review, 30*(3), 323-341.

Dessau, L. (2005). A short commentary on Timothy M. Tippins and Jeffrey P. Wittman's "Empirical and ethical problems with custody recommendations: A call for clinical humility and judicial vigilance." *Family Court Review, 43*(2), 266-269.

DiClemente, C. (2006). Natural change and the troublesome use of substances. In W. Miller & K Carroll (Eds.), *Rethinking substance abuse: What the science shows, and what we should do about it* (pp. 81-96). New York: Guilford.

Dishion, T., & Patterson, G. (2006). The development and ecology of antisocial behavior in children and adolescents. In D. Cicchetti & D. Cohen (Eds.), *Developmental psychopathology: Vol 3. Risk, disorder, and adaptation* (2nd ed., pp. 503-541). Hoboken, NJ: Wiley.

Donovan, D. (1999). Efficacy and effectiveness: Complementary findings from two multisite trials evaluating outcomes of alcohol treatments in theoretical orientations. *Alcoholism: Clinical and Experimental Research, 23*(3), 564-572.

Douglas, K, & Skeem, J. (2005). Violence risk assessment: Getting specific about being dynamic. *Psychology, Public Policy, and the Law, 11*(3), 347-383.

Drach, K, Wientzen, J., & Ricci, L. (2001). The diagnostic utility of sexual behavior problems in diagnosing sexual abuse in forensic child abuse evaluation clinic. *Child Abuse and Neglect, 25*, 489-503.

Drozd, L., Kuehnle, K, & Walker, L. (2004). Safety first: A model for understanding violence in child custody and access disputes. *Journal of Child Custody, 1*(2), 75-104.

Drozd, L., & Oleson, N. (2004). Is it abuse, alienation, and/or estrangement? A decision tree. *Journal of Child Custody, 1*(3), 65-106.

Duncan, G. J., & Hoffman, S. D. (1985). Economic consequences of marital instability. In M. David & T. Smeeding (Eds.), *Horizontal equity, uncertainty, and well-being* (pp. 427-469). Chicago: University of Chicago Press.

Dunne, J., & Hedrick, M. (1994). The parental alienation syndrome: An analysis of sixteen cases. *Journal of Divorce & Remarriage, 21*(3/4), 21-38.

Dutton, D. (2005). Domestic abuse assessment in child custody disputes: Beware the domestic violence research paradigm. *Journal of Child Custody, 2*(4), 23-42.

Dutton, D., Hamel, J., & Aaronson, J. (2010). The gender paradigm in family court process: Rebalancing the scales of justice from biased social science. *Journal of Child Custody, 7*(1), 1-33.

Ellis, D., & Stuckless, N. (1996). *Mediating and negotiating marital conflicts.* Thousand Oaks, CA: Sage.

Ellis, E. (2007). A stepwise approach to evaluating children for parental alienation syndrome. *Journal of Child Custody, 4*(1/2), 55-78.

El-Sheikh, M., & Buckhalt, J. (2003). Parental problem drinking and children's adjustment: Attachment and family functioning as moderators and mediators of risk. *Journal of Family Psychology, 17*(4), 510-520.

Elwyn, T., Tseng, W., & Matthews, D. (2010). Cultural competence in child and adolescent mental health. In E. Benedek, P. Ash, & C. Scott (Eds.), *Principles and practice of child and adolescent forensic mental health* (pp. 91-106). Arlington, VA: American Psychiatric Publishing, Inc.

Emery, R E. (2004). *The truth about children and divorce: Dealing with the emotions so your children can thrive.* New York: Viking Penguin.

Emery, R E. (2007). Rule or Rorschach? Approximating children's best interests. *Child Development Perspectives, 1*(2), 132-134.

Emery, R. E., & Laumann-Billings, L. (1998). An overview of the nature, causes, and consequences of abusive family relationships: Toward differentiating maltreatment and violence. *American Psychologist, 53*(2), 121-135.

Emery, R. E., Otto, R., & O'Donahue, W. (2005). A critical assessment of child custody evaluations: Limited science and a flawed system. *Psychological Science in the Public Interest, 6*(1), 1-29.

Encarta world English dictionary (North American ed.). (2009). Retrieved April 12, 2010, from http://encarta.msn.com/encnet/features/dictionary/DictionaryResults.aspx

Erard, R. (2005). What the Rorschach can contribute to child custody and parenting time evaluations. *Journal of Child Custody, 2*(1/2), 119-142.

Erickson, M., & Egeland, B. (1987). A developmental view of the psychological consequences of maltreatment. *School Psychology Review, 16*, 156-168.

Erickson, M., & Egeland, B. (1996). Child neglect. In J. Briere, L. Berliner, J. Bulkley, C. Jenny, & T. Reid (Eds.), *The APSAC handbook on child maltreatment* (pp. 4-20). Thousand Oaks, CA: Sage.

Erickson, S., Lilienfield, S., & Vitacco, M. (2007). A critical examination of the suitability and limitations of psychological tests in family court. *Family Court Review, 45*(2), 157-174.

Ewing, C. (2003). Expert testimony: Law and practice. In A. Goldstein & I. Weiner (Eds.), *Handbook of psychology: Vol. 11. Forensic psychology* (pp. 55-68). Hoboken, NJ: Wiley.

Fabricius, W., & Luecken, L. (2007). Postdivorce living arrangements, parent conflict, and long-term physical health correlates for children of divorce. *Journal of Family Psychology, 21*(2), 195-205.

Faller, K. C. (2007) *Interviewing children about sexual abuse: Controversies and best practice,* NY: Oxford.

Famularo, R., Fenton, T., Kinscherff, R., & Ayoub, C. (1994). Maternal and child posttraumatic stress disorder in cases of child maltreatment. *Child Abuse & Neglect, 18*(1), 27-36.

Fantuzzo, J., & Mohr, W. (1999). Prevalence and effects of child exposure to domestic violence. *Future of Children, 9*(3),21-32.

Felner, D., Rowlison, R., Farber, S., Primavera, J., & Bishop, T. (1987). Child custody resolution: A study of social science involvement and impact. *Professional Psychology: Research and Practice, 18*(5), 468-474.

Fisher, S., & Fisher, R. (1986). *What we really know about parenting.* Northvale, NJ: Jason Aronson.

Federal Rules of Evidence for the United Stated Courts and Magistrates (1975-2000). St. Paul, MN: West Publishing Co.

Flens, J. (2005). The responsible use of psychological testing in child custody evaluations: Selection of tests. *Journal of Child Custody, 2*(1/2), 3-29.

Flens, J., & Drozd, L. (Eds.). (2005). *Psychological testing in child custody evaluations.* New York: Haworth Press.

Fridhandler, B. (2007). Science and child custody evaluations: What qualifies as "scientific?" *Journal of Child Custody, 5*(3/4), 256-275.

Friedlander, S., & Walters, M. (2010). When a child rejects a parent: Tailoring the intervention to fit the problem. *Family Court Review, 48*(1), 98-111.

Friedrich, W. (2002). Child sexual behavior inventory: Normative, psychiatric, and sexual abuse comparisons. *Child Maltreatment, 6*(1), 37-49.

Friedrich, W. (2005). Correlates of sexual behavior in

young children. *Journal of Child Custody, 2*(3), 41-55.

Friedrich, W., Fisher, J., Broughton, D., Houston, M., & Shafran, C. (1998). Normative sexual behavior in children: .A contemporary sample. *Pediatrics, 101*(4), E9.

Friedrich, W., Fisher, J., Dittner, C., Acton, R., Berliner, L., & Butler, J. (2001). Child sexual behavior inventory: Normative, psychiatric, and sexual abuse comparisons. *Child Maltreatment, 6*, 37-49.

Frye, N., & Karney, B. (2006). The context of aggressive behavior in marriage: A longitudinal study of newlyweds. *Journal of Family Psychology, 20*(1), 12-20.

Furstenberg, F. (1990). Divorce and the American family. *Annual Review of Sociology, 16*, 379-403.

Furstenberg, F., Peterson, J., Nord, C., & Zill, N. (1983). The life course of children of divorce. *American Sociological Review, 48*, 656-668.

Garber, B. (2004). Parental alienation in the light of attachment theory: Consideration of the broader implications for child development, clinical practice, and forensic process. *Journal of Child Custody, 1*(4), 49-76.

Gardner, R. (1992). *The parental alienation syndrome: A guide for mental health and legal professionals.* Creskill, NJ: Creative Therapeutics.

Gardner, R. (2001). Should courts order PAS children to visit/reside with the alienated parent? A follow-up study. *American Journal of Forensic Psychology, 19*, 61-106.

Gerard, A. (1994). *Parent-Child Relationship Inventory (PCRI) manual.* Los Angeles: Western Psychological Services.

Giglio, J., & Kaufman, E. (1990). The relationship between child and adult psychopathology in children of alcoholics. *International Journal of the Addictions, 25*, 263-290.

Goldstein, J., Freud, A., & Solnit, A. (1973). *Beyond the best interests of the child.* New York: Free Press.（中沢たえ子訳：子の福祉を超えて：精神分析と良識による監護紛争の解決．岩崎学術出版社，1990）

Goldstein, M. (2003). Parenting and substance abuse: A longitudinal analysis. *Dissertation Abstracts International: Section B: The Sciences and Engineering, 63*(11-B), 5515.

Goodman, G., Hirschman, J., Hepps, D., & Rudy, L. (1991). Children's memory for stressful events. *Merrill-Palmer Quarterly, 37*, 109-158.

Goodman, M., Bonds, D., Sandler, I., & Braver, S. (2004). Parent psychoeducational programs and reducing the negative effects of interparental conflict following divorce. *Family Court Review, 42*(2), 263-279.

Goodman, S., & Gotlib, I. (1999). Risk for psychopathology in the children of depressed mothers: A developmental model for understanding mechanisms of transmission. *Psychological Review, 106*(3), 458-490.

Gould, J. (2004). Evaluating the probative value of child custody evaluations: A guide for forensic mental health professionals. *Journal of Child Custody, 1*(1), 77-96.

Gould, J. (2005). Use of psychological tests in child custody evaluations. *Journal of Child Custody, 2*(1/2),49-69.

Gould, J., & Martindale, D. (2007). *The art and science of child custody evaluations.* New York: Guilford Press.

Gould, J., & Stahl, P. (2000). The art and science of child custody evaluations: Integrating clinical and forensic mental health models. *Family and Conciliation Courts Review, 38*(3), 392-314.

Grandin, E., & Lupri, E. (1997). Intimate violence in the United States and Canada: A cross-national comparison. *Journal of Family Violence, 12*(4), 417-443.

Greenspan, S., & Greenspan, N. (2003) *The clinical interview of the child.* Washington, DC: American Psychiatric Publishing.

Grisso, T. (2003) *Evaluating competencies: Forensic assessments and instruments* (2nd ed.). New York: Springer.

Grisso, T. (2005). Commentary on "Empirical and ethical problems with custody recommendations": What now? *Family Court Review, 43*(2), 223-228.

Grossberg, M. (1985). *Governing the hearth: Law and the family in nineteenth-century America.* Chapel Hill: The University of North Carolina Press.

Gutheil, T., & Dattilio, F. (2008) *Practical approaches to forensic mental health testimony.* Philadelphia: Lippincott, Williams & Wilkins.

Hagan, M., & Castagna, N. (2001). The real numbers: Psychological testing in custody evaluations. *Professional Psychology: Research and Practice, 32*(3), 269-271.

Harden, P., & Pihl, R. (1995). Cognitive functioning,

cardiovascular activity, and behavior of boys at high risk for alcoholism. *Journal of Abnormal Psychology, 104,* 94-103.

Harter, S. (2000). Psychosocial adjustment of adult children of alcoholics: A review of the recent literature. *Clinical Psychology Review, 20,* 311-337.

Harvey, V. (1997). Improving readability of psychological reports. *Professional Psychology: Research and Practice, 28*(3), 271-274.

Hearle, J., Plant, K, Jenner, L., Barlda, J., & McGrath, J. (1999). A survey of contact with offspring and assistance with child care among parents with psychotic disorders. *Psychiatric Services, 50*(10), 1354-1356.

Heilbrun, K (2001). *Principles of forensic mental health assessment.* New York: Kluwer.

Heilbrun, K, Grisso, T., & Goldstein, A. (2009). *Foundations of forensic mental health assessment.* New York: Oxford University Press.

Hess, A. (1988). Accepting forensic case referrals: Ethical and professional considerations. *Professional Psychology: Research and Practice, 29,* 109-114.

Hesselbrock, V., & Hesselbrock, M. (2006). Developmental perspectives on the risk for developing substance abuse problems. In W. Miller & K. Carroll (Eds.), *Rethinking substance abuse: What the science shows, and what we should do about it* (pp. 97-114). New York: Guilford.

Hetherington, E. (Ed.). (1999). *Coping with divorce, single parenting, and remarriage: A risk and resiliency perspective.* Mahwah, NJ: Erlbaum.

Hetherington, E., Cox, M., & Cox, R. (1982). Effects of divorce on parents and children. In M. Lamb (Ed.), *Non-traditional families* (pp. 223-288). Hillsdale, NJ: Erlbaum.

Hetherington, E., & Kelly, J. (2002). *For better or worse: Divorce reconsidered.* New York: W.W. Norton.

Hetherington, E., & Stanley-Hagan, M. (1999). The adjustment of children: A risk and resiliency perspective. *Journal of Child Psychology and Psychiatry, 40*(1), 29-140.

Hewitt, S. (1999). *Assessing allegations of sexual abuse in preschool children: Understanding small voices.* Thousand Oaks, CA: Sage.

Hill, S., Shen, S., Lowers, L., & Locke, J. (2000). Factors predicting the onset of adolescent drinking in families at high risk for developing alcoholism. *Biological Psychiatry, 48*(4), 265-275.

Hodges, W. (1991). *Interventions for children of divorce: Custody, access, and psychotherapy.* New York: Wiley-Interscience.

Horvath, L., Logan, T., & Walker, R. (2002). Child custody cases: A content analysis of evaluations in practice. *Professional Psychology: Research and Practice, 33,* 557-565.

Hughes, P. (2006). The neglect of children and culture: Responding to child maltreatment with cultural competence and a review of Child abuse and culture: Working with diverse families. *Family Court Review, 44*(3), 501-510.

Hunsley, J., Lee, C., & Wood, J. (2003). Controversial and questionable assessment techniques. In S. Lilienfield, S. Lynn, & J. Lohr (Eds.), *Science and pseudoscience in clinical psychology* (pp. 39-76). New York: Guilford.

Hynan, D. (2003). Parent-child observations in custody evaluations. *Family Court Review, 41*(2), 214-223.

Insabella, G., Williams, T., & Pruett, M. K. (2003). Individual and co-parenting differences between divorcing and unmarried fathers: Implications for court services. *Family Court Review, 41*(3), 290-306.

Isaacs, M. (1988). The visitation schedule and child adjustment: A three year study. *Family Process, 27*(2), 251-256.

Jaffe, P., Baker, L., & Cunningham, A. (Eds.). (2004) *Protecting children from domestic violence: Strategies for community intervention.* New York: Guilford

Jenuwine, M., & Cohler, B. (1999) Major parental psychopathology and child custody. In R. Galatzer-Levy & L. Kraus (Eds.), *The scientific basis of child custody decisions* (pp. 285-318). New York: Wiley.

Johnson, M. (1995). Patriarchal terrorism and common couple violence: Two forms of violence against women in U.S. families. *Journal of Marriage and the Family,* 57, 283-294.

Johnson, M., & Leone, J. (2005). The differential effects of intimate terrorism and situational couple violence: Findings from the national violence against women survey. *Journal of Family Issues, 26*(3), 322-349.

Johnson, T. (2005). Young children's problematic sexual behaviors, unsubstantiated allegations of sexual abuse, and family boundaries in child custody disputes. *Journal of Child Custody, 2*(4), 111-126.

Johnston, J. (2003). Parental alignments and rejection: An empirical study of alienation in children of divorce. *Journal of the American Academy of Psychiatry and Law, 31,* 158-170.

Johnston, J., & Campbell, L. (1988) . *Impasses of divorce: The dynamics and resolution of family conflict.* New York: Simon and Schuster.

Johnston, J., & Goldman, J. (2010). Outcomes of family counseling intervention with children who resist visitation: An addendum to Friedlander and Walters (2010). *Family Court Review, 48*(1), 112-115.

Johnston, J., & Kelly, J. (2004). Commentary on Walker, Brantley, and Rigsbee's (2004) "A critical analysis of parental alienation syndrome and its admissibility in family court." *Journal of Child Custody, 1*(4), 77-90.

Johnston, J., Kline, M., & Tschann, J. (1991). Ongoing post-divorce conflict in families contesting custody: Do joint custody and frequent access help? In J. Folberg (Ed.), *Joint custody and shared parenting* (2nd ed., pp. 177-184). New York: Guilford Press.

Johnston, J., Lee, S., Oleson, N., & Walters, M. (2005). Allegations and substantiations of abuse in custody-disputing families. *Family Court Review, 43,* 283-294.

Johnston, J., & Roseby, V. (1997). *In the name of the child: A developmental approach to understanding and helping children of conflicted and violent divorce.* New York: The Free Press.

Johnston, J., Walters, M., & Friedlander, S. (2001). Therapeutic work with alienated children and their families. *Family Court Review, 39,* 316-332.

Johnston, J., Walters, M., & Oleson, N. (2005). Is it alienating parenting, role reversal, or child abuse? A study of children's rejection of a parent in child custody disputes. *Journal of Emotional Abuse, 4*(4), 191-218.

Jones, E. (2001). Review of the stress index for parents of adolescents. Retrieved April 20, 2010 from *Mental Measurements Yearbook* database.

Joseph, J., Joshi, S., Lewin, A., & Abrams, M. (1999). Characteristics and perceived needs of mothers with serious mental illness. *Psychiatric Services, 50*(10), 1357-1359.

Kahng, S., Oyserman, D., Bybee, D., & Mowbray, C. (2008). Mothers with serious mental illness: When symptoms decline, does parenting improve? *Journal of Family Psychology, 22*(1), 162-166.

Kaufman, J., & Zigler, E. (1987). Do abused children become abusive parents? *American Journal of Orthopsychiatry, 57*(2), 186-192.

Keilin, W., & Bloom, L. (1986). Child custody evaluation practices: A survey of experienced professionals. *Professional Psychology: Research and Practice, 17,* 338-346.

Kelly, J. (2000). Children's adjustment in conflicted marriage and divorce. *Journal of the American Academy of Child & Adolescent Psychiatry, 39*(8), 963-973.

Kelly, J., & Emery, R. (2003). Children's adjustment following divorce: Risk and resilience perspectives. *Family Relations, 52*(4), 352-362.

Kelly, J., & Johnson, M. (2008). Differentiation among types of intimate partner violence: Research update and implications for interventions. *Family Court Review,* 46(3),476-499.

Kelly, J., & Johnston, J, (2001). The alienated child: A reformulation of parental alienation syndrome. *Family Courts Review, 39,* 249-266.

Kelly, J., & Johnston, J. (2005). Commentary on Tippins and Wittman's "Empirical and ethical problems with custody recommendations: A call for clinical humility and judicial vigilance." *Family Court Review, 42*(2), 233-241.

Kelly, R., & Ward, S. (2002). Allocating custodial responsibilities at divorce. *Family Court Review, 40*(3), *350-370.*

Kendall-Tackett, K., Williams, L., & Finklehor, D. (1993). Impact of sexual abuse on children: A review and synthesis of recent empirical studies. *Psychological Bulletin,* 113, 164-180.

Kessler, R., Chiu, W., Demler, O., & Walters, E. (2005). Prevalence, severity, and comorbidity of twelve-month DSM-IV disorders in the National Comorbidity Survey Replication (NCS-R). *Archives of General Psychiatry, 62*(6), 617-627.

Kirkland, K, Kirkland, K, King, G., & Renfro, G. (2006). Quasi-judicial immunity for forensic professionals in court-appointed roles. *Journal of Child Custody, 3*(1), 1-22.

Kirkdand, K, McMillan, E., & Kirkland, K (2005). Use of collateral contacts in child custody evaluations. *Journal of Child Custody, 2*(4), 95-109.

Kirkpatrick, H. D. (2004). A floor not a ceiling: Beyond

guidelines-an argument for minimum standards of practice in conducting child custody and visitation evaluations. *Journal of Child Custody, 1*(1), 61-76.

Klykylo, W. (2005). The initial psychiatric evaluation. In W. Klykylo & J. Kay (Eds.), *Clinical child psychiatry* (pp. 3-19). New York: Wiley.

Kohm, L. (2008). Tracing the foundations of the best interests of the child standard in American jurisprudence. *Journal of Law & Family Studies, 10*(2), *337-376.*

Kopetski, L. (1998). Identifying cases of parent alienation syndrome Part 1. *The Colorado Lawyer, 27*(2), 65-68. Retrieved September 3, 2008, from http://www.fact.on.ca/Info/pas/kopet98a.htm

Kovacs, M. (1992). *Manual for the Children's Depression Inventory.* New York: Mental Health Systems.

Kraus, L. (1999). Understanding the relationship between children and their caregivers. In R. Galatzer-Levy and L. Kraus (Eds.), *The scientific basis of child custody decisions* (pp. 58-73). New York: Wiley.

Kruh, I., & Grisso, T. (2009). *Evaluation of juveniles' competence to stand trial.* New York: Oxford University Press.

Kuehnle, K (1996). *Assessing allegation of child sexual abuse.* Sarasota, FL: Professional Resource Press.

Kuehnle, K, & Connell, M. (Eds.). (2009). *The evaluation of child sexual abuse allegations: A comprehensive guide to assessment and testimony.* Hoboken, NJ: Wiley

Kuehnle, K, & Drozd, L. (2005) *Child custody litigation: Allegations of child sexual abuse.* New York: Haworth Press.

Kuehnle, K, & Kirkpatrick, H. (2005). Evaluating allegations of child sexual abuse within complex child custody cases. *Journal of Child Custody, 2*(3), 3-39.

Kulkofsky, *S.,* & London, K (2010). Reliability and suggestibility of children's statements: From science to practice. In E. Benedek, P. Ash, & C. Scott (Eds.), *Principles and practice of child and adolescent forensic mental health* (pp. 217-227). Washington, DC: American Psychiatric Publishing.

Lachar, D., & Gruber, C. (2001). Personality Inventory for Children (2nd ed.). Los Angeles: Western Psychological Services.

LaFortune, K, & Carpenter, B. (1998). Custody evaluations: A survey of mental health professionals. *Behavioral Sciences and the Law, 16,* 207-224.

Lamb, M. (Ed.) (1976) *The role of the father in child development.* New York: Wiley.

Lamb, M., & Kelly, I, (2001). Using the empirical literature to guide the development of parenting plans for young children: A rejoinder to Solomon and Biringen. *Family Court Review, 39*(4), 365-371.

Lamb, M., Orbach, Y., Sternberg, K, Hershkowitz, I., & Horowitz, D. (2000). Accuracy of investigators' verbatim notes of their forensic interviews with alleged child abuse victims. *Law and Human Behavior, 24*(6), 699-708.

Lamb, M., Sternberg, K, & Esplin, P. (1998). Conducting investigative interviews of alleged sexual abuse victims. *Child Abuse and Neglect, 22,* 813-823.

Lamb, M., Sternberg, K, Esplin, P., Herskowitz, I., & Orbach, Y. (1999). *The NICHD protocol for investigative interviews of alleged sex abuse victims.* Unpublished manuscript, National Institute of Child Health & Human Development, Bethesda, MD.

Lamb, M., Sternberg, K, Orbach, Y., Esplin, P., Stewart, H., & Mitchell, S. (2003). Age differences in young children's responses to openended invitations in the course of forensic interviews. *Journal of Consulting and Clinical Psychology, 71*(5), 926-934.

Lampel, A. (1986). Post-divorce therapy with highly conflicted families. *The Independent Practitioner, 6,* 2225.

Lampel, A. (1996). Children's alignments with parents in highly contested custody cases. *Family and Conciliation Courts Review, 34,* 229-239.

Larson, K., & McGill, J. (2010). Adolescent input into custody decisions: Evaluating decision-making capacities. *Journal of Forensic Psychology Practice, 10,* 133-144.

Laumann-Billings, L., & Emery, R. (2000). Distress among young adults from divorced families. *Journal of Family Psychology, 14,* 671-687.

Lawrence, E., & Bradbury, T. (2001). Physical aggression and marital dysfunction: A longitudinal analysis. *Journal of Family Psychology, 15*(1), 135-154.

Lee, C., & Bates, J. (1985). Mother-child interaction at

age two years and perceived difficult temperament. *Child Development, 56*(5), 1314-1325.

Lee, S., & Oleson, N. (2001). Assessing for alienation in child custody and access evaluations. *Family Courts Review, 39,* 282-298.

Lehmann, P., & Ellison, E. (2001). Traumatic responding in children exposed to domestic violence: A cross-cultural study. *Journal of Ethnic and Cultural Diversity in Social Work, 10*(4), 81-102.

Lewis, C. C. (1981). The effects of parental firm control: A reinterpretation of the findings. *Psychological Bulletin, 90,* 547-563.

Lieberman, A., & Van Horn, P. (1998). Attachment, trauma, and domestic violence: Implications for child custody. *Child and Adolescent Psychiatric Clinics of North America, 7*(2), 423-443.

Loftus, E., & Palmer, J. (1974). Reconstruction of automobile destruction: An example of the interaction between language and memory. *Journal of Verbal Learning and Verbal Behavior, 13,* 585-589.

Lubet, S. (1998). *Expert testimony: A guide for expert witnesses and the lawyers who examine them.* Louisville, CO: National Institute for Trial Advocacy.

Ludolph, P. (2009). Answered and unanswered questions in attachment theory with implications for children of divorce. *Journal of Child Custody, 6*(1/2), 8-24.

Luthar, S., & Suchman, N. (2000). Relational psychotherapy mothers' group: A developmentally informed intervention for at-risk mothers. *Development and Psychopathology, 12*(2), 235-253.

Maccoby, E., & Mnookin, R. (1992). *Dividing the child: The social and legal dilemmas of custody.* Cambridge, MA: Harvard University Press.

Main, M. (1996). Introduction to the special section on attachment and psychopathology: 2. Overview of the field of attachment. *Journal of Consulting and Clinical Psychology, 64*(2), 237-243.

Marafiote, R. (1985). *The custody of children: A behavioral assessment model.* New York: Plenum Press.

Marquardt, E. (2006). *Between two worlds: The inner lives of children of divorce.* New York: Three Rivers Press.

Martindale, D. (2004). Integrity and transparency: A commentary on record keeping in child custody evaluations. *Journal of Child Custody, 1*(1), 31-40.

Mason, M. (1994). *From father's property to children's rights: The history of child custody in the United States.* New York: Columbia University Press.

Massachusetts Probate and Family Court. (2008). *Standing Order 1-08. Standards for guardians ad litems/evaluators.* Retrieved February 18, 2010, from http://www.mass.gov/courts/courtsandjudges/courts/probateandfamilycourt/documents/standingorder1-08galevaluationsstandards.pdf

Masten, A., & Coatsworth, D. (1998). The development of competence in favorable and unfavorable environments: Lessons from research on successful children. *American Psychologist, 53*(2), 205-220.

Masten, A., Coatsworth, D., Neeman, J., Gest, S., Tellegen, A., & Garmezy, N. (1995). The structure and coherence of competence from childhood through adolescence. *Child Development, 66,* 1635-1659.

Matter of W. v. J., 233 N.Y.L.J. 111 (2005).

Mayes, L., & Truman, S. (2002). Substance abuse and parenting. In M. Bornstein (Ed.), *Handbook of parenting* (2nd ed., pp. 329-360). Mahweh, NJ: Erlbaum.

McCann, J. (2006). Measuring adolescent personality and psychopathology with the Millon Adolescent Clinical Inventory (MACI). In G. Koocher & S. Sparta (Eds.), *Forensic mental health assessment of children and adolescents* (pp. 424-439). New York: Oxford University Press.

McCann, J., Flens, J., Campagna, V., Collman, P., Lazzaro, T., & Connor, C. (2001). The MCMI-III in child custody evaluations: A normative study. *Journal of Forensic Psychology Practice, 1*(2), 27-44.

McCrady, B. (2008). Alcohol use disorders. In D. Barlow (Ed), *Clinical handbook of psychological disorders: A step-by-step treatment manual* (4th ed., pp. 492-546). New York: Guilford.

McGleughlin, J., Meyer, S., & Baker, J. (1999). Assessing child abuse allegations in divorce custody and visitation disputes. In R. Galatzer-Levy & L. Kraus (Eds.), *The scientific basis of child custody decisions* (pp. 357-388). New York: Wiley.

McGoldrick, M., Giordano, J., & Garcia-Preto, N. (Eds.). (2005). *Ethnicity and family therapy* (3rd ed.). New York: Guilford Press.

McIntosh, J., Smyth, B., Kelaher, M., Wells, Y., & Long, C. (2010). Three reports prepared for the Australian government (pp. 85-152). Available at http://www.ag.gov.au/www/agd/agd.nsf/Page/Families_FamilyRelationshipServicesOverviewofPrograms_ResearchProjectsonSharedCareParentingandFamilyViolence

McLanahan, S., & Sandefur, G. (1994). *Growing up with a single-parent: What hurts, what helps.* Cambridge, MA: Harvard University Press.

McLellan, J., McCurry, C., Ronnei, M., Adams, J.,Eisner, A., & Storck, M. (1996). Age of onset of sexual abuse: Relationship to sexually inappropriate behaviors. *Journal of the American Academy of Child & Adolescent Psychiatry, 35,* 1375-1383.

McMahon, T., & Giannini, F. (2003). Substance abusing fathers in family court: Moving from popular stereotypes to therapeutic jurisprudence. *Family Court Review, 41*(3), 337-353.

Medoff, D. (2003). The scientific basis of psychological testing: Considerations following *Daubert, Kumho,* and *Joiner. Family Court Review, 41*(2), 199-213.

Meloy, J. (2007). The authority of the Rorschach: An update. In C. Gacono, B. Evans, N. Kaiser-Boyd,&L. Gacono (Eds.), *Handbook of Rorschach forensic psychology* (pp. 62-69). New York: Routledge.

Melton, G., Petrila, J., Poythress, N., & Slobogin, C. (2007). *Psychological evaluations for the courts: A handbook for mental health professionals and lawyers* (3rd ed.). New York: Guilford.

Mercer, D., & Pruett, M. (2001). *Your divorce advisor.* New York: Simon and Schuster.

Meyer, G., & Archer, R. (2001). The hard science of Rorschach research: What do we know and where do we go? *Psychological Assessment, 13*(4),486-502.

Meyer, J., & Erickson, R. (1999). Legal and ethical issues in child custody litigation. In R. Galatzer-Levy & L. Kraus (Eds.), *The scientific basis of child custody decisions* (pp. 12-31). New York: Wiley.

Miller, S. (2005). *Victims as offenders: The paradox of women's violence in relationships.* Piscataway, NJ: Rutgers University Press.

Millon, T. (1987). *Millon Clinical Multi-Axial Personality Inventory-II.* Minneapolis, MN: National Computer Systems.

Millon, T, Millon, C., & Davis. R. (1997). *Millon Clinical Multi-Axial Personality Inventory-III.* Minneapolis, MN: National Computer Systems.

Millon, T., Millon, C., Davis, R, & Grossman, S. (2007). *Millon Adolescent Clinical Inventory.* Minneapolis, MN: NCS/Pearson Assessments.

Minuchin, S. (1974). *Families and family therapy.* Cambridge, MA: Harvard University Press.

Mnookin, R. (1975). Child custody adjudication and judicial function in the face of indeterminacy. *Law and Contemporary Problems, 39,* 26-293.

Moore, T., & Stuart, G. (2004). Illicit substance use and intimate partner violence among men in batterers' intervention. *Psychology of Addictive Behaviors, 18,* 385-389.

Morey, L. (1991a). *The Personality Assessment Inventory: Professional manual* (2nd ed.). Odessa, FL: Psychological Assessment Resources.

Morey, L. (1991 b). *Personality Assessment Inventory.* Retrieved February 10, 2010 from *Mental Measurements Yearbook* database.

Mullen, K, & Edens, J. (2008). A case law survey of the Personality Assessment Inventory: Examining its role in civil and criminal trials. *Journal of Personality Assessment, 90*(3), 300-303.

Murphy, C., & Cascardi, M. (1999). Psychological abuse in marriage and dating relationships. In R. L. Hampton (Ed.), *Family violence prevention and treatment* (2nd ed., pp. 198-226). Beverly Hills, CA: Sage.

Murray, T (1973). Thematic Apperception Test. Minneapolis, MN: Pearson/PsyCorp.

National Association of Social Workers. (1997). *Code of ethics of the National Association of Social Workers.* Washington, DC: National Association of Social Workers. Retrieved February 25, 2009, from http://www.socialworkers.org/pubs/code/code.asp

National Center for State Courts. (2008). *Custody decisions in cases with domestic violence allegations.* Chicago: American Bar Association. Retrieved March 3, 2009, from http://www.abanet.org/legalservices/probono/childcustody/domestic_violence_chart1.pdf

National Institute on Alcohol Abuse and Alcoholism. (2009). *Percent who drink beverage alcohol, by gender, 1939-2008.* Retrieved August 17, 2009, from http://www.niaaa.nih.gov/Resources/DatabaseResources/QuickFacts/

AlcoholConsumption/dkpat25.htm

Nichols, A., & Maner, J. (2008). The good subject effect: Investigating participant demand characteristics. *Journal of General Psychology, 35*(2), 151-165.

Nichols, M. (2010) *Family therapy: Concepts and methods* 9th edition, Boston, MA: Pearson.

Nichols, W. (1986). Sibling subsystem therapy in family system re-organization. *Journal of Divorce, 9*(3), 13-31.

Nicholson, J., Biebel, K, Hinden, B., Henry, A., & Stier, L. (2001). *Critical issues for parents with mental illness and their families.* Rockville, MD: Center for Mental Health Services, Substance Abuse and Mental Health Services Administration Office of Policy, Planning and Administration. Retrieved May 3, 2009, from http://mentalhealth.samhsa.gov/publications/allpubs/ken-01-0109/default.asp

Nicholson, J., Sweeney, E., & Geller, J. (1998). Mothers with mental illness: I. The competing demands of parenting and living with mental illness. *Psychiatric Services, 49*(5), 635-642.

Nord, C. W., Brimhall, D., & West, J. (1997). *Fathers' involvement in their children's schools.* Washington, DC: National Center for Education Statistics.

O'Connell, M. (2009). Mandated custody evaluations and the limits of judicial power. *Family Court Review, 47*(2), 304-320.

O'Donahue, W., & Bradley, A. (1999). Conceptual and empirical issues in child custody evaluations. *Clinical Psychology: Science and Practice, 6,* 310-322.

O'Leary, K., & Mauiro, R. (2001). *Psychological abuse in violent relations.* New York: Springer.

O'Leary, S., & Slep, A. (2006). Precipitants of partner aggression. *Journal of Family Psychology, 20*(2), *344-347.*

Otto, R. (2000). Use of the MMPI-2 in forensic settings. *Journal of Forensic Psychology Practice, 1,* 27-44.

Otto, R., Buffington-Vollum, J., & Edens, J. (2003). Child custody evaluation. In I. Goldstein & I. Weiner (Eds), *Handbook of psychology, Vol. 11. Forensic psychology* (pp. 179-207). New York: Wiley.

Otto, R., & Collins, R. (1995). Use of the MMPI-2/MMPI-A in child custody evaluations. In Y. Ben-Porath, J. Graham, G. Hall, & M. Zaragoza (Eds.), *Forensic applications of the MMPI-2* (pp. 222-252). Thousand Oaks, CA: Sage.

Otto, R., & Edens, J. (2003). Parenting capacity. In T. Grisso (Ed.), *Evaluating competencies: Forensic assessments and instruments* (2nd ed., pp. 229-307). New York: Springer.

Oyserman, D., Mowbray, C., & Zemenchuk, J. (1994). Resources and support for mothers with severe mental illness. *Health and Social Work, 19,* 132-142.

Patterson, C. (2006). Children of gay and lesbian parents. *Current Directions in Psychological Science, 15*(5), 241-244.

Pearson, J., & Thoennes, N. (2000). Supervised visitation. *Family Court Review, 38*(1), 123-142.

Poole, D., & Lamb, M. (1998). *Investigative interviews of children* (2nd ed.). Washington, DC: American Psychological Association.

Pruett, M., Ebling, R. & Insabella, G. (2004). Critical aspects of parenting plans for young children. *Family Court Review, 42*(1), 39-59.

Quinnell, F., & Bow, J. (2001). Psychological tests used in child custody evaluations. *Behavioral Sciences & the Law, 19*(4), 491-501.

Radke-Yarrow, M. (1991). Attachment patterns in children of depressed mothers. In C. Parkes, J. Stevenson-Hinde, & P. Marris (Eds), *Attachment across the life cycle* (pp. 115-126). New York: Tavistock/ Routledge.

Redding, R., Floyd, M., & Hawk, G. (2001). What judges and lawyers think about mental health testimony: A survey of the courts and bar. *Behavioral Sciences and the Law, 19,* 583-594.

Reed, L. (1996). Findings from research on children's suggestibility and implications for conducting child interviews. *Child Maltreatment, 1*(2), 105-120.

Regier, D., Narrow, W., Rae, D., Manderscheid, R., Locke, B., & Goodwin, F. (1993). The de facto mental and addictive disorders service system. Epidemiologic Catchment Area prospective 1-year prevalence rates of disorders and services. *Archives of General Psychiatry, 50*(2), 85-94.

Reich, W., Earls, F., Frankel, O., & Shayka, J. (1993). Psychopathology in children of alcoholics. *Journal of the American Academy of Child & Adolescent Psychiatry, 32*(5), 995-1002.

Resetar, B., & Emery, R. (2008). Children's rights and European legal proceedings: Why are family practices different from legal theories? *Family Court Review, 46*(1), 65-77.

Reynolds, C., & Kamphaus, R. (2004). ***BASC-2: Behavior Assessment System for Children, Second Edition Manual.*** Minneapolis, MN: NCS Pearson, Inc.

Richman, K. (2009). ***Courting change: Queer parents, judges, and the transformation of American law.*** New York: New York University Press.

Riggs, S. (2005). Is the approximation rule in the child's best interest? ***Family Court Review, 43***(3), 481-493.

Roberts, K (2003). State supreme court applications of Troxel v. Granville and the courts' reluctance to declare grandparent visitation rights unconstitutional. ***Family Court Review, 41***(1), 14-38.

Rohman, L., Sales, B., & Lou, M. (1987). The best interests of the child in custody disputes. In L. Weithorn (Ed.), ***Psychology and child custody determinations: Knowledge, roles, and expertise*** (pp. 59-105). Lincoln: University of Nebraska Press.

Rohrbaugh, J. (2008). ***A comprehensive guide to child custody evaluations: Mental health and legal perspectives.*** New York: Springer.

Rothbart, M., & Bates, J. (1998). Temperament. In N. Eisenberg (Ed.), ***Handbook of child psychology: Vol. 3. Social, emotional, development*** (5th ed., pp. 105-117). New York: Wiley.

Sattler, J. (1998). ***Clinical and forensic interviewing of children families.*** La Mesa, CA: Jerome Sattler, Inc.

Saywitz, K (1995). Improving children's testimony: The question, the answer, and the environment. In M. Zaragoza, J. Graham, G. Hall, R. Hirschman, & Y. Ben-Porath (Eds.), ***Memory and testimony in the child witness*** (pp.113-140). Thousand Oaks, CA: Sage.

Schepard, A. (2004). ***Children, courts, and custody: Interdisciplinary models for divorcing families.*** New York: Cambridge University Press.

Schermerhorn, A., Cummings, E., DeCarlo, C., & Davies, P. (2007). Children's influence in the marital relationship. ***Journal of Family Psychology, 21***(2), 259-269.

Schuckit, M., Smith, T, Danko, G., Bucholz, K., Reich, T., & Bierut, L. (2001). Five-year clinical course associated with DSM-IV alcohol abuse or dependence in a large group of men and women. ***American Journal of Psychiatry, 158,*** 1084-1090.

Schutz, B., Dixon, E., Lindenberger, J., & Ruther, N. (1989). ***Solomon's sword: A practical guide to conducting child custody evaluations.*** San Francisco: Jossey Bass.

Sheras, P., Abidin, R., & Konold, T. (1998). ***Stress Index for Parents of Adolescents.*** Odessa, FL: Psychological Assessment Resources.

Silovsky, J., & Nice, L. (2002). Characteristics of young children with sexual behavior problems: A pilot study. ***Child Maltreatment, 7***(3), 187-197.

Simons, R. (Ed.) (1996). ***Understanding differences between divorced and intact families: Stress, interaction, and child outcome.*** Thousand Oaks, CA: Sage.

Smith-Slep, A., & O'Leary, S. (2005). Parent and partner violence in families with young children: Rates, patterns, and connections. ***Journal of Consulting and Clinical Psychology, 73***(3), 435-444.

S.M. v. G.M., 233 N.Y. L.J. 64 (2005).

Solomon, J., & Biringen, Z. (2001). Another look at the developmental research: Commentary on Kelly and Lamb's "Using child development research to make appropriate custody and access decisions for young children." ***Family Court Review, 39,*** 355-364.

Solomon, J. & George, C. (1999). The effects of overnight visitation in divorced and separated families: A longitudinal follow-up. In J. Solomon & C. George (Eds.), ***Attachment disorganization*** (pp. 243-264). New York: Guilford.

Sparta, S., & Stahl, P. (2006). Psychological evaluation for child custody. In G. Koocher & S. Sparta (Eds.), ***Forensic mental health assessment of children and adolescents*** (pp. 203-229). New York: Oxford University Press.

Stahl, P. (2004). Conducting child custody evaluations: A comprehensive guide. Thousand Oaks, CA: Sage.

Stahl, P. (2005). The benefits and risks of child custody evaluators making recommendations to the court. ***Family Court Review, 43***(2), 260-265.

Stimmel, B. (2009). From addiction to abstinence: Maximizing the chances of success. ***Family Court Review, 47***(2), 265-273.

Straus, M., & Gelles, R. (1988). ***Intimate violence in families.*** New York: Simon and Schuster.

Stuart, G., Meehan, J., Moore, T, Morean, M., Hellmuth, J., & Follansbee, K. (2006). Examining a conceptual framework of intimate partner violence in men and women arrested for domestic violence. *Journal of Studies on Alcohol, 67,* 102-112.

Stuart, R. (2004). Twelve practical suggestions for achieving cultural competence. *Professional Psychology: Research and Practice, 35*(1), 3-9.

Styron, T, Pruitt, M., McMahon, T, & Davidson, L. (2002). Fathers with mental illness: A neglected group. *Psychiatric Rehabilitation Journal, 25*(1), 215-222.

Substance Abuse and Mental Health Services Administration, Office of Applied Studies. (2006). *National survey on drug use and health, 2002, 2003, 2004, 2005, and 2006.* Rockville, MD: Substance Abuse and Mental Health Services Administration.

Substance Abuse and Mental Health Services Administration, Office of Applied Studies. (2009). *The NSDUH report: Children living with substance-dependent or substance-abusing parents: 2002 to 2007.* Available at http://www.samhsa.gov/newsroom/advisories/0904294333.aspx

Suchman, N., & Luthar, S. (2000). Maternal addiction, child maladjustment, and sociodemographic context: Implications for parenting behaviors. *Addiction, 95,* 1417-1428.

Suchman, N., & Luthar, S. (2001). The mediating role of stress in methadone-maintained mothers' parenting. *Parenting: Science and Practice, 1,* 285-315.

Sullivan, M., Ward, P., & Deutsch, R. (2010). Overcoming Barriers Family Camp: A program for high conflict divorced families where a child is resisting contact with a parent. *Family Court Review, 48*(1), 116-135.

Swearer, S. (2001). Review of the stress index for parents of adolescents. Retrieved February 10, 2010 from *Mental Measurements Yearbook* database.

Teicher, M., Samson, J., Polcari, A., & McGreenery, C. (2006). Sticks, stones and hurtful words: Relative effects of various forms of childhood maltreatment. *American Journal of Psychiatry, 163*(6), 993-1000.

Tellegen, A., Ben Porath, Y., McNulty, J., Arbisi, P., Graham, J., & Kaeminer, B. (2003). *MMPI-2 restructured clinical (RC) scales: Development, validation, and interpretation.* Minneapolis: University of Minnesota Press.

Thoennes, N., & Tjaden, P. (1990). The extent, nature, and validity of sexual abuse allegations in child custody/visitation disputes. *Child Abuse and Neglect, 14,* 151-163.

Thomas, A., & Chess, S. (1977). *Temperament and development.* New York: Bruner/Mazel.

Thompson, R., Scalora, M., Limber, S., & Castrianno, L. (1991). Grandparent visitation rights. *Family Court Review, 29*(1), 9-25.

Tippins, T., & Wittman, J. (2005). Empirical and ethical problems with custody recommendations: A call for clinical humility and judicial vigilance. *Family Court Review, 43*(2), 266-269.

Tsushima, W., & Anderson, R. (1996). *Mastering expert testimony: A courtroom handbook for mental health professionals.* Mahwah, NJ: Erlbaum.

Uniform Marriage and Divorce Act. National Conference of Commissioners on Uniform State Laws (1970). Chicago, Ill.

U.S. Census Bureau. (2007). *Statistical abstract of the United States* (126th ed.). Washington, DC: U.S. Census Bureau.

U.S. Department of Health & Human Services, Administration for Children, Youth, and Families. (2009). *Child Maltreatment 2009.* Retrieved April 17, 2010 at http://www.acf.hhs.gov/programs/cb/pubs/cm09/cm09.pdf

U.S. National Center for Health Statistics. (2004). *National vital statistics reports.* Hyattsville, MD: National Center for Health Statistics.

Vaillant, G. *The natural history of alcoholism revisited.* Cambridge, MA: Harvard University Press.

Walker, J., Brantley, K., & Rigsbee, J. (2004). A critical analysis of parental alienation syndrome and its admissibility in family court. *Journal of Child Custody, 1*(2), 47-74.

Wallerstein, J., & Blakeslee, S. (1996). *Second chances: Men, women and children a decade after divorce.* New York: Houghton Mifflin. (高橋早苗訳：セカンドチャンス：離婚後の人生. 草思社，1997)

Wallerstein, J., & Blakeslee, S. (2003). *What about the kids? Raising your children before, during, and after divorce.* New York: Hyperion.

Wallerstein, J., Corbin, S., & Lewis, J. (1988). Children of divorce: A ten-year study. In M. Hetherington & J, Arasteh (Eds.), *Impact of divorce, single parenting, and stepparenting on children* (pp. 197-214). Hillsdale, NJ: Erlbaum.

Wallerstein, J., & Kelly, J. (1980). *Surviving the breakup.* New York: Basic Books.

Walsh, C., MacMillan, H., & Jamieson, E. (2003). The relationship between parental substance abuse and child maltreatment: Findings from the Ontario Health Supplement. *Child Abuse & Neglect, 27,* 1409-1425.

Warner, L., Kessler, R., Hughes, M., Anthony, J., & Nelson, C. (1994). Prevalence and correlates of drug use and dependency in the United States: Results from the National Comorbidity Study. *Archives of General Psychiatry, 52*(3), 219-229.

Warrier, S. (2008). "It's in their culture": Fairness and cultural considerations in domestic violence. *Family Court Review, 46*(3), 537-542.

Warshak, R. (2000). Blanket restrictions: Overnight contact between parents and young children. *Family & Conciliation Courts Review, 38*(4), 422-445.

Warshak, R. (2001). Current controversies regarding parental alienation syndrome. *American Journal of Forensic Psychology, 19*(3), 29-57.

Warshak, R. (2003). Bringing sense to parental alienation: A look at the disputes and the evidence. *Family Law Quarterly, 37*(2), 273-301.

Warshak, R. (2007). Punching the parenting time clock: The approximation rule, social science, and the baseball bat kids. *Family Court Review, 45*(4), 600-619.

Warshak, R. (2010). Family bridges: Using insights from social science to reconnect parents and alienated children. *Family Court Review, 48*(1), 48-80.

Warshak, R. (2011). *Parental alienation: Not just another custody case.* Presentation at annual conference of Massachusetts Association of Guardian's ad Litem, Inc., Weston, MA., April 15, 2011.

Wasserman, D., & Leventhal, J. (1998). Maltreatment of children born to cocaine-abusing mothers. *American Journal of Diseases of Children, 147,* 1324-1328.

Wechsler, D. (2008). *Wechsler Adult Intelligence Scale, Fourth edition.* San Antonio, TX: Pearson/PsychCorp.

Weinberg, M., & Tronick, E. (1998). The impact of maternal psychiatric illness on infant development. *Journal of Clinical Psychiatry, 59,* 53-61.

Weissman, H., & DeBow, D. (2003). Ethical principles and professional competencies. In A. Goldstein & I. Weiner (Eds.), *Handbook of psychology: Vol. 11. Forensic psychology* (pp. 33-54). Hoboken, NJ: Wiley.

White, C., Nicholson, J., Fisher, W., & Geller, J. (1995). Mothers with severe mental illness caring for children. *The Journal of Nervous and Mental Disease, 183*(6), 398-403.

Whiteside, M. F. (1998). The parental alliance following divorce: An overview. *Journal of Marital and Family Therapy, 24*(1), 3-24.

Whittaker, D., Haileyesus, T., Swahn, M., & Saltzman, L. (2007). Differences in frequency of violence and reported injury between relationships with reciprocal and non-reciprocal intimate partner violence. *American Journal of Public Health, 97*(5), 941-947.

Widiger, T. (2001). Review of the Millon Clinical Multiaxial Inventory-III [Manual Third Edition]. *Buros Fourteenth Mental Measurement Yearbook.* Lincoln, NB: University of Nebraska.

Widom, C. (1989). Does violence beget violence? A critical examination of the literature. *Psychological Bulletin, 106*(1), 3-28.

Wolman, R., & Taylor, K. (1991). Psychological effects of custody disputes on children. *Behavioral Science and the Law, 9,* 399-341.

Zelechoski, A. (2009). *The content of child custody evaluation reports: A forensic assessment principles-based analysis.* Unpublished doctoral dissertation, Drexel University, Philadelphia, PA.

Zemenchuk, J., Rogosh, F., & Mowbray, C. (1995). The seriously mentally ill woman in the role of parent: Characteristics, parenting, sensitivity, and needs. *Psychosocial Rehabilitation Journal, 15,* 95-99.

Zibbell, R. (2005). Common couple aggression: Frequency and implications for child custody and access evaluations. *Family Court Review, 43*(3), 454-465.

Zill, N., Morrison, D., & Coiro, M. (1993). Long-term effects of parental divorce on parent-child relationship, adjustment, and achievement in young adulthood. *Journal of Family Psychology, 7,* 91-103.

テストおよび子の監護に特化したアセスメントツール

ASEBA（Achenbach System of Empirically Based Assessment）
アッケンバック実証に基づく評価システム，以前は子どもの行動チェックリスト（CBCL: Child Behavior Check List）であった。（Achenbach, 2010）

ASPECT（Ackerman-Schoendorf Scales for Parent Evaluation of Custody）
監護者評価のためのアッカーマン－ショーエンドルフ尺度（Ackerman, M., & Schoendorf, K., 1992）

BASC-2（Behavior Assessment System for Children, Second Edition）
小児行動評価システム第2版（Reynolds, C., & Kamphaus, R., 2004）

BPS（Bricklin Perceptual Scales）
ブリックリン知覚尺度（Bricklin, B., 1990a）

PORT（Bricklin Perception of Relations Test）
ブリックリン関係知覚テスト（Bricklin, 1989）

CAT（Children's Apperception Test）
幼児・児童用絵画統覚検査（Bellak, L. & Bellak, S., 1974）

CDI-2（Children's Depression Inventory）
小児抑うつ尺度（Kovacs, 1982）

Conners CBRS（Conners Comprehensive Behavior Rating Scales）
コナーズ包括的行動評価尺度（Conners, 1997）

MACI（Millon Adolescent Clinical Inventory）
ミロン青年臨床目録（Millon, T., Millon, C., & Davis, R., 1993）

MCMI-III（Millon Clinical Multiaxial Inventory-III）
ミロン臨床多軸目録－Ⅲ（Millon, T., Davis, R., & Millon, C., 1997）

MMPI-A（Minnesota Multiphasic Personality Inventory-Adolescent）
ミネソタ多面人格目録－青年版（Butcher, J., Williams, C., Graham, J., Kaemmer, B., Archer, R., Tellegen, A., Ben Porath, Y., Hathaway, D., & McKinley, J., 1992）

MMPI-2（Minnesota Multiphasic Personality Inventory-2）
ミネソタ多面人格目録－2（Hathaway, S., McKinley, J., & Butcher, J., 1942-1990）

MMPI-2-RF（Minnesota Multiphasic Personality Inventory-2-Restructured Form）
ミネソタ多面人格目録－2再構成版（Ben-Porath, Y. & Auke Tellegen, A., 2008）

PAI（Personality Assessment Inventory）
人格査定目録（Morey, L. 1991a）

PASS（Bricklin Parent Awareness Skills Survey）
ブリックリン親の認識スキル検査（Bricklin, 1990b）

PCRI（Parent-Child Relationship Inventory）
親子関係診断検査（Gerard, A. 1994）

PIC-2（Personality Inventory for Children, Second Edition）

児童性格検査第2版(Lachar, D. & Gruber, C., 2001)
PSI(Parenting Stress Index)
育児ストレスインデックス(Abidin, R., 1995)
Roberts-2(Roberts Apperception Test for Children:2)
ロバーツ統覚テスト-2(Roberts, G. & McArthur, D., undated)
Rorschach Inkblot Method
ロールシャッハテスト(Exner, J., 2003)
TAT(Thematic Apperception Test)
絵画統覚検査(Murray, T., 1973)
WAIS-IV(Wechsler Adult Intelligence Scale IV)
ウェクスラー成人知能検査Ⅳ(Wechsler, D., 1939-2008)

テストと専用ツールの参考文献

Abidin, R. (1995). *Parenting stress index* (3rd ed.) Odessa, FL: Psychological Assessment Resources.

Achenbach, T. (2010) *Achenbach system of empirically-based assessments.* Burlington, VT: Research Center for Children, Youth, & Families.

Ackerman-Schoendorf Scales for Parent Evaluation of Custody-Manual. (Ackerman, M. & Schoendorf, K, 1992). Los Angeles: Western Psychological Services.

Bellak, L. & Bellak, S. (1974). *Children's Apperception Test.* San Antonio, TX: Pearson/PsychCorp.

Ben-Porath, Y. & Auke Tellegen, A. (2008). *Minnesota Multiphasic Personality Inventory-2-Restructured Form.* San Antonio, TX: Pearson/PsychCorp.

Bricklin, B. (1989). *Perception of Relationships Test manual.* Furlong, PA: Village Publishing.

Bricklin, B. (1990a). *Bricklin Perceptual Scales manual.* Furlong, PA: Village Publishing.

Bricklin, B. (1990b). *Parent Awareness Skills Survey manual.* Furlong, PA: Village Publishing. Bricklin Perceptual Scales (Bricklin, 1990a).

Butcher, J., Williams, C., Graham, J., Kaernmer, B., Archer, R., Tellegen, A., Ben Porath, Y., Hathaway, D., & McKinley, J. (1992). *Minnesota Multiphasic Personality Inventory-Adolescent.* Minneapolis, MN: NCS Assessments.

Conners, K C. (1997). *Conners' Rating Scales-Revised.* New York: Multi-Health Systems.

Exner, J. (2003). *The Rorschach: A comprehensive system: Basic foundations and principles of interpretation.* Vol. 1 (4th ed.) Hoboken, NJ: Wiley.

Gerard, A. (1994). *Parent-Child Relationship Inventory.* Los Angeles: Western Psychological Services.

Hathaway, S., McKinley, J., & Butcher, J. (1942-1990). *Minnesota Multiphasic Personality Inventory-2.* Minneapolis, MN .: NCS Assessments.

Kovacs, M. (1982). *The children's depression inventory: A self-rated depression scale for school-aged youngsters.* Unpublished manuscript, University of Pittsburgh.

Lachar, D. & Gruber, C. (2001). *Personality Inventory for Children* 2nd Edition. Los Angeles: Western Psychological Services.

Millon, T., Davis, R., & Millon, C. (1997). *Millon multiaxial personality inventory-III.* Manual (2nd ed.), Minneapolis, MN: NCS Assessments.

Millon, T., Millon, C., & Davis, R. (1993). *Millon Adolescent Clinical Inventory.* Minneapolis, MN: NCS Assessments.

Morey, L. (1991a). *The Personality Assessment Inventory: Professional manual* (2nd ed.). Odessa, FL: Psychological Assessment Resources.

Murray, T. (1973). Thematic Apperception Test. Minneapolis, MN. Pearson/PsychCorp .

Reynolds, C., & Kamphaus, R. (2004). *BASC-2: Behavior Assessment System for Children, Second Edition Manual.* Minneapolis, MN: NCS Assessments.

Roberts, G. *Roberts Apperception Test for Children.* Beverly Hills: Western Psychological Services.

Wechsler, D. (1939-2008). *Wechsler Adult Intelligence Scale-IV.* San Antonio, TX: Pearson/PsychCorp.

判例法と制定法

California Code of Civil Procedure（カリフォルニア州民事訴訟法）§**5. 220-5. 235.**

Commonwealth v. Addicks, 5 Binn. 520（Pa. 1815）.

Daubert v. Marrell Dow Pharmaceuticals, 113 S. Ct. 2786（1993）.

Frye v. United States, 293 F. 1013（D. C. Cir 1923）.

Margo M. v. Martin S., Neb. App.LEXIS 98（2006）.

Mass. Probate and Family Court Standing Order（マサチューセッツ州検認・家庭裁判所規則）**1-08.**

Mercein v. People ex rel. Barry, 25 Wend 64, 101,（NY 1840）.

Michigan's Child Custody Act, M. C. L.（ミシガン州子の監護法）§**722. 23**（**1970**）.

People v. Mercein, 3 Hill 399, 418（NY 1842）.

Prather v. Prather, 4 Desau. 33（S. C. 1809）.

Robb v. Robb, 268 Neb. 694（2004）.

Smith v. Tierney, 906 So. 2d 586（La. 2005）.

Uniform Marriage and Divorce Act（婚姻と離婚に関する統一州法）（**1970**）.

Watts v. Watts, 350 N. Y. S. 2d 285（1973）.

W. Va. Code（ウエスト・ヴァージニア州法）§**48-9-206.**

主要用語

愛着理論（Attachment theory）●John Bowlbyの研究に基づくもので，幼い子のニーズに親が対応し応答することによって，安全感が形成されると仮定している。幼い子が養育者は信頼できると分かると，その子の安全基地が形成され，それによって，その子は世界を探索できる。これらの絆は，その子の人生における関係性の基盤を形成する。

一方当事者のみとの（Ex-parte）●「一人の当事者によって，あるいは，一人の当事者のため」を意味するラテン語で，当事者のうち一人が不在の状態でとられた行動を指す。例えば，裁判所は，当事者の一人を審問せずに，一方的命令（ex-parte order）を発するというように用いる。一方当事者のみとのコミュニケーションは，当事者のどちらかまたはその代理人がいない中で行われるやりとりを指す。

インフォームドコンセント（Informed consent）●子の監護において，インフォームドコンセントは，評価の性質，評価者の役割，秘密保持がないこと，かかる費用と時間，作成する成果物について，訴訟当事者に教える手続である。両親が裁判所の命令によって監護評価を受ける場合，両親が実際に選択できる要素は限られるため，この手続は「インフォームドアセント（Informed assent）」と呼ばれるべきである［訳註：アセントには賛同，承諾，黙認といった意味がある］。

疑いの主張・申立て（Allegations）●一方当事者が他方当事者に対して行う告発で，法律事件に関連するもの

親の特性（Parent attributes）●親の機能的な能力，あるいはその不足

ガイドライン／スタンダード（Guidelines/standards）●ガイドラインは，方針や手順を助言として示す文である。専門家のガイドラインは必須のものではなく，遵守しなくても懲戒を受ける結果にはならない。スタンダードは，ほとんどの場合，権威として受け止められているのが通常であり，確立された規範や要件を指し，従わない場合は（例えば，資格認定機関から）懲戒を受ける結果となる可能性がある。

家庭裁判所・調停裁判所協会（Association of Family Conciliation Courts，AFCC）●少年法および家族法の問題に関する，国際的，学際的な専門家（すなわち，精神保健の専門家，法学者，そして司法実務家）の組織

機能分析（Functional analysis）●心理－法的な概念や構成概念を，その行動面での関連事項，すなわちその概念と論理的な関連を持つ具体的行動に還元する過程。本書の例では，「養育能力」は「最善の利益」という法的基準に関連する心理－法

的な構成概念である。「養育能力」の機能分析は，それを，例えば，食事を与える，入浴させる，宿題を援助する，子に本を読むといった，基本的な養育行動に分解して分析する。

強制的な支配（**Coercive control**）◉親密な関係において，威圧し力を行使し支配する意図で行われる身体的虐待や心理的虐待

近似ルール（**Approximation rule**）◉米国法律協会（ALI）が提案したもので，離婚後の養育時間の割合は婚姻中の各親の養育時間の割合と同じにすべきことを推奨している。

国親思想（**Parens patriae**）◉慈悲深い親としての裁量を裁判所に与え，「子の最善の利益」に基づく決定を認める法的思想

構成概念（**Construct**）◉概念（a concept）

子の監護評価（**Child custody evaluation**）◉子の最善の利益をめぐる問題を査定する司法精神保健的な評価

子の最善の利益という基準（**Best Interests of the Child（BIC）standard**）◉子の監護の紛争について決定するための法的基準だが，その定義はあいまいである。影響を受ける子にとって何が最善かを基準に裁判所が決定することを示している。

参考となる情報源（**Collateral sources**）◉争っている事項に関して情報を提供する二次的な情報源，記録および人

事実上の親（**De facto parent**）◉法律上の親ではないが，親の役割を担っている人

実証的（**Empirical**）◉体系的な観察，経験，実験といった，科学的方法によって得られた情報を形容する。

司法区（**Jurisdiction**）◉その法的紛争に責任を有する州，またはその州の中の裁判所の審級や地域

司法精神保健アセスメント（**Forensic mental health assessment**）◉複数の情報源と複数の様式からなる心理的または精神医学的な評価であり，法律事件に関連する情報を示すことを目的とする。

司法の裁量（**Judicial discretion**）◉法および事実の範囲では，裁判官は自由に決定することができること。子の監護の事件では，決定においてかなりの司法の裁量が裁判官に与えられている。

主尋問（**Direct examination**）◉証人申請をした弁護士からの質問に答える形で行われる証言。協力的なトーンで実施される可能性が高い。

主たる養育者の基準（Primary caretaker standard）●これまで「子の世話やしつけを担っていた」親に監護させるという法および司法の原則

証言（Testimony）●法廷，または，記録された証言録取において，宣誓した上で提供された情報

証言録取（Deposition）●裁判所外，通常は弁護士の事務所において，一方当事者の弁護士が証人に質問する法的手続。証言録取では，証人は法廷外で宣誓を行い，証言が記録される。

身上監護（Physical custody）●子と共に生活する親の権利と義務

 A. **共同身上監護**●子は両親のどちらともかなり多くの時間を過ごす。

 B. **単独身上監護**●子は主に一方の親と生活する。他方の親との養育時間を有する場合がある。

心理的攻撃（Psychological aggression）●感情的な苦痛を引き起こす言語的，または他の行動上の行為であり，配偶者を支配，威圧，脅かすためにも用いられる。これは身体的暴力とは独立して存在する場合もあるが，同時に生じる可能性もある。心理的虐待，精神的虐待とも呼ばれる。

心理−法的な概念（Psycho-legal concept）●法的基準と行動または心理的な構成概念の間の概念的なつながり。評価者が，法的基準との関連で取り上げる問題を選択する際の指針となる。例えば，最善の利益を検討するために養育の特性を査定するといった具合である。

スペシャル・マスター（Special master）●法的紛争における関連情報の開示を監督するといった特定の課題のために，裁判所から任命された司法職員

制定法（statute）●州議会で承認された法

生物・心理・社会（Bio-psycho-social）●心理的性質，社会経験／学習された経験，遺伝的要素／身体的要素に関する個人の機能の諸側面

宣誓供述書（affidavit）●事実に関する供述や陳述を記述したものであり，宣誓をした上で（例えば，「偽証をした場合には痛みと制裁があることを前提に（under the pains and penalties of perjury）」との文言を用いて）作成されることが多い。これらの文書には，アセスメントの開始時に弁護士から司法評価者に送付される訴訟書面や申請書が付随することが多い。

専門家証人（Expert witness）●専門的知識や技術に基づいて，事実とこれらの事実から導かれる推論を裁判所に提供し，裁判所が結論を出すのを助ける証人

疎外された子（**Alienated child**）●「子が有する一方の親との現実の経験からすると非常に不釣合いで，不合理な否定的感情と信念（怒り，憎しみ，拒絶，そして／または恐れなど）を，制限なく，かつ執拗に，一方の親に表す者」（Kelly & Johnston, 2001）

着手金（**Retainer**）●アセスメントを行う費用として評価者が受け取る金銭。私的な支払いによる子の監護の事件では，着手金が好んで用いられる。

通報義務のある報告者（**Mandated reporter**）●子，高齢者，障害者が虐待やネグレクトを受けているという疑いを持った場合に，適切な州の機関に報告することが法令上求められている専門家

適合性（**Fit**）●両親の機能的能力と，子のニーズおよび能力の調和

転居の事件（**Removal/relocation/move-away case**）●子の身上監護権を有する親が，他方の親と子の接触を妨げるような距離の転居を子と共に行うことの許可を裁判所に求める法的行為。その転居は，州内であることも州をまたぐこともある。

テンダー・イヤーズ・ドクトリン（**Tender years doctrine**）●母は本質的に優れた養育者であり，おおむね7歳未満の子については主に母に育てられることが子にとって望ましいとする，法および司法の原則

反対尋問（**Cross-examination**）●証人申請をしていない側の弁護士からの質問に答える形で行われる証言。敵対的なトーンとなる可能性が高い。

判例法（**Case law**）●控訴審およびその他の裁判所の決定から選ばれて報告されたもの。法の新たな解釈を示しており，先例として引用される。

秘匿特権（**Privilege**）●証言における秘匿特権としても知られており，法的手続において，秘密保持を要する情報（例えば，医師と患者の間のもの）の開示を防ぐことができる権利

秘密保持（**Confidentiality**）●臨床において，依頼者による情報の秘密を守る精神保健の専門家の義務

不確定性（**Indeterminacy**）●変わりやすい，あるいは，決定されない状態であり，通常は，子の最善の利益という基準を説明するのに用いられている。

紛争に方向付けられた虐待（**Conflict-oriented abuse**）●反応性で，両親間の紛争に関連した攻撃であり，力を持ちパートナーを支配したいという欲求に動機付けられたものではない。カップル間の状況性の暴力（situational couple violence）とも呼ばれており，一般的には，強制的な支配において行われる攻撃ほど深刻な態様ではない。

並行養育（Parallel parenting）●互いにかかわらないということで特徴付けられる，別居した両親間の関係。それぞれの親は，他方の親との協力やコミュニケーションに期待することなく，それぞれの養育時間における子の養育に関する決定を行う。

変更（Modification）●すでにある命令や判決を変えるよう，一方当事者が裁判所に申し立てる，または，要求すること

法的監護（Legal custody）●子の健康，教育，福祉に関する意思決定を行う権利と責任

　　A. 共同法的監護●両親のどちらも子に関する主な意思決定をする権利を等しく有する。

　　B. 単独法的監護●一方の親だけが子に関する主な意思決定をする権利を有する。

自ら（Pro-se）●「自分自身のために」を意味するラテン語で，自分自身で手続を行い弁護士をつけないことを指す。Pro per ともいう。

養育計画（Parenting plan）●監護の取決めと養育時間の予定

養育能力（Parenting capacity/ability）●親のスキルと知識の集合を表す心理−法的な構成概念であり，(a) 子の年齢と発達レベルに関連し，(b) 家族サブシステムの文化的背景に照らして適切で，(c) 子を適切に世話するのに必要なもの

臨床精神保健アセスメント（Clinical mental health assessment）●個人，カップル，家族の診断を援助し，治療のための情報を提供する心理的，精神医学的評価

レジリエンス（回復力）（Resilience）●不利な状況に適応する，あるいは，克服する能力

和解（Stipulation）●法的手続における当事者の合意

A.L.I. の「原則」（A.L.I. "Principles"）●米国法律協会（American Law Institute）による「離婚法の原則（Principles of the Law of Family Dissolution）」（ALI, 2000）を指す。1990 年代に承認されたもので，全米から集まった法の専門家が婚姻解消の法的効果を議論したものだが，未婚の両親，子の監護養育を担う者に関するテーマも含んでいる。

APA●アメリカ心理学会（American Psychological Association）またはアメリカ精神医学会（American Psychiatric Association）（本書では，アメリカ心理学会を指す）

索引

人名

Gardner, R.……070-071, 073

Wallerstein, J.……052, 070

Warshak, R.……071

事項

アルファベット

AACAP（アメリカ児童精神医学会）による子の監護評価の実践指標……031, 033-034, 045, 051-052, 158

AFCC（家庭裁判所・調停裁判所協会）による子の監護評価の実践のスタンダードモデル……031-032, 034, 045, 051-052, 102, 114, 134, 158

A.L.I.（米国法律協会）の「原則」……016, 222

APA（アメリカ心理学会）による家族法手続における子の監護評価ガイドライン……029-034, 045, 051-052, 134, 157-158

Commonwealth v. Addicks……006-007

Daubert v. Marrell Dow Pharmaceuticals（Daubert 判決）……171

Daubert 基準……083, 171-173

Frye v. United States（Frye 判決）……170-171

Kramer v. Kramer（映画「クレイマー・クレイマー」）……009

Mercein v. People……007

Mrs. Doubtfire（映画「ミセス・ダウト」）……009

Prather v. Prather……006-007

Watts v. Watts……009

あ

愛着（アタッチメント）……016-017, 037, 071-072, 075, 218

アッケンバック子どもの行動チェックリスト（CBCL）……084

アッケンバック実証に基づく評価システム……133

育児ストレスインデックス（PSI）……088-091

一方当事者のみとの……101, 168, 218

医療保険の相互運用性と説明責任に関する法律……114

インフォームドコンセント……102, 108, 112-115, 126-128, 164, 218

ウェクスラー成人知能検査Ⅳ（WAIS-Ⅳ）……086

親教育……018

親子関係診断検査（PCRI）……089-091

親－子の観察……079-080, 110, 128, 133-135

親－子の相互作用……033-034, 133-134

親との面接……115-122

親の特性……032, 218

親の認識スキルの検査（PASS）……087, 090

か

絵画統覚検査（TAT）……082-083, 132

解釈的アプローチ……044-045, 147

ガイドライン／スタンダード……099-100, 218

仮説の生成……141-142

家庭裁判所・調停裁判所協会（AFCC）……218

家庭訪問……080, 110, 135, 163
勧告……042-045, 074-075, 158-161
監護者評価のためのアッカーマン－ショーエンドルフ尺度（ASPECT）……086, 090-091
機能分析……218
強制的な支配……058-059, 219
きょうだい……038, 041
協調的法務……018, 020
共同監護……015-016, 074
協力関係（親同士の）……034, 039-040, 050-051, 118, 145-146
記録調査……081, 137
近似ルール……016-017, 219
国親（思想）……006, 219
高紛争……039, 054, 063, 072, 074
子との面接……109-110, 128-130
コナーズ包括的評価尺度（Conners CBRS）……084, 133
子の監護に特化したアセスメントツール……085-088, 090-091, 173
子の希望……038, 129
子の最善の利益……007-009, 012-017, 027-028, 219
　　　――の不確定性……012-013, 028, 221
子の代理人……098, 150
子のニーズ……007, 032-033, 037-038, 075, 143-144
子の福祉……006-008
子の臨床評価……045-047
婚姻と離婚に関する統一州法（UMDA）……013-014, 098

さ

参考となる情報源……219
参考人……080-081, 113-114, 136

事実上の親……076, 219
事実審理……050, 154, 166
児童虐待……058, 060-064, 071-073
　　　――の子への影響……062-063
児童保護の評価……045-046
児童性格検査……133
自分自身で手続を行うこと……020, 222
司法区……219
司法精神保健アセスメント……078-079, 081, 111, 151, 172, 219
司法の裁量……005, 008, 013, 219
主たる養育者の基準（推定）……015-016, 220
証言録取……166-167, 220
小児行動評価システム第2版……133
小児抑うつ尺度……133
証人
　事実の（に関する）――……169-170
　専門家――……165-167, 169-170, 220
叙述的アプローチ……042-044, 147
人格査定目録（PAI）……083, 085, 123
身上監護……015, 220
　共同――……015-016, 220
　単独――……015, 020, 220
身体的虐待……061-063
心的外傷後ストレス障害（子の）……058, 062
尋問
　主――……173-174, 219
　反対――……166, 173-177, 221
　予備――……173
信頼性（子の監護評価の）……091, 142, 163-165, 171
心理的攻撃……060, 220

心理テスト……081-085, 173
　子への ── ……130-133
　親への ── ……122-125
心理-法的な構成概念……029-032, 220
推論……042-045, 147, 157-158
スペシャル・マスター……022, 152, 220
精神障害（疾患／病理）……032, 064-067, 117, 149
制定法……220
性的虐待……060-063, 111-112
生物-心理-社会……037, 220
宣誓供述書……220
疎遠（estrangement）……070-073
疎外（alienation）……070-073
　── された子……072-073, 221
　── する行動……050, 072
　── の多因子システムモデル……071-072
　片親 ── 症候群（PAS）……070-071
　不合理な ── ……071
訴訟後見人（GAL）……018-019, 022, 098

た

代替仮説……142-143, 164
妥当性（子の監護評価の）……142, 147, 171
短期的で焦点化されたアセスメント（BFA）……019, 103, 105-106
忠誠葛藤……053, 056
中立的な質問……122
調停……018
通報義務……113, 221
適合性……033-034, 038-039, 041, 044, 144-145, 157, 221
転居の事件……120, 130, 221

テンダー・イヤーズ・ドクトリン……005-009, 221
ドメスティックバイオレンス……050, 057-060, 118-119, 130

な

二重の役割……024, 099, 102-103
ネグレクト……061-062

は

バイアス……103, 164
　確証 ── ……143
　ジェンダー ── ……009, 017
配偶者／カップルの関係……117-119
判例法……221
被暗示性……063, 112
秘密保持……046, 113, 126-128, 136, 164
費用／料金／着手金……046, 101-102, 107-108, 221
描画法……082, 132
開かれた質問……063, 134
複数の情報源……044, 081, 147, 173
物質乱用……061, 067-070
ブリックリン関係知覚テスト（PORT）……088
ブリックリン知覚尺度（BPS）……086-087, 090
フレンドリー・ペアレント……040, 145
文章完成法（SCT）……083, 132
紛争（親同士の）……056, 074
紛争に方向付けられた虐待……059, 221
ペアレンティング・コーディネーター……152
並行養育……050, 222
別居後の（養育における）関係……050, 119-120
別居によって引き起こされた暴力……059

報告書作成への助言……161-165
法的監護……015, 222
　　共同 ―― ……015-016, 222
　　単独 ―― ……015, 222
暴力的な抵抗……059
保護命令……109, 119

ま

未婚の両親……020, 050
ミシガン州子の監護法（M.C.L.A.）……014-015
ミネソタ多面人格目録（MMPI/-2/-2-RF/A）……081, 085, 122-124, 133
ミロン青年臨床目録（MACI）……083
ミロン臨床多軸目録Ⅱ／Ⅲ（MCMI-Ⅱ/Ⅲ）……082, 123-125
命令（決定）の変更／修正……019, 022, 222
面会／交流……015-016, 055-057
　　監督付きの ―― ……021, 076
　　宿泊を伴う ―― ……056, 074-075
　　子の ―― の拒否／抵抗……072-073

や

養育計画（時間／スケジュール）……015, 018, 056, 074-076, 222
養育能力……035-036, 222
養育費……008
幼児・児童用絵画統覚検査（CAT）……083, 132
四者会議……011, 019

ら

離婚の判決……019
離婚率……004-005, 009
リスク／レジリエンス（両親が離婚した子の）……055-56
臨床精神保健アセスメント……222
倫理的問題……099-100
連邦証拠規則（FRE）……170-171
ロールシャッハテスト……082-085, 123, 125, 132-133
ロバーツ統覚テスト……083, 132

わ

和解……019, 152, 222

著者

ジェリ・S・W・フールマン　　Geri S. W. Fuhrmann ［心理学博士］

　マサチューセッツ医療大学の精神医学・小児科学の准教授，子と家庭司法センター長である。子と家庭司法センターは，精神医学分野の臨床・教育センターであり，法的決定が子の生活に影響を与える場合には裁判所のための評価を行っている。Fuhrmann 博士は，別居親のための親教育プログラム Parents Apart の共著者であり，これはドメスティックバイオレンスの問題に対する感度により全国的に知られている。知事から授与される最高の賞である，公共サービスにおいて優秀な者に対するマニュエルカバリョ賞を 2001 年に受賞した。臨床上の関心と実践の領域は，特に別居後の養育，ドメスティックバイオレンス，親の別居の（特に特別なニーズを有する）子に対する影響といった児童司法心理学，そして小児心理学に焦点があてられている。子の監護に関する司法評価，相談，別居親のペアレンティング・コーディネーターを実践するとともに，指導している。地元での研修と相談に加え，地元の会議や全国的な会議で，何度も子の監護に関する問題の報告を行っている。

ロバート・A・ジーベル　　Robert A. Zibbell ［学術博士］

　マサチューセッツ州フレーミングハムで，Tananbaum & Zibbell 心理センターを開業し，実践している心理士である。家庭裁判所で，子をめぐって争っている訴訟当事者の家族評価を行い，また，離婚した両親や未婚の両親のペアレンティング・コーディネーターとして，生じている子に関する紛争の解決に向けた援助も行っている。これらの領域の専門家の実践に関する問題についての刊行物を執筆している。過去 20 年以上にわたり，地元や全国的なさまざまな会議でアセスメントと実践に関する問題を報告し，家庭裁判所のプロベーションオフィサー，精神保健の専門家，家族法に関わる弁護士，そして司法の職員に対する研修を行っている。

訳 者

田高 誠　［ただか・まこと］

1976 年 北海道に生まれる

1999 年 京都大学教育学部卒業

2007 年 放送大学大学院修士課程（臨床心理プログラム）修了

1999 年より札幌家庭裁判所，大阪家庭裁判所，徳島家庭裁判所，最高裁判所，神戸家庭裁判所姫路支部で勤務。現在大阪家庭裁判所家庭裁判所調査官。臨床心理士。

渡部 信吾　［わたなべ・しんご］

1976 年 広島県に生まれる

1999 年 東京大学文学部卒業

2006 年 放送大学大学院修士課程（臨床心理プログラム）修了

2008 年 米国ネブラスカ州クレイトン大学ロースクール客員研究員

1999 年より名古屋家庭裁判所，神戸家庭裁判所，さいたま家庭裁判所熊谷支部，最高裁判所，京都家庭裁判所で勤務。現在裁判所職員総合研修所教官。臨床心理士。

離婚と子どもの司法心理アセスメント
子の監護評価の実践

印　刷	………………………………………………………………	2016年7月20日
発　行	………………………………………………………………	2016年7月30日
著　者	……………………	ジェリ・S・W・フールマン／ロバート・A・ジーベル
訳　者	………………………………………………………	田高誠・渡部信吾
発行者	………………………………………………………………	立石正信
発行所	………………………………………………………	株式会社 金剛出版

〒112-0005東京都文京区水道1丁目5番16号升本ビル二階
電話03-3815-6661　　振替00120-6-34848

印刷・製本 ……………………………………………………………… 太平印刷社

ISBN978-4-7724-1499-9　C3011　©2016 Printed in JAPAN

ステップファミリーをいかに生き，育むか
うまくいくこと，いかないこと

［著］＝パトリシア・ペーパーナウ　［監訳］＝中村伸一　大西真美

● A5判　● 並製　● 350頁　● 定価4,200円＋税
● ISBN978-4-7724-1451-7 C3011

実践的な情報やエビデンスに基づいたガイダンスを集め，
子連れ再婚により生じた家族＝ステップファミリーを
支援する人々のために役立つ一冊。

わかりやすい MMPI 活用ハンドブック
施行から臨床応用まで

［監修］＝日本臨床MMPI研究会

● B5判　● 並製　● 324頁　● 定価3,800円＋税
● ISBN978-4-7724-1203-2

MMPI の基礎知識・施行法・臨床応用をくわしく解説。
テストバッテリー，フィードバック，解釈についても詳述し
豊富な症例を盛り込んだ実践本位のテクニカルガイド。

DV加害者が変わる
解決志向グループセラピー実践マニュアル

［著］＝モー・イー・リー 他　［編］＝玉真慎子　住谷祐子

● A5判　● 上製　● 288頁　● 定価4,200円＋税
● ISBN978-4-7724-1267-4 C3011

暴力を繰り返してしまうドメスティック・バイオレンス加害者に
意義ある何かを目標として設定するのを助け，支援する
「変化への責任」を構築する治療プログラム。